POLYGLOTT

ReiseBuch

D1721712

Martina
Schwikowski

Inhalt

Gute Reise

▶ *Ndebele-Frau*

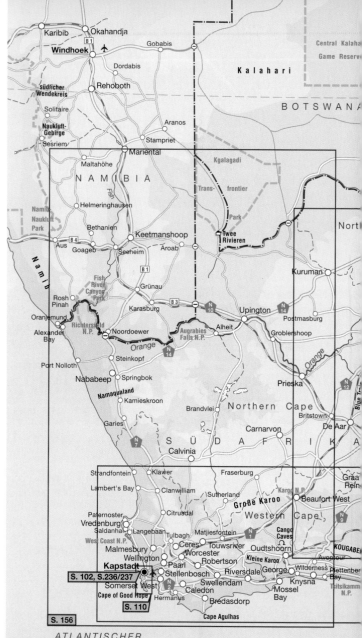

ATLANTISCHER

OZEAN

S. 102, S.236/237

S. 110

S. 156

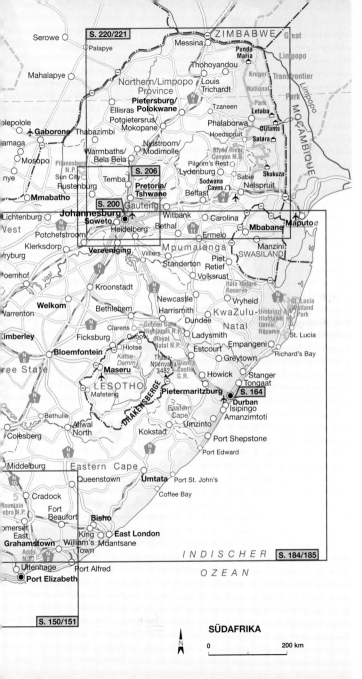

SÜDAFRIKA

Faszinierende Vielfalt

Tief im Süden, am Fuße des afrikanischen Kontinents, streckt das Kap der Guten Hoffnung seinen felsigen Rücken weit hinaus ins wütende Meer. In den Fluten des Indischen Ozeans, vereint mit der Kühle des Atlantiks, scheint die äußerste Spitze der Kaphalbinsel auf- und niederzutauchen wie ein schweres Schiff von peitschenden Stürmen getrieben.

Stürmische Vergangenheit

> **!**
>
> Schon Sir Francis Drake, einer der ersten Seefahrer am Kap der Guten Hoffnung, erschien die Kaphalbinsel als das schönste Ende der Welt – so geht es den meisten Besuchern 400 Jahre später auch.

Erschütterungen bewegen das riesige Land, das sich unlängst von seinen Fesseln befreit hat und nun mühselig in unbekannten Gewässern Kurs in eine neue Richtung nimmt. Südafrika steht am Anfang einer ungewissen Zukunft. Am stürmischen Kap nahm vor 350 Jahren die Geschichte ihren Lauf, die diese einzigartige Welt der Kontraste geformt, aber dem Land auch eine schwere Bürde auferlegt hat. Die Kolonialisierung prägte das Schicksal Südafrikas; sie gipfelte in dem unmenschlichen System der Apartheid. Die harschen Gesetze der Unterdrückung und Rassendiskriminierung haben tiefe Wunden bei den Menschen hinterlassen – die Narben sind noch lange nicht verheilt. Obdachlosigkeit schlägt einem ins Gesicht, Städte sind mit einem Gürtel von Wellblechsiedlungen eingeschnürt, die schwarze Bevölkerung steht immer noch an der untersten Stelle auf der sozialen Leiter. Die Gegensätze sind krass: eine kleine weiße Oberschicht lebt auf Kosten der Schwarzen in absolutem Wohlstand und hat das soziale Elend jahrzehntelang in die Townships verbannt. Doch das »Wunder am Kap«, der gewaltlose Übergang zur Demokratie, befreite Südafrika aus seinem Schattendasein und internationaler Isolation.

Alle in einer Welt

Der Riese öffnete sich und offenbarte gleichzeitig auch seine unbegrenzte Vielfalt, die schillernden Kontraste einer wunderschönen Landschaft: Der höchste Gipfel Südafrikas, der Champagne Castle (3377 m), sticht steil aus den Drakensbergen empor, eine schroffe Bergregion mit spektakulären Wanderwegen. Die endlosen Weiten im Inneren des Landes beeindrucken nicht weniger den Besucher. Einsame Küsten mit sandigen Buchten und schroffen Felsen verzaubern die Seele, Buckelwale und Delphine ziehen an den westlichen Ufern vorbei, Pinguine gehen am Kap an Land. Elefanten, Nashörner, Löwen und Giraffen leben in den verschiedenen Nationalparks Südafrikas, die zu den mannigfaltigsten der Erde zählen. Tauchen an den Korallenriffen der Sodwana Bay, Wellenreiten und Surfen an den südli-

Auf dem Land hüten Kinder oft das Vieh

chen Küsten oder eine Fahrt durch das fruchtbare Weinland sind einmalige Erlebnisse. Die Natur, die Pflanzen- und Tierwelt dieses Landes ist wahrlich spektakulär, ein Magnet für jeden Reisenden.

Doch vor allem die Menschen lassen Südafrika zu einem schillernden Kaleidoskop werden: Afrika, Europa und Indien sind in diesem einen Land beheimatet; eine Schatzkammer der Kulturen und Sprachen. Ihnen zu begegnen, ihre Traditionen und ihren Alltag kennen lernen, ihre Existenz nebeneinander zu beobachten in einem Staat, der seine Identität sucht – darin liegt ein besonderer Reiz. Südafrika wird noch lange mit Gegensätzen leben, die in die neue Gesellschaft eingebettet werden müssen: die aufstrebende schwarze Mittelklasse mit schicken Wagen, Mobiltelefonen und Bungalows, der alte Mann, der weder lesen noch schreiben kann, die Frau, die immer noch ihr Wasser aus dem Fluss holt, weiße Millionäre im noblen Johannesburger Vorort Sandton und schwarze Reiche in Soweto. Südafrika ist extrem und braucht Zeit, die Schranken abzubauen. Die Wirtschaft ringt nach Stabilität und Investitionen, aber wachsende Kriminalität bedroht das Vertrauen in die Zukunft.

Trotz aller Schwierigkeiten einer jungen Demokratie gibt es derzeit wohl keine spannendere Zeit, dieses Land zu entdecken.

Die Landschaft

Eine Reise quer durch Südafrika gleicht einem Ausflug in das landschaftliche Bilderbuch der Erde. Die hügeligen grünen Weinberge am Kap prägen sich ein, wollen den Besucher nicht loslassen. Die endlose gelbe Halbwüste der Großen Karoo ist ein »trockenes«, aber unverzichtbares Erlebnis. Schroffe dunkle Bergketten ziehen sich am Horizont entlang, doch die Straße scheint die fernen Gipfel wohl nie zu erreichen.

Steckbrief Geographie

Lage: Zwischen dem 22. und 35. südlichen Breitengrad und dem 17. bis 33. östlichen Längengrad.
Größe: 1,2 Mio. qkm²
Ausdehnung: 2000 km vom Limpopo im Norden bis zum Cape Agulhas im Süden, 1500 km von Porth Nolloth im Westen bis Durban im Osten.
Grenzen: Namibia, Botswana, Zimbabwe, Moçambique und Swaziland. Das Königreich Lesotho im Südosten des Landes ist von südafrikanischem Terrain völlig umschlossen.
HöchsterPunkt: Champagne Castle (3377 m)
Provinzen: Northern/Limpopo Province, North-West, Gauteng, Mpumalanga, Free State, KwaZulu-Natal, Eastern Cape, Western Cape, Northern Cape.

Hochebene und Drakensberge

Die zentrale Hochebene (Highveld) – oft verglichen mit einer umgestülpten Bratpfanne – steigt von etwa 1200 m im Südwesten auf ca. 1800 m im Nordosten an. Sie bedeckt den größten Teil Südafrikas und fällt über die Große

Randstufe mehr oder weniger steil nach allen Richtungen ab. Im Norden geht das Highveld allmählich in das Kalahari-Becken über, eine Sandwüste überzogen mit roten Dünen. Nach Nordosten an der Grenze zu Zimbabwe und Moçambique senkt sich das Highveld bis auf Höhen unter 600 m zum feuchten Lowveld ab.

Die Drakensberge umschließen das Plateau im Osten und gen Süden. Das Gebirge gipfelt in eindrucksvollen Höhen: Der **Champagne Castle** ragt 3377 m hoch heraus und im Nachbarland Lesotho thront der 3482 m hohe **Thabana Ntlenyana,** das Dach Afrikas.

3000 km abwechslungsreiche Küste – hier das Cape of Good Hope

In den wasserreichen Drakensbergen entspringt der wichtigste Fluss Südafrikas, der **Orange River.** Seine Quelle sprudelt in 3000 m Höhe in Lesotho, auf seinem 2400 km langen Weg gen Westen schwillt er zu einem mächtigen Strom an. Bei Kimberley vereint er sich mit dem **Vaal,** der ebenfalls in den Drakensbergen seinen Lauf nimmt, bei Oranjemund an der Grenze zu Namibia mündet der Fluss in den Atlantischen Ozean.

Das Hochplateau wurde durch Erosion in Millionen von Jahren abgeschliffen. Vereinzelt türmen sich Tafelberge auf und lang gestreckte Höhenzüge, wie zum Beispiel der Witwatersrand bei Johannesburg. In den Gesteinen des Highveld lagern Edel- und Buntmetalle sowie Steinkohle. Vor Urzeiten mündeten hier Flüsse in einen großen Inlandsee und schwemmten neben Sand und Steinen auch feinste Goldpartikel an. Im Laufe von Millionen von Jahren versteinerte das Witwatersrand-Gebiet, schichtete sich immer wieder um – erst 1886 ist Gold nahe der Erdoberfläche entdeckt worden.

Endlose Küste

An die 3000 km lang erstreckt sich die Küste am Atlantik im Westen und am Indischen Ozean im Süden und Osten. Der Küstengürtel am West- und Ostkap ist schmal. Die Kapketten, mehrere parallel verlaufende Gebirgszüge, lassen wenig Platz für weite Küstenebenen, so fallen sie teils mit spektakulären Steilküsten zum Meer ab. An den Gestaden des Indischen Ozeans in Natal breitet sich der Küstenstreifen dagegen bis zu 200 km weit ins Landesinnere aus. Sandstrände, Nehrungen und Lagunen mit vorgelagerten Riffen und Sandbänken schließen natürliche Häfen aus – der einzige ist Saldanha Bay am Atlantischen Ozean.

Die Natur

Wälder

Nur 1,5 % der Fläche Südafrikas ist bewaldet, die natürliche Walddichte gering. Im 19. Jh. wurden Wälder, die leicht zugänglich waren, weiträumig abgeholzt. Dennoch verleiht die reiche Artenvielfalt an Bäumen und Pflanzen der Landschaft oft eine ungeahnte Schönheit. Besonders an den Küsten in der südlichen Kapregion gedeihen viele Laubbäume, die entlang der Flüsse bis in die trockenere Savanne vordringen. Kleinere Waldgruppen findet man immer wieder in dem regensicheren Küstengürtel, der sich vom Kap nach Nordosten hochzieht. In dem feuchten Klima gedeihen immergrüne Wälder mit verschiedenen Ficus-Arten, überragt von der Phoenix-Palme. Die größten Feuchtwälder gibt es im Tsitsikamma-Nationalpark, der sich zwischen George und Humansdorp an der Südküste ausdehnt. In diesem einzigartigen Naturparadies schießen Eisenhölzer, Yellowwood- und Stinkwood-Bäume bis zu 40 m in die Höhe; umschlungen von Farnen und Lianen, verwoben zu einem grünen Dickicht.

In den sumpfigen Lagunen der schwülen Ostküste Natals bilden Mangrovengehölze ein undurchdringliches Dickicht. Und was wäre eine subtropische Gegend ohne Palmen und Bananen? Auch mächtige Mahagoni- und Ebenholzbäume sowie prächtige Orchideen recken sich dem Licht entgegen.

Tropisches Dickicht im Tsitsikamma-Nationalpark

Dank umfangreicher Aufforstungsmaßnahmen nimmt der Waldbestand in Südafrika ständig zu. Doch die Papierindustrie mit den Giganten Sappi und Mondi ist hungrig, schnell wachsende Bäume wie Eukalyptus und Pinien werden in Mpumalanga angepflanzt, um in der Sägemühle zu Schnitzeln geraspelt zu werden. In KwaZulu-Natal sind riesige Flächen zur Gewinnung von Nutzholz aufgeforstet worden.

Savanne

Große Flächen des Landes, vor allem das regenarme, trockene Hochland nördlich und östlich von Johannesburg und der Krüger-Nationalpark, sind mit Savanne überzogen. Typisch für diese auch Bushveld genannte Vegetation sind hohes Gras, Büsche und eine Vielzahl von Bäumen. Dornige Akazien, Sukkulenten, Mopane- und Feigenbäume wachsen hier, in der offenen Savanne der Limpopo Province sind die Kandelabereuphorbie und der bizarre Baobab, der Affenbrotbaum, verbreitet. Seinen mächtigen Stamm wird man niemals umarmen können, er misst im Umfang bis zu 10 m und kann viel Wasser speichern. Die Krone erweckt den Eindruck, ihm stehen die »Äste buchstäblich zu Berge«. Wildes Zweigwerk ragt in den Himmel und nährt den Aberglauben, Gott habe in einem Anfall des Zorns und schlechter Laune diesen Baum verkehrt herum in die Erde gepflanzt.

Steppe und Wüste

Wüstenhafte Landschaft in der Kalahari

Gegen Westen zur Kapregion hin verwandelt sich die Buschsavanne in eine Steppe, die Bäume verschwinden. Bestes Beispiel ist die Halbwüste der **Karoo** (Nama-Karoo), die lediglich mit Sträuchern und Gräsern bewachsen ist. Die Pflanzen müssen sich enormen Temperaturunterschieden im Winter und Sommer und zwischen Tag und Nacht anpassen, Niederschläge sind rar.

Die Sukkulenten-Karoo zieht sich in einem schmalen Streifen entlang der Nordwest-Küste am Kap. Hier regnet es lediglich im Winter, die Sommer sind extrem trocken. Sukkulenten können Feuchtigkeit monatelang in ihren dicken fleischigen Blättern speichern; andere nehmen das kostbare Nass aus der Luft und dem Morgentau auf und legen ihre Frischedepots in den Knollen und Zwiebeln unter der Erde an.

Ein echtes Naturwunder spielt sich jedes Jahr von August bis Oktober ab, wenn von Kapstadt bis ins dürre Namaqualand im Norden ein atemberaubendes Blütenmeer aus den verschiedensten Wildblumenarten (Daisy-Arten, Mittagsblumen) nach den ersten Frühlingsregen aus dem Boden sprießt. Lithops (»lebende Steine«) blühen kurz auf und geben für einen Moment ihre trostlose Tarnung auf.

Der Köcherbaum (Kokerboom), eine ebenfalls bestens an die Trockenheit angepasste Aloeart, ragt teilweise bis zu zwölf Meter auf den steinigen Abhängen empor. Die relativ weichen Äste dieses Baumes nutzten einst die Buschmänner, um daraus Köcher für ihre Pfeile zu fertigen.

Richtige Wüste erlebt der Besucher nur in der nordwestlichsten Ecke des Landes, in der Kalahari – dort ist der Pflanzenwuchs bis auf einige Gräser und vereinzelte Bäume fast verkümmert. Typisch ist der Kameldornbaum, der kostbaren Schatten spendet und dessen Blätter nahrhaft sind. Auch der Gemeine Hakendorn, Rosinenbusch und Schwarzholz fristen an den trockenen Flussbetten des Nossob und Auob ihr Dasein. Fast irreal wirken die grünen und gelben Melonen (Tsammamelonen) oder Wildgurken, die nach Regenfällen zuhauf auf den roten Sanddünen liegen und als Nahrung für Mensch und Tier dienen.

> ❗
> **FLOWER-HOTLINE**
> Über die aktuelle Situation während der Wildblumenblüte im Namaqualand informiert ein eigener Telefondienst:
> ☎ 027-712 8000, oder Cape Town Tourism, 021-426 4260.

Flora und botanische Gärten

Von den tropischen Mangrovensümpfen an der Küste Natals über die regenarmen Steppen der Großen Karoo bis zu den im Nebeldunst liegenden Bergketten der Kaphalbinsel triumphiert die Flora mit ihrer berauschenden Vielfalt: weltweit existieren rund 400 Pflanzenfamilien – allein 216 verwandeln Südafrika in ein Paradies. Mit 22 000 Blüten tragenden Pflanzenarten strahlt das Blumenmeer in vollem Glanz; 3000 säumen die Gartenroute im Südwesten des Landes

(s. S. 124 ff.), darunter die streng geschützte »Rote George-Lilie« (auch Scarborough-Lilie genannt).

Auf das sehr unterschiedliche Klima reagiert die Pflanzenwelt mit wunderschönen Auswüchsen: Gibt sich die Flora im Osten tropisch und subtropisch, erinnert sie im Südwesten am Kap mehr an den Mittelmeerraum auf der Nordhalbkugel.

Fynbos – das Königreich der Kapflora

In den trocken-heißen Sommern und feuchten Wintern hat sich neben den Weinreben am Kap eine herausragende Pflanzenwelt entwickelt, die zwar weltweit das kleinste der sechs Florenreiche bildet, aber mit 8600 Pflanzenarten beinahe unerschöpfliche Naturschönheit ausstrahlt. Ein schmaler Streifen an der Südküste – vom Olifants River im Westen bis Port Elizabeth im Südosten – ist dicht mit Sträuchern bedeckt, **Fynbos** (»feiner Busch«) oder auch Kap-Macchia genannt. Diese Gewächse können sich durch ihr hartes Laub, verdickte Borke, unterirdische Zwiebeln oder Wurzelstöcke besonders gut an die extremen Witterungsverhältnisse anpassen.

> ❗
>
> **D**as Kapländische Florenreich ist eines der artenreichsten weltweit: auf nur 70 000 km² wachsen über 8000 Pflanzenarten, fast drei Viertel von ihnen sind endemisch.

Zu den immergrünen Fynbosarten zählen 600 verschiedene Heidekräuter, 400 Arten von Silberbaumgewächsen, darunter 85 Proteenarten, ferner Aster- und Strohblumen sowie Lilien, Iris, Gladiolen, Fresien und Erdorchideen. Erika blüht im späten Frühling in allen Farben, riesige Teppiche dunkelroter Sträucher überziehen die Höhen von Llandudno und Hout Bay. Die »Heidelaterne« (Erica blenna) öffnet ihre glockenförmigen, orangefarbenen Blüten mit grünem Tupfer an den Hängen der Langeberge.

Der Fynbos ist alle 15 Jahre auf ein Feuer zur Regeneration angewiesen, häufigere Brände bedrohen jedoch viele Arten vom Aussterben. Die Zersiedelung der Landschaft sowie das Vordringen fremder Pflanzenarten und der Landwirtschaft sind weitere Gefahren, die dieser geschützten Vegetation das Überleben erschweren.

Südafrikas Nationalblume

Einen Ehrenplatz in der südafrikanischen Pflanzenwelt erhielt die **Königsprotea,** die als Nationalblume
vermarktet wird. Diese Fynbosart kennzeichnet eine
dicke Borke, insofern überlebt sie leicht die häufigen
Grasbrände in der Trockenzeit. Ihre Blüten ähneln den
Disteln und angesichts ihrer Größe strahlt die rote,
gelbe, weiße und silbrig leuchtende Blume wahrlich
eine gewisse majestätische Würde aus, die sie im
südlichen Kapland, im Free State bis Kwazulu-Natal
zur Schau stellt.

Auf Provinzebene macht die **Rote Disa** der Königsprotea Konkurrenz: Der »Stolz des Tafelberges« mit
dem Beinamen »Götterblume« rückt von Februar bis
März am Kap ins Rampenlicht. Diese Orchidee wächst

*Die Königsprotea
verdient wahrlich
ihren Namen*

an feuchten, moosigen
Plätzen neben Wasserfäl-
len und Bächen auf den
Gipfeln am Westkap. Häu-
fig entwickeln sich mehrere Blüten an einem Stängel
und bieten einen wunder-
schönen Anblick. Sie ist
die größte der südafrika-
nischen Orchideen und
macht als Wappenblume
ihrer Provinz alle Ehre. Dazu erkor der südafrikani-
sche Bergsteigerklub bei
seiner Vereinsgründung
1891 die Rote Disa zum
Emblem.

Pflanzenpracht in
botanischen Gärten

Die überaus artenreiche
Flora Südafrikas erlebt
man natürlich am besten
in einem der zahlreichen

botanischen Gärten des Landes, diese sind auch häufig wichtige Zentren der Forschung, der Züchtung und des Naturschutzes.

Die Kapflora präsentiert der bekannte **Kirstenbosch National Botanical Garden** (s. S. 110), idyllisch am Osthang des Tafelbergmassivs gelegen. In 100 bis 1000 m Höhe gedeihen hauptsächlich einheimische Pflanzen auf einem Gebiet von etwa 53 ha. Mit seinen Gärtnereien, Gewächshäusern und Forschungslabors ist dieser Park ein beliebter Ausflugsort am Kap. Verschiedene Spazierwege machen mit botanischen Besonderheiten bekannt, so der Fynbos-Weg, der 1993 zum 80jährigen Bestehen des Gartens eröffnet wurde. Die Blumenpracht ist beinahe zu jeder Jahreszeit erstaunlich vielfältig, im Frühling natürlich besonders eindrucksvoll. Regelmäßige Blumenausstellungen, Kunstmärkte und Sonntagskonzerte bei Sonnenuntergang gehören zum Programm des Botanischen Gartens.

Auch im kleinen, wenig bekannten **Harold Porter National Botanical Garden** bei Betty's Bay am Westkap wuchert der Fynbos überaus dicht.

Der **Karoo Botanical Garden** bei Worcester am Westkap mit Schwerpunkt auf Pflanzen der Halbwüste wurde für seine Sukkulenten-Sammlung von der International Organization for Sukkulents ausgezeichnet.

Der **Natal National Botanical Garden** in Pietermaritzburg beeindruckt mit seiner subtropischen Flora, während der **Free State National Botanical Garden** in Bloemfontein für seine trockenheitsresistenten Pflanzen bekannt ist.

Im **National Botanical Garden** bei Pretoria/Tshwane, mit 77 ha der größte des Landes, sind rund 5000 Pflanzenarten Südafrikas vertreten.

Der **Witwatersrand Botanical Garden** in Roodepoort (Gauteng) repräsentiert die Flora des Highveld, der **Lowveld National Botanical Garden** in Nelspruit entsprechend die des Tieflandes.

Ein wirklich umfassender (allerdings englischsprachiger) Tier- und Pflanzenführer ist **The Wildlife of Southern Africa** von Vincent Carruthers, Southern Book Publishers 1997, erhältlich in Buchhandlungen größerer Städte oder an Flughäfen.

Einzigartige Tierwelt

Tierfans kommen in Südafrika voll auf ihre Kosten. Das Großwild ist zwar durch den Menschen immer stärker verdrängt oder dezimiert worden, doch strenge Schutzbestimmungen haben den Wildreichtum erhalten und teilweise sogar vermehrt. Südafrika macht zwar nur ein Prozent der Erdoberfläche aus, aber sechs Prozent der Säugetiere und damit 227 Arten sind an der Südspitze des Kontinents beheimatet. Nicht ohne Stolz gilt das Land als Lebensraum für die drei größten Land-Säugetiere der Welt – Elefant, Nashorn und Flusspferd. Auch der schnelle Gepard ist noch in einigen Reservaten zu finden. Durch Savannen und Steppen ziehen die verschiedensten Antilopenarten: Wasserbock, Springbock, Spießbock, Impala, Kudu, Streifengnu, Oryx, Elen- und Rappenantilope sind einige der am häufigsten vorkommenden Arten.

Der Gepard gehört zu den bedrohten Tierarten

Außerhalb der Nationalparks kann man in feuchteren Gebieten Paviane und Meerkatzen beobachten. Kleinere Säugetiere haben ihre Reviere häufig im offenen Buschland, wie zum Beispiel Schakale, Hyänen, Löffelhunde, Kapwölfe und verschiedene Wildkatzen.

Big Five

In vielen staatlichen Wildschutzgebieten wie auch privaten Reservaten bestehen gute Chancen, die legendären Big Five (Großen Fünf) zu sehen: Elefant, Nashorn, Leopard, Löwe und Büffel. Diese Riesen der

Wildnis sind in unterschiedlichen Regionen beheimatet, doch der Krüger-Nationalpark ist sicherlich das Gebiet, in dem Besucher die meisten dieser Wildtiere beobachten können.

Elefanten kommen am häufigsten in Mpumalanga, im Norden von KwaZulu-Natal und im Nord- und Ostkap in den größeren Reservaten vor. Das größte Säugetier Afrikas lebt nach bestimmten sozialen Regeln: Die weiblichen Tiere ziehen mit den Jungen in Herden durch den Busch, während die Elefantenbullen entweder Einzelgänger sind oder sich im »Männerverein« zusammenfinden. Der afrikanische Dickhäuter hat einen gesunden Appetit, und seine Fressgewohnheiten können das Gefüge der Natur ganz schön durcheinander bringen: Die Tiere schälen nicht nur die Baumrinden ab, sondern reißen die Bäume oft ganz aus, um an den saftigen Wurzelstock zu gelangen – auf diese Weise können sich ganze Landstriche in eine Halbwüste verwandeln.

Der **Löwe,** der König der Steppe im Osten des Transvaal, im Nordosten von KwaZulu-Natal und im Nordkap, lebt in Rudeln von bis zu 30 Tieren. Er geht vorzugsweise nachts auf die Jagd. Das mächtige Raubtier kann blitzartig angreifen und so seine Beute siegessicher erlegen, während er tagsüber die meiste Zeit schlafend oder dösend verbringt.

Weniger anmutig und einen eher trägen Eindruck macht das Rhinozeros, eines der ältesten Tiere der Erde. **Nashörner** sind ungemein schwergewichtig und in der Regel Einzelgänger, die nur zur Brunftzeit als Pärchen zusammenleben. Der Osttransvaal, die Provinz North-West und der Nordosten von KwaZulu-Natal zählen zu den Landstrichen, in denen sich die bulligen Tiere aufhalten – besonders zahlreich im Hluhuwe/Umfolozi National Park (s. S. 170). Beide Arten, das Spitzmaul- und das Breitmaulnashorn, waren wegen hemmungsloser Wilderei vor zwanzig Jahren nahezu ausgestorben. Heute haben sie sich dank verschiedener Zucht- und Schutzprogramme wieder

!

BREIT- UND SPITZMAULNASHÖRNER
Die Unterscheidung der beiden ist relativ einfach: Frißt ein Nashorn Gras, so hat man ein Breitmaulnashorn vor sich, das tatsächlich ein breiteres Maul hat wie das wesentlich seltenere Spitzmaulnashorn, das sich vorwiegend von Rinden und Ästen ernährt.

stark vermehrt: über 1000 Spitzmaul- und knapp 8000 Breitmaulnashörner leben in Südafrika.

Auf leisen Pfoten schleicht sich der **Leopard** bevorzugt an Antilopen heran und schleift das erbeutete Tier in eine Höhle, um es sich einzuverleiben. Die Großkatze ist immer noch in ganz Afrika verbreitet, doch als scheues Nachttier selten zu entdecken. Zu seinen Revieren zählen der Nordosten von Transvaal und KwaZulu-Natal sowie die Bergregion am Kap.

Mit dem **Büffel** sind die »Großen Fünf« der südafrikanischen Tierwelt komplett. Der Kaffernbüffel gilt als aggressiv, taucht in größeren Herden auf und zupft meistens seelenruhig an Gräsern und Halmen. Doch das Tier mit den eigenartigen Hörnern auf dem Kopf gerät leicht in Panik und dann gibt es kein Halten mehr – die Herde trampelt alles platt. Der Büffel lebt in einer Art Wohngemeinschaft mit dem Madenhacker, der mit Vorliebe die Parasiten aus seinem Fell pickt.

Unverwechselbar –
der Gelbschnabeltoko

Hornschnäbel und Brillenpinguine

Vogelbeobachter finden eine fast verwirrende Anzahl unterschiedlicher Vögel: An die 880 Arten kommen in Südafrika vor. Der größte ist der in der Kleinen Karoo beheimatete **Strauß,** er wird bis zu zwei Meter groß und ca. 70 kg schwer – fliegen kann er jedoch nicht. Mit bis zu 20 kg schwebt dagegen einer der größten Vögel, die **Riesentrappe,** in die Lüfte. Diese Großtrappenart mit dunkler Haube und grauem Hals lebt ebenfalls in der Karoo und in der Kalahari-Wüste, die auch wichtiges Rückzugsgebiet für viele Greifvogelarten wie Adler, Geier und Pygmäenfalken ist. Der Nektarvogel mit seinem markanten langen Schnabel bevorzugt die Fynbosarten am Kap. Leicht zu erkennen sind der **Gelbschnabeltoko** an dem großen gebogenen Schnabel, die gelben Webervögel an ihren nach unten geöffneten Nestern, die bunten,

kleinen Bienenfresser – schon die Namen beflügeln die Phantasie.

Das Wasser um die Küsten von Südafrika ist reich an Nährstoffen und lockt viele Arten an, von Albatrossen und Sturmvögeln bis zum Brillenpinguin, der einzigen Pinguinart, die auf dem afrikanischen Festland brütet (s. S. 112).

Meeresschildkröten sind streng geschützt

Schillernde Insekten

Die vielfältige Tierwelt wird noch von 50 000 Insekten- und über 800 Schmetterlingsarten bereichert. Im nördlichsten Landesteil, in der tropischen Savanne und im feuchten Küstengebiet Natals, wimmelt es nur so von prächtigen Faltern, eigenartigen Käfern, Riesentermiten, auch die Anophelesmücke, Überträgerin der Malaria, tritt dort auf. Über 4000 Spinnenarten sind bekannt, die Schwarze Witwe ist wohl die gefährlichste unter ihren Artgenossen. Vorsicht ist auch bei einigen der 175 Skorpionarten angebracht.

Reptilien und Amphibien

Die vielfältigen Lebensräume in Südafrika bieten hervorragenden Unterschlupf für eine große Zahl von

Reptilien und Amphibien – sie haben sich häufig nur in diesem Teil des Kontinents angesiedelt. Rund 150 Schlangenarten und 200 Echsenarten sind registriert. Die wenigsten Arten stellen für den Menschen Gefahr dar. In Acht nehmen sollte man sich jedoch vor der Grünen und Schwarzen Mamba oder der äußerst trägen Puffotter.

Unter den Echsen sind die kleinen Geckos häufig verbreitet, sie sonnen sich mit Vorliebe an Mauern und Zimmerwänden. Auch das Chamäleon ist nicht selten in seinen wechselnden Farben zu beobachten.

Das Nilkrokodil kommt eigentlich nur noch in Wildreservaten vor, vorwiegend im Nordosten Südafrikas. Stark gefährdet war auch der Bestand an Meeresschildkröten, inzwischen konnte er sich dank erfolgreicher Schutzprogramme sogar vergrößern. Es gibt zwei Arten, die Unechte Karettschildkröte und die Lederschildkröte. Eines ihrer vier weltweit bekanntesten Brutgebiete ist das Küstengebiet des Maputalandes im Nordosten Natals.

!

Zwischen Oktober und März kommen die Meeresschildkröten nachts zur Eiablage an die Küste im Sodwana Bay National Park – diesem Natuschauspiel darf man beiwohnen.

Meeresfauna

Die Unterwasserwelt ist nicht weniger beeindruckend als die reiche Flora und Fauna des Landes. Seevögelkolonien und Pelzrobben, die bis zu zwei Meter lang werden, kommen an der Küste des Kaplandes vor. Haie leben hauptsächlich an der Südküste, Wale ziehen dort je nach Saison vorbei. Etwa 2200 Fischarten tummeln sich in südafrikanischen Gewässern. Einmalige Korallenriffe mit bunten Falter- und Wimpelfischen liegen im Nordosten des Indischen Ozeans – die exotische Vielfalt ist unvergleichlich. In den reichen Fischgründen im Westen und Süden schwimmen Makrelen, Hechte, Thun-, Kaiser-, Schwert- und Schellfische, Sardinen, Seezungen und Kingklip.

Die südafrikanischen Gewässer bieten wirklich alles an Meeresfrüchten, was der Gaumen so begehrt: Langusten, Austern, verschiedenste Muscheln, Tintenfische und Garnelen.

Natur- und Umweltschutz

Riesige Herden unzähliger wilder Tiere ziehen schon längst nicht mehr durch den südafrikanischen Busch – solche Szenen gehören der Vergangenheit an. Der Mensch ist mit dem Wild nicht gerade zaghaft umgegangen, trotz der beeindruckenden Zahlen und einer spektakulären Vielfalt ist die Tier- und Pflanzenwelt nur der Restbestand eines ungeheuren Naturreichtums, der bei Ankunft der Europäer vor einigen hundert Jahren noch intakt war.

Trotz intensiver Bemühungen des Staates um den Erhalt der Natur – einige Tier- und Pflanzenarten sind nach wie vor dem Aussterben bedroht. Doch es gibt auch Erfolge zu verbuchen, aufgrund weit reichender Schutzmaßnahmen und neu entwickelter Fang- und Transportmethoden vermehren sich beispielsweise Nashörner und Bergzebras wieder.

Besonders in den letzten Jahren sind viele private Wildparks eingerichtet worden. Insgesamt stehen derzeit 72 000 km² unter Schutz – das entspricht 5,8 % der Fläche Südafrikas. Die Internationale Union für Naturschutz (IUCN) spricht dagegen von zehn Prozent als Richtlinie. Private Institute und Organisationen arbeiten engagiert an der Erfüllung dieser Forderung. Die älteste Nichtregierungsorganisation, die 1926 gegründete Wildlife Society of Southern Africa, versteht sich als »watch-dog« in Sachen Umwelt. Ihre Hauptaufgabe besteht in der Durchführung von Programmen zur Umwelterziehung.

!

RANGER-CRASHKURS
Im Sabi Sand Nature Reserve westlich des Krügerparkes geht der Besucher mit Rangern in die Wildnis, schläft in Zelten und lernt Spuren lesen, sich zu orientieren und essbare Pflanzen zu finden. Nähere Infos bei Eco Training, ☎ 013-744 9639, 🖷 744 0953, www.ecotraining.co.za, E-Mail: ecotrain@mweb.co.za.

Natur- und Nationalparks

Eintauchen in eine exotische Tierwelt und um viele Erfahrungen reicher sein – dieses Erlebnis machen 20 Nationalparks und mehr als 400 Wildparks und Reservate möglich. Daneben existieren rund 500 private Naturschutzgebiete. Manchmal sind es nur wenige

Hektar, die für einige Tiere eine neue Heimat bieten, andere Reservate sind riesig – der größte ist der Krüger-Nationalpark mit fast zwei Mio. Hektar. Die Verwaltungen versuchen in erster Linie, das ökologische Gleichgewicht zu bewahren und Tourismus und Naturschutz in Einklang zu bringen. Für die Überwachung sind die jeweiligen Provinzen zuständig, das Management der Nationalparks liegt in Händen der Nationalparkbehörde (South African National Parks).

Bewusstsein schärfen

Mehr Verantwortung und öffentliches Interesse für Natur und Umwelt stehen auf dem Lehrplan, denn die Auswüchse einer modernen Industriegesellschaft sind auch in Südafrika schon sichtbar: Eine rapide wachsende Bevölkerung (ca. 2,5 % pro Jahr) – laut Schätzungen sollen in dreißig Jahren mindestens 80 Mio. Menschen in Südafrika leben (Vergleich 1996: 40,5 Mio.) –, Luft- und Wasserverschmutzung, Erosion und Müllentsorgung zählen zu den ernsthaften Problemen des Landes.

Die Verbesserung der Lebensverhältnisse stellt eine absolute Herausforderung dar, der Weg zum Ziel ist eine schwierige Gratwanderung. Rund acht Mio. Menschen wohnen auf dem freien Feld, nur mit einem provisorischen Dach oder einer Plane über dem Kopf, ohne Elektrizität und Sanitäreinrichtungen oder eigenem Wasseranschluss, mit Holz- oder Kohlefeuer zum Kochen.

Vor allem die Industrie trägt zur Luftverschmutzung bei. Kohlebetriebene Kraftwerke und das verarbeitende Gewerbe produzieren giftige Abgase, vorgeschriebene Grenzwerte werden nicht eingehalten und mangels Personal auch nur selten kontrolliert. Auch das Abbrennen der Zuckerrohrfelder oder die Holzfeuer in den Townships beeinträchtigen die Luftqualität.

Südafrika produziert täglich 65 000 t Müll, der größte Teil landet auf der Kippe. Recycling ist ein Thema, das noch in den Kinderschuhen steckt und bisher nur auf kommmerzieller Ebene praktiziert wird. Firmen sammeln Alu, Glas und Papier, aber in den Haushalten ist Mülltrennung noch nicht verbreitet. Und mit Plastiktüten wird man an den Kassen der Supermärkte geradezu überhäuft.

Bei schweren Regenfällen verunreinigen Düngemittel von den landwirtschaflich genutzten Flächen das Grundwasser. Nach neuesten Bestimmungen müssen Felder jetzt mindestens 30 m von Flussufern entfernt sein.

Durch die Minenindustrie verschmutzte Wasser ist wegen der Belastung mit Schwermetallen wohl das größte Problem. Die Regierung kontrolliert mit einem neuen Wassergesetz die Qualität und vor allem den Verbrauch des kostbaren Nass, das schon in den nächsten Jahren knapp werden könnte (s. S. 196).

Ausstattung und Reservierung

ⓘ Für Reservierungen in den staatlichen Nationalparks ist **South African National Parks** zuständig, P O Box 787, Pretoria/Tshwane 0001, ☎ 012-428 9111, 🖷 343 0905; E-Mail: reservations@ parks-sa.co.za; www.parks-sa.co.za.

Die meisten Parks bieten verschiedenste Übernachtungsmöglichkeiten zu moderaten Preisen: Rustikale, mit allem Komfort ausgestattete strohgedeckte Hütten oder Bungalows, Campingplätze etc. Vor dem Besuch sollte man sich über die Ausstattung des Parks (Restaurant, Geschäft, Swimmingpool etc.) informieren. Wichtig: Lange im Voraus, d. h. bis zu sechs Monaten vorbuchen – das gilt besonders für den Krügerpark, die Reservate in den Drakensbergen und die zahlreichen Parks in KwaZulu-Natal sowie während der Schulferien (s. S. 231) und an Feiertagen. Caravan- und Campingplätze sind beim jeweiligen Reservat direkt zu reservieren.

Die privaten Wildreservate bieten sehr komfortable bis luxuriöse Unterkünfte, meist allerdings zu hohen Preisen. Die bekanntesten privaten Lodges liegen an der Westseite des Krügerparks, z. B. Mala Mala und Sabie Sabie. Besucher können die Parks und Reservate im eigenen Wagen, manche auch auf markierten Wanderwegen erkunden oder an einer von der Verwaltung organisierten Tour, teils auch nachts, teilnehmen. In einigen Parks sind sogar mehrtägige Wanderungen mit und ohne Begleitung von Rangern möglich.

Safariregeln

Damit eine Safari zu einem gelungenen Erlebnis wird, sollten Sie einige Regeln einhalten:
Wer langsam fährt, sieht mehr.
Früh aufstehen, denn mittags wird man nur wenige Tiere entdecken.
Zum Schutz von Tier und Mensch das Fahrzeug nicht öffnen, man darf es nur an Aussichtspunkten und Picknickplätzen verlassen.
Genug Benzin im Tank?
Im Falle einer Panne warten Sie im Auto, bis Hilfe kommt – keinesfalls zu Fuß weitergehen.
Füttern der Tiere ist verboten, da sie sich sonst zu sehr daran gewöhnen.
Malariaprophylaxe ist im Krügerpark, in der Limpopo (Northern) Province und an Natals Küste empfohlen.
Zur Ausrüstung gehören Fernglas, Filme und Kamera, Karte des Parks mit allen nötigen Informationen, Fachliteratur über Flora und Fauna (oft in Parks zu kaufen), Geduld und Ruhe.

Neue Konzepte

Das Netz der Nationalparks und Reservate in Südafrika ist zwar eng gespannt, doch deren Zukunft sieht nicht immer rosig aus. Das National Parks Board verfügt über ein sehr knappes Budget; 80 % der Einnahmen müssen durch die Eintrittsgebühren erwirtschaftet werden. Zukünftig sollen die umliegende Bevölkerung und die lokalen Gemeinden stärker in das Parkmanagement mit eingebunden werden. Möglichkeiten dazu gibt es genug: Die Versorgung mit Benzin, Lebensmitteln, die Reinigung der Unterkünfte und der Wäsche könnte den Kommunen übertragen werden, um sie wirtschaftlich zu stärken und auch auf lange Sicht in das Umweltmanagement mit einzubinden. Auf diese Weise sollen auch Benachteiligungen aus Zeiten der Apartheid aufgehoben werden, denn die Verwaltung der Parks war ausschließlich weißen Südafrikanern überlasssen.

Klima und Reisezeit

Das Land an der Südspitze des afrikanischen Kontinents geizt nicht mit Extremen, schon gar nicht mit unterschiedlichen Klimazonen. So ist die Ostküste ständig feucht und heiß, der Indische Ozean begünstigt das subtropische Wetter: Südostpassate tragen die Feuchtigkeit ins Land, Wolken regnen sich an den Bergen ab. Das Hochplateau im Landesinneren bleibt von den Regenmassen weitgehend verschont, kühlt sich jedoch stärker ab – warme Kleidung ist hier immer gut zu gebrauchen.

Das Binnenhochland senkt sich nach Westen ab, und damit wird das Klima trockener, wüstenartiger. Rund ums Kap hingegen herrscht eher Mittelmeerwetter. Im Sommer ist es heiß und trocken, die Winter sind feucht und mild, der Tafelberg hüllt sich häufig in Wolken, manchmal liegt dort oben sogar für kurze Zeit ein wenig Schnee.

> **!**
>
> Das ganze Jahr ist für die Northern/Limpopo Province, den Krüger-Nationalpark und Teile von Natal Malariaprophylaxe angezeigt.

Zwei Ozeane

Großen Einfluss auf das südafrikanische Klima haben nicht nur der Wettergott, sondern auch zwei Meeresströmungen, die am Kap aufeinander treffen: der *Benguela-Strom* aus der Antarktis kühlt den Atlantik stark ab, die kalte Luft kann nur wenig Feuchtigkeit aufnehmen und abgeben – eine Erklärung für Wüsten und Halbwüsten im Nordwesten des Landes. Der *Agulhas-Strom* erwärmt hingegen den Indischen Ozean und sorgt für subtropisches Klima an den Küsten Natals. Der Unterschied ist erstaunlich: Obwohl Durban an der Ostküste und Port Nolloth am äußersten Zipfel der Westküste beinahe auf dem gleichen Breitengrad liegen, differiert die Temperatur jedoch um sechs Grad und in Durban regnet es 16 Mal so viel.

Verkehrte Jahreszeiten

Für europäische Besucher liegt Südafrika am anderen Ende der Welt, auf der Südhalbkugel, deshalb sind die Jahreszeiten genau umgekehrt. Während des etwa zehnstündigen Fluges vom deutschen Sommer Richtung Süden gibt es zwar keine Zeitverschiebung, aber eine Jahreszeitenänderung: bei Ankunft in Johannesburg ist es Winter. In den Drakensbergen fällt manchmal Schnee, die Temperaturen sinken im Hochland nachts bis auf minus 10 °C – es wird frostig, und die Wasserleitungen können schon mal zufrieren. Doch tagsüber erwärmen blauer Himmel und grelle Sonne wieder das Gemüt, bei rund 20 °C lässt es sich gut draußen sitzen. Am Kap ist es eher ungemütlich und regnerisch, aber mild. Die eigentlichen Wintermonate sind Juni, Juli und August, dann wird es schnell Frühling. Trotz aller Unterschiede bleiben die durchschnittlichen Jahrestemperaturen im Land fast gleich: In Kapstadt sind es 17 °C, die Wetterstation in Pretoria misst 17,5 °C im Jahresdurchschnitt.

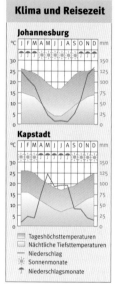

Klima und Reisezeit

Johannesburg

Kapstadt

- Tageshöchsttemperaturen
- Nächtliche Tiefsttemperaturen
- Niederschlag
- Sonnenmonate
- Niederschlagsmonate

Ein Garant für Stetigkeit ist die Sonne. Rund neun Stunden pro Tag schafft sie meistens auf der Hochebene im Norden, am Kap strahlt sie in den Wintermonaten sechs, im Sommer bis zu elf Stunden.

Ungewöhnlich für Nordlichter: Die Sonne geht früh unter in Südafrika (ca. 12 Std. nach Sonnenaufgang). Und noch eine Besonderheit: Die Sonne geht zwar auch im Osten auf, steht aber mittags im Norden!

Beste Reisezeit

Wann in die Ferne reisen? Das hängt sicherlich ein wenig vom Ziel und den Plänen ab. Generell sind April und Mai ideale Reisemonate für Südafrika. Die Sommerregen in den entsprechenden Gebieten haben sich verzogen, die Winterregen rund ums Kap dagegen noch nicht richtig eingesetzt. Die Hitze lässt nach, die Winde sind leichter als zur übrigen Jahreszeit. Für die heißen, feuchten Regionen im Osten wie KwaZulu-Natal, Mpumalanga und die Northern Province sind die Monate Juni und Juli empfehlenswert.

Im Winter überzieht häufig eine Wolkendecke den Tafelberg

Baden an der Küste ist selbst dann im Hochwinter gut möglich, die Temperaturen für Wanderungen und Besuche in den Nationalparks sind angenehm und wegen der trockenen, niedrigeren Vegetation kann man die Tiere leichter sehen – allerdings herrscht auch Hochbetrieb in den Wildschutzgebieten.

Im Sommer (Dezember/Januar) ist die Landschaft jedoch grüner und die Jungtiere sind mit etwas Glück auszumachen. Interessiert man sich für die einzigartige Flora Südafrikas, sollte man die Frühlingsmonate September bis November für eine Reise wählen.

Geschichtlicher Überblick

Ab 100 000 v.Chr Knochenfunde belegen die Existenz vom Homo sapiens in Südafrika.

Etwa 30 000 v. Chr. San siedeln als Jäger und Sammler im Südwesten des südlichen Afrikas.

Ab Chr. Khoikhoi betreiben Vieh- und Schafzucht.

Ab 500 n. Chr. Bantusprachige Völker wandern von Norden ein und siedeln im Nordosten Südafrikas.

1488 Der Portugiese Bartholomeu Diaz umsegelt das Kap und geht in Mossel Bay an Land.

1652 Jan van Riebeeck landet in der Tafelbucht und gründet die erste Versorgungsstation für die Holländisch-Ostindische Gesellschaft.

1657 Sklaven aus Afrika, Indien und Südostasien kommen ans Kap.

1688 Französische Hugenotten erreichen das Kap.

1779 Kriegerische Auseinandersetzungen zwischen Xhosa und weißen Siedlern, den Treckburen.

1790–1828 Das Zulu-Volk wird unter König Shaka zur militärischen Großmacht.

1795 und 1806 erobern die Briten das Kap.

1814 Die Kapregion wird britische Kronkolonie.

1833 Aufhebung der Sklaverei in allen britischen Gebieten.

1835 Aufbruch der Buren im Großen Treck von der Kapkolonie Richtung Norden.

1838 In der Schlacht am Blood River werden die Zulu endgültig von den Voortrekkern besiegt. Die Buren gründen im Transvaal und Oranje-Freistaat eigene Staaten.

1843 Natal wird britische Kronkolonie.

1867 Erste Diamantenfunde in der nördlichen Kapprovinz.

1880–1881 Erster Krieg zwischen Buren und Briten – Burenführer Paul »Ohm« Krüger siegt und wird Präsident von Transvaal, das aber unter britischer Oberhoheit bleibt.

1886 Goldfunde am Witwatersrand, Gründung von Johannesburg.

1899–1902 Zweiter Burenkrieg – die Buren werden von den Briten geschlagen.

1910 Gründung der Südafrikanischen Union, bestehend aus den Buren-Republiken Transvaal und Oranje-Freistaat sowie den britischen Kolonien Natal und Kap.

1912 Gründung des ANC (African National Congress), der ersten Partei für Schwarze.

1913 Nach dem »Natives Land Act« dürfen Schwarze nur innerhalb bestimmter Gebiete Land erwerben.

1923 Afrikaans setzt sich neben Englisch als Amtssprache durch.

1931 Südafrika erhält de facto die volle Unabhängigkeit im Britischen Commonwealth.

1948 Wahlsieg der Nationalen Partei. Die Politik der Apartheid wird offizielles Programm der Burenregierung.

1949 Der »Mixed Marriages Act« untersagt »gemischte« Ehen.

1950 Gemäß »Group Areas Act« (eigene Wohngebiete für jede Volksgruppe) werden hunderttausende Schwarze zwangsumgesiedelt.

1953 Die Bevölkerung Südafrikas wird in vier »Rassen« eingeteilt: Weiße, Schwarze, Farbige (Coloureds) und Asiaten; volle Bürgerrechte genießen nur Weiße.

1960 Bei einer Demonstration gegen die Passgesetze in Sharpeville sterben 69 Teilnehmer im Kugelhagel der Polizei. Verbot des ANC.

1961 Südafrika tritt aus dem Commonwealth aus und wird Republik.

1962 Nelson Mandela, Führer des ANC, wird verhaftet und später zu lebenslanger Haft verurteilt.

1976 Schüleraufstand in Soweto als Protest gegen die Einführung von Afrikaans als Unterrichtssprache.

1976 – 1981 Die Homelands Transkei, Bophuthatswana, Venda, Ciskei werden als 'selbstständige' Staaten aus Südafrika ausgegliedert.

1984 Änderung der Verfassung, Inder und Farbige erhalten eingeschränktes politisches Mitspracherecht. Friedensnobelpreis für Erzbischof Desmond Tutu.

1986 Verhängung des Ausnahmezustands, Zunahme der Wirtschaftssanktionen aus dem Ausland.

1989 Rücktritt von Präsident P.W. Botha. Sein Nachfolger, Frederik Willem de Klerk, erklärt die Apartheidspolitik für gescheitert.

1990 Nelson Mandela wird nach 27 Jahren Haft freigelassen, das Verbot von 33 Oppositionsgruppen aufgehoben. Ankündigung der Rücknahme der Apartheidsgesetze.

1991 Mit der Abschaffung des »Native Land Act«, des »Group Areas Act« und des »Population Registration Act« fallen die drei Grundpfeiler der Apartheid.

1993 Präsident de Klerk und Nelson Mandela erhalten den Friedensnobelpreis; Aufhebung der internationalen Sanktionen.

1994 Am 27. April finden die ersten freien und allgemeinen Wahlen in der Geschichte Südafrikas statt. Der ANC geht mit 62 % der Stimmen als Sieger hervor, im Mai Wahl von Nelson Mandela zum Präsidenten.

1995 Bildung der Wahrheits- und Versöhnungskommission unter Vorsitz von Erzbischof Desmond Tutu (arbeitet bis 1998).

1996 Unterzeichnung der Demokratischen Verfassung. Die Nationale Partei (NP) scheidet aus der Regierung der Nationalen Einheit aus.

1997 Die neue Verfassung tritt in Kraft. F. W. de Klerk legt den Vorsitz der NP nieder. Nelson Mandela gibt den Posten des ANC-Präsidenten an Thabo Mbeki ab.

1999 Der ANC geht als Sieger aus den 2. demokratischen Wahlen hervor. Thabo Mbeki wird neuer Präsident und Nachfolger Mandelas.

2000 Bei den Kommunalwahlen erlangt der ANC 60% der Stimmen.

Die Regenbogennation

Die Geschichte Südafrikas hat der heutigen Bevölkerung ihre ethnische Vielfalt und die kulturellen Eigenheiten, aber auch ein bitteres Erbe verliehen: die Rassentrennung hinterließ eine tiefe Spaltung. Schon vor der politischen Manifestierung der Apartheid 1948 war in diesem Land die Bevorzugung der Weißen bereits Realität. Die Hautfarbe bestimmte das Schicksal der Menschen, ihre Rechte, ihren Wohnort, die Ausbildung – sprich das gesamte Leben: Je »heller«, desto besser die Chancen. Die schwarze Mehrheit der Bevölkerung war von vornherein von jeglichem Aufstieg ausgeschlossen.

Obwohl Südafrikas neue Verfassung seit 1996 die Gleichberechtigung jeden Bürgers und den Schutz der Volksgruppen und Minderheiten festschreibt, ist die Diskriminierung bestimmter Bevölkerungsteile noch lange nicht überwunden. An den wirtschaftlichen Hebeln der Macht sitzen zum großen Teil Weiße, der Ablösungsprozess geht nur langsam voran, auch weil es den Schwarzen noch an entsprechenden Qualifikationen mangelt.

Die von Bischof Desmond Tutu immer wieder beschworene Regenbogennation, in der Menschen aller Hautfarben, Herkunft und Religion in einem Land vereint sind, setzt auf Versöhnung – aber erst ein bis zwei Generationen später wird sich zeigen, ob der Vielvölkerstaat mit derzeit rund 45 Mio. Einwohnern einen gemeinsamen Weg für die Zukunft gefunden hat.

!

Südafrika ist eine junge Nation: 44 % der Bevölkerung sind unter 18 Jahre, nur knapp 1 % ist älter als 75 Jahre.

Die Schwarzen

Schwarze Völker zogen schon vor rund 1 500 Jahren aus Zentralafrika nach Süden, um Ackerbau und Viehzucht zu betreiben, sie besaßen auch Kenntnisse in der Eisenverarbeitung. Die Nachfahren dieser Bantu-Völker zählen heute insgesamt 35 Mio. Angehörige, ca. 77 % der Gesamtbevölkerung, die neun verschiedenen Ethnien angehören.

Mit rund 9,2 Mio. Menschen bilden die **Zulu** die größte Gruppe, ein stolzes, stark in der eigenen Tradition verwurzeltes Volk. Ihre Heimat ist KwaZulu-Natal, wo einst der mächtige Zulukönig Shaka (1789–1828) mit brutaler Härte herrschte; er hielt jedoch sein Volk in einem militärisch wie politisch straff organisierten Verband zusammen. Heute übernimmt Goodwill Zwelithini die Funktion des Königs. Viele Zulus zogen inzwischen aus dem ländlich geprägten Natal in den Wirtschaftsraum Johannesburg und vertauschten ihre traditionellen Rundhütten mit windigen Blechhütten in den Townships. Zulu wird von 23 % der Menschen in Südafrika gesprochen und ist damit die am häufigsten gesprochene Muttersprache.

Die 7,2 Mio. **Xhosa** leben traditionell an der Wild Coast in der Provinz Eastern Cape zwischen Port Elizabeth und Durban. Die **Sotho** zählen etwa 3,1 Mio. Angehörige, sie siedeln ebenso wie die kleineren Volksgruppen der **Pedi** (3,7 Mio) **Tswana** (3,3 Mio.), **Tsonga** (1,8 Mio.), **Swati** (1,0 Mio.) und **Ndebele** (0,6 Mio.) nordöstlich von Johannesburg. Die **Venda** (0,9 Mio.) leben hoch im Norden an der Grenze zu Zimbabwe.

Heimat der Xhosa ist die Provinz Eastern Cape

Die meisten Schwarzen leben auf engstem Raum in ärmlichen Verschlägen am Rande der Städte oder den ländlichen Gebieten der ehemaligen Homelands.

Die Farbigen

Rund um Kapstadt haben sich Menschen verschiedenster Herkunft vermischt, und so entstand im Laufe der Jahrhunderte eine eigene Bevölkerungsgruppe, die als Coloureds oder **Farbige** bezeichnet wird. Sie macht rund 9 % der Gesamtbevölkerung aus. Ihre Wurzeln liegen in den Beziehungen zwischen der Urbevölkerung am Kap, den Khoikhoi und San, und den weißen Siedlern wie auch den Sklaven, die im Auftrag der Holländisch-Ostindischen Gesellschaft aus Malaysia, Indonesien und anderen Kolonien nach Südafrika gebracht wurden. Zu deren Nachfahren zählen zudem die 200 000 **Kap-Malaien,** strenggläubige Muslime – die meisten Farbigen bekennen sich dagegen zum Christentum.

Asien in Afrika

Die indische Gemeinde hat einen kleinen Anteil an der Regenbogennation – sie ist mit gut einer Million Menschen (3 % der Gesamtbevölkerung) in Südafrika beheimatet. Ihre Vorfahren arbeiteten ab 1860 auf den Zuckerrohrplantagen von Natal. Sie waren als billige Zeitarbeiter angeheuert worden, viele von ihnen blieben im Land. Heute sind die meisten **Inder** in Durban, der indischen Metropole, im Handel tätig. Auch **Chinesen** fanden Ende des 19. Jhs. den weiten Weg nach Südafrika, sie schufteten im Bergbau und haben sich inzwischen als Kaufleute vor allem in Johannesburg niedergelassen.

Farbige machen 9 % der südafrikanischen Bevölkerung aus

Buren und Briten

Die Kolonialgeschichte hat deutlich ihre Spuren hinterlassen, obwohl die Nachfahren der Europäer heute nur 11 % der Einwohner Südafrikas ausmachen. Die **Buren** stammen in erster Linie von den niederländischen Einwanderern ab, bezeichneten sich in streng calvinistischem Glauben als Gottes auserwähltes Volk und daher als »Afrikaaner« in ihrer neuen Heimat. Die **Briten** eroberten 1795 das Kap und eine Welle von Einwanderern zog nach, als Mitte des 19. Jhs. Diamanten und Gold entdeckt wurden. Während die Buren überwiegend Landwirtschaft und Viehzucht betrieben, engagierten sich die Briten im Bergbau.

Mehr als die Hälfte der 4,5 Mio. weißen Südafrikaner sind Buren, aber auch Hugenotten, Deutsche, Portugiesen, Italiener, Griechen und Schotten wanderten an die Spitze des afrikanischen Kontinents. Rund 1,5 Mio. sind Deutsch sprechende Weiße, die Gruppe der Portugiesen zählt 500 000 Angehörige.

Ballungsgebiete

Die Industrie- und Bergbauzentren sowie die Hafenstädte bieten die meisten Arbeitsplätze und sind dementsprechend dicht besiedelt, während die trockenen Landstriche wie das Nordkap nur wenige Menschen beheimaten. In Johannesburg und der Provinz Gauteng leben auf engstem Raum 7,3 Mio Menschen, während in der Provinz Northern Cape nur 0,8 Mio angesiedelt sind. Südafrika

Steckbrief Bevölkerung

Einwohner: 45 Mio., davon 22 Mio. Frauen (2001)
Schwarze: 35 Mio. (77 %)
Weiße: 4,5 Mio. (10 %)
Farbige: 4 Mio. (9 %)
Inder/Asiaten: 1,3 Mio. (3 %)
Andere: 0,4 Mio (0,9 %)
Bevölkerungswachstum: 1,3 % (2000)
Mutter-Sprachen: Afrikaans 14 %, Englisch 9 %, Zulu 23 %, Xhosa 18 %, Nord-Sotho 9 %, Tswana 8 %, Süd-Sotho 7 %, Tsonga 4 %, Swati 3 %, Venda 2 %, Ndebele 1,5 %.

gilt als Magnet für Einwanderer aus den Nachbarländern, die in der Hoffnung auf eine bessere Zukunft in den Großstädten nach Arbeit suchen. Neben Kriegsflüchtlingen kommen auch illegale Einwanderer über die Grenze. Viele Männer arbeiten offiziell auf Zeitbasis in den südafrikanischen Minen und auf Farmen, gefolgt von der Familie, die häufig keine Einreiseerlaubnis besitzt. Die meisten Ausländer möchten bald wieder nach Hause gehen. Die Zuwanderungen lösen Unmut in der Bevölkerung aus, der Kampf um Arbeitsplätze spielt dabei eine wesentliche Rolle.

Elf Sprachen

!

Einige San leben auf Farmen nahe des Kgalagadi National Park (in Koffiefontein und Welkom an der Schotterstraße von Askham nach Twee Rivieren), wo man sie auch besuchen kann. Die Buschleute gelten als gastfreundlich und sind gerne bereit, mit den Besuchern zu diskutieren, allerdings nur in Afrikaans.

Neun Bantu-Sprachen sind neben Englisch und Afrikaans in der neuen Verfassung als offizielle Sprachen anerkannt: Zulu, Xhosa, Swati und Ndebele gehören zur Sprachgruppe der Nguni; Nord-Sotho (darunter sind Pedi die stärkste Gruppe) und Süd-Sotho sowie Tswana zur Sotho-Sprachgruppe, die Tsonga sind mit beiden Sprachfamilien verbunden und die Venda sprechen ihre eigene Sprache. Die Mehrheit der Bevölkerung ist zweisprachig, entweder Afrikaans/Englisch und/oder eine der beiden »weißen« Sprachen zusammen mit der afrikanischen Muttersprache sind die gängigsten Kombinationen.

Afrikaans ist die Sprache der Buren, die aus den verschiedenen Dialekten der holländischen Einwanderer abstammt, jedoch durch die Völkerbegegnung am Kap mit Elementen der malaiischen, englischen oder einer Bantu-Sprache vermischt ist.

Nicht nur die Buren sprechen Afrikaans, sondern etwa fünf Millionen Farbige und Schwarze bezeichnen es als ihre Muttersprache. Etwa 57 % der Weißen und der Großteil der Farbigen sprechen Afrikaans, rund 38 % Weiße und die meisten Asiaten hingegen Englisch. Inder sprechen ebenfalls Hindi, Tamil, Gujarati und Telegu.

San und Khoikhoi

Die Urbevölkerung Südafrikas wird noch heute als Beeren suchende Sammler vermarktet, diese kleinen Menschen mit gelblicher Haut, die nur mit einem Lendenschurz bekleidet im Busch jagen – ein Klischee der Vergangenheit. Einst bevölkerten sie das südliche Afrika: die Vieh züchtenden *Khoikhoi* (auch Hottentotten von den Europäern genannt) besiedelten den Küstengürtel, die *San* (Buschmänner) lebten als Jäger und Sammler umherziehend mehr im Landesinneren. Sie besaßen hervorragende Kenntnisse im Bogenschießen. Dazu verwendeten sie kleine Pfeile, teilweise aus Knochen oder Ästen, deren Spitze mit dem tödlichem Gift aus einer Käferlarve gespickt wurde – die sicherste Methode, ein Tier zu erlegen.

Die San brachten auch die ältesten Zeugnisse der Kunst in Südafrika hervor: Zeichnungen auf Felsen und in Höhlen geritzt, vom Limpopo bis ans Kap verstreut, werden teilweise auf ein Alter von bis zu 30 000 Jahren geschätzt. Die Motive sind Ausdruck von Erlebnissen in Trancezuständen, die ein wichtiger Bestandteil der Sankultur waren.

Die Kolonialisierung am Kap veränderte das Leben der Khoikhoi und der San. Sie galten als billige Arbeitskräfte, einige vermischten sich mit den Siedlern, andere zogen sich gen Norden, nach Botswana und in die Kalahari zurück – ihren ursprünglichen Siedlungsraum haben sie inzwischen weitgehend verloren. Schätzungsweise leben heute noch einige Zehntausend San in Namibia und Botswana, nur etwa 200 bis 300 in Südafrika in der Kalahari. Ihre traditionelle Lebensweise kollidiert jedoch mit dem modernen Alltag, der ihnen wenig Möglichkeiten zur Integration bietet. So hausen manche in armseligen Hütten, arbeiten häufig als Tagelöhner bei umliegenden Bauern, einige versuchen sich im Kunstgewerbe oder posieren für die Weißen, die gerne Erinnerungsfotos von einem typischen Ureinwohner Afrikas schießen. In vielen Fällen sind die Buschmänner jedoch zum Sozialfall geworden, haben ihr Selbstwertgefühl und ihre Identität verloren. Nur die Älteren können sich noch an ihre schamanenhaften Trance-Tänze und Lieder erinnern, die Jüngeren sind arbeitslos, Alkohol vertieft nicht selten die Konflikte.

Weit im Norden Südafrikas, im Kgalagadi National Park, bemühen sich Menschenrechtsanwälte, den San zu einem angemessenen Stück Land zu verhelfen. Die Überlebenden des Volkes jagten hier Anfang des 20. Jhs. noch mit Pfeil und Bogen, als das Wüstengebiet zum Nationalpark erklärt wurde. Doch mit der Zeit sind sie an den Rand des Schutzgebietes gedrängt worden, nun fordern sie einen Teil als ihr Heimatland zurück. Insg. sieben Farmen wurden ihnen inzwischen von der ANC-Regierung zugesprochen.

Buschmannland bleibt in Südafrika noch ein Traum, in Namibia ist dieser Wunsch schon lange Wirklichkeit geworden: 750 km nördlich von Windhoek haben die San ein eigenes Reich, das sie traditionell bewirtschaften können.

Die elf Landessprachen sind inzwischen auch in den Medien zu hören: Das Fernsehen, staatlich oder privat, strahlt Programme und Nachrichten in allen Sprachen aus, der Hauptteil wird jedoch in Englisch gesendet. Im Radio hängt die Sprache von der jeweiligen lokalen Sendeanstalt ab.

Soziale Situation

Schwarze und weiße Südafrikaner leben in extrem unterschiedlichen Verhältnissen: Die Kluft zwischen Arm und Reich ist immens groß, die soziale Ungleichheit – belastet mit der Vergangenheit – zieht noch tiefe Gräben durch die Gesellschaft. Die meisten Weißen leben im Wohlstand und einem sicheren Umfeld, der Großteil der schwarzen Bevölkerung dagegen ist arm – ca. 40 % der südafrikanischen Bevölkerung müssen mit weniger als 300 Rand (rund 30 €) monatlich auskommen. Millionen haben kein Dach über dem Kopf, leben in Hütten auf dem freien Feld, am Rande der Gesellschaft. Es fehlen derzeit 3 Mio. Häuser; das Wahlversprechen der Regierung, bis 2000 eine Mio. Bauten zu errichten, wurde nicht eingehalten.

Ein informatives Bild der Gesellschaft Südafrikas vermittelt das Sympathie Magazin Nr. 31 **Südafrika verstehen** vom Studienkreis für Tourismus und Entwicklung, Kapellenweg 3, 82541 Ammerland.

Probleme auf dem Land

Auf dem Land spielt das soziale Gefüge der Sippe noch eine wichtige Rolle: Wer Arbeit hat, ernährt alle. Männer pendeln oft als Wanderarbeiter zwischen Land und Stadt, Familien sind zerrissen und die Aufstiegsmöglichkeiten gering. Das moderne Leben bringt häufig Identitätsprobleme und soziale Konflikte mit sich. In einigen Siedlungen sind aber schon Verbesserungen spürbar: Millionen von Menschen erhalten erstmals eine medizinische Versorgung und sind in Ernährungs- und Schulprogramme eingebunden, in ihren Häusern fließen Wasser und Strom. Die Regierung steckt fast 50 % ihrer Ausgaben in die Bereiche Soziales, Gesundheit und Wohnungsbau, doch die Liste mit den Notwendigkeiten ist noch lang.

Die aktuelle Aidskrise überschattet das Land: 4,7 Mio. (10 %) leben mit dem Virus, täglich infizieren sich etwa 2000 Menschen. 2005 gibt es schätzungsweise 1 Mio. Waisen.

Karrierechancen

Für einen kleinen Teil Schwarzer geht es steil nach oben: Sie drängen in Bereiche vor, die bisher Weißen vorbehalten waren: Unzählige Kleinunternehmer eröffnen Läden, mancher strebt auf zum Akademiker, Anwalt oder Minister, andere bekleiden gut dotierte Posten in der

Wirtschaft, und der private Sektor wächst, gestärkt durch schwarze Firmen. Sechs Prozent der Schwarzen werden als wohlhabend bezeichnet, fahren flotte Wagen, besitzen Mobil-Telefone und Mitgliedskarten für vornehme Clubs. Schwarze Geschäftsleute kontrollieren heute ca. vier Prozent der Johannesburger Börse mit ihren Unternehmen, den »black chips«.

Der Wohnungsbau gehört zu den dringendsten Aufgaben

Die Masse jedoch hat schwer zu kämpfen. Auf dem Arbeitsmarkt herrscht mit rund 35 % Arbeitslosen nicht gerade Optimismus, unter den Schwarzen ist sogar jeder Zweite arbeitslos, vor allem in den beiden ärmsten Regionen Eastern Cape und Northern Province. Diese Tatsache hängt auch mit mangelnder Ausbildung zusammen – zu Zeiten der Apartheid waren die Möglichkeiten für Schwarze stark eingeschränkt.

Die inzwischen zahlreichen Schulabgänger kann der Arbeitsmarkt aber nur bedingt aufnehmen, die Wirtschaft wächst nur langsam – so ist die Mehrzahl der Jugendlichen arbeitslos. Stellen werden in fast allen Bereichen gekürzt – fast eine halbe Mio. in den letzten sechs Jahren.

Affirmative Action Program

Umstritten und heiß diskutiert ist das Affirmative Action Program der Regierung, das soziale Diskriminierung beseitigen soll. Demnach werden nun Schwarze bevorzugt eingestellt und mit Verabschiedung eines neues Gesetzes zur Gleichberechtigung am Arbeitsplatz ist festgeschrieben, dass ein bestimmter Anteil der Arbeitnehmer schwarzer Hautfarbe sein soll, ebenso müssen Frauen und Behinderte berücksichtigt werden. Dieses Paket schürt mitunter die Angst der weißen Minderheit, ihren Arbeitsplatz zu verlieren. Von schwarzer wie auch von weißer Seite ist zu hören, dass sehr häufig schwarze Südafrikaner eingestellt werden, ohne die notwendigen Qualifikationen für den Arbeitsplatz mitzubringen.

Ausbildung und Berufspraxis stehen dann oftmals hinten an, die Firmen befürchten hingegen auch eine geringere Produktivität. Auch wenn die Theorie nicht immer der Wirklichkeit entspricht, öffnet dieses Modell den Schwarzen die Tür zur Arbeits- und Wirtschaftswelt – eine Chance, die nie zuvor bestand.

!

Um das Analphabetentum einzudämmen und das Bildungsniveau zu erhöhen, sollen nach einem im Jahr 2000 verabschiedeten Gesetzentwurf zur Erwachsenenbildung (Adult Basic Education Bill) landesweit Lernzentren eingerichtet werden.

Wissen ist ein Privileg

Bildung ist in Südafrika kein Recht, sondern immer noch ein großes Privileg, das mit viel Geld verbunden ist. Schulen geraten derzeit in die Schlagzeilen, da

Schüler reihenweise durch die Abschlussprüfungen fallen; Universitäten drohen zu schließen, die Studenten sind verschuldet und können ihre Studiengebühren nicht begleichen. Der Bildungssektor steckt nicht nur in der Krise, sondern der katastrophal vernachlässigte staatliche Ausbildungssektor muss langfristig umgewandelt werden, um mehr Chancengleichheit und Erfolg auf dem Arbeitsmarkt zu gewährleisten. Eltern, die ihren Glauben an das staatliche Schulsystem verloren haben, schicken ihre Kinder in Privatschulen. Voraussetzung: Der Geldbeutel stimmt.

Situation an den Schulen

Ein progressiver Schritt ist mit der neuen Schulgesetzgebung gemacht worden – niemand soll mehr wegen seiner Hautfarbe

benachteiligt werden, neun Jahre Schulpflicht sind verankert. Dennoch vermutet man, dass bis zu 400 000 schwarze Kinder wegen Geldmangel und zu weiten Wegen nicht zur Schule gehen. Insgesamt ist der Nachholbedarf sehr groß, etwa ein Fünftel der erwachsenen Südafrikaner können weder lesen noch schreiben.

In der neuen Verfassung sind neun Jahre Schulpflicht für alle verankert

Die Situation an den Schulen kann sich allerdings nicht so schnell ändern, denn die Lehrer stammen meistens noch aus alten Zeiten, haben oft eine unzureichende pädagogische Ausbildung und sind dazu noch unterbezahlt und demotiviert. Auf der anderen Seite sind die Lernbedingungen in vielen Schulen katastrophal, drei von vier schwarzen Schulen haben keine Lehrmittel, mehr als die Hälfte der 27 000 Schulen im Land noch nicht einmal ein Telefon.

Universitäten in der Krise

Die Regierung konnte selbst mit erhöhten Ausgaben (52 Mrd. Rand 2001) den Bildungssektor noch nicht ausreichend fördern – die Anforderungen sind enorm. Angesichts enorm hoher ausstehender Studiengebühren reagierten viele der 21 Universitäten und 19 Technischen Hochschulen in den letzten Jahren mit harten Maßnahmen: Einschreibeverbot und Ausschluss vom Campus. Die Studenten können sich die ständig steigenden Gebühren für Ausbildung und Unterkunft – rund 25 000 Rand zu Studienbeginn, die Summe steigt aber jedes Jahr – oft nicht leisten. Firmen und soziale Einrichtungen gewähren zwar Stipendien, diese reichen meist aber nicht aus, und die Eltern können in der Regel wenig beisteuern, im Gegenteil: Kinder unterstützen nicht selten die Familie. Immerhin erhalten mehr und mehr Schwarze eine qualifizierte Ausbildung nach dem Abitur.

! Trotz der finanziellen Schwierigkeiten hat bislang keine Universität geschlossen. Vielmehr eröffnete Nelson Mandela im Herbst 2000 das Mandela-Institut an der Universität von Witwatersrand mit Schwerpunkt auf dem Gebiet des Internationalen Rechts.

Religion

Jahrhundertelang waren Missionare auch in Afrika tätig – mit Erfolg: 75 % der südafrikanischen Bevölkerung bekennen sich zum Christentum in den verschiedensten Ausprägungen. Die »Staatskirche« der Buren, die **Niederländisch-Reformierte Kirche,** basiert auf streng calvinistischen Lebensformen. Mit ihrer Vorstellung einer von Gott gewollten Ordnung, sprich Rassentrennung, bildete sie einen Eckpfeiler der Apartheid.

In den vergangenen Jahren erhielten vor allem unabhängige christliche Kirchen der Schwarzen großen Zulauf (schätzungsweise 4000 Einrichtungen mit insgesamt 10 Mio. Mitgliedern). So ist die **Zion Christian Church,** bereits 1910 gegründet, heute mit 1 Mio. Mit-

Von Wahrsagern und Heilern

Chief Horatius Zungu ist ein beliebter Mann, Besucher warten geduldig vor seinem Haus in Soweto in der Hoffnung auf Hilfe. Dr. Zungu nimmt sich Zeit für die Sorgen seiner Patienten, horcht hinein in die getrübte Seele, von Arbeitslosigkeit gekränkt oder von einer Erkältung verstimmt. Er ist ein Heiler (»inyanga«), ein Mann mit Universitätsstudium, der sich aber für ein Zusammenspiel westlicher und traditioneller Heilmethoden einsetzt.

Ein wahrer Mythos umgibt diese Heiler, die in andere Sphären eindringen und mit ihren Vorfahren kommunizieren, die Zukunft weissagen und Krankheiten heilen. Sie besitzen übernatürliche Kräfte und konzentrieren sich auf die Macht des Geistes, eine Fähigkeit, die sie durch langes Training erlernt haben. Sie nehmen einen bedeutenden Platz in der südafrikanischen Gesellschaft ein, sie heilen und sind gleichzeitig Seelentröster. Traditionellerweise nehmen hauptsächlich Frauen die Rolle einer »sangoma«, einer Wahrsagerin und Heilerin, ein. Männliche Sangoma werden »isanuse« genannt.

Am Anfang steht eine Vision: Wahrsager und Heiler werden berufen. Es überfällt sie eine plötzliche Krankheit, Ahnen erscheinen ihnen im Traum – ein Zeichen für die Auserwählten, einen »inyanga« aufzusuchen, einen Heiler mit noch größerer Macht. Er wird ihre Berufung prüfen und bestätigen – erst dann sind sie für ihre Lehrphase vorbereitet. Anschließend unterweist sie die »gobela«, eine Art Obersangoma, mehrere Monate lang in Kräuter- und Heilkunde sowie Kontaktaufnahme mit den Vorfahren. Nach Abschluss der Ausbildung müssen die angehenden Sangomas beweisen, ob sie für diese Aufgabe befähigt sind, erst dann erhalten sie ein Zertifikat von der Vereinigung der Traditionellen Heiler.

Mit unzähligen Mitteln kann ein Heiler die Geister beschwören: Einige werfen Knochen, lesen aus ihnen das Schicksal. Beliebt sind die zusammengebunden Schwanzhaare eines büffelartigen Wildtieres (»nkonkoni«), aber auch Wurzeln, Pflanzen und oftmals übel riechende Säfte, getrocknete Tierteile und pulverisierte Substanzen finden Verwendung – die Heilkunde ist ein Buch mit sieben Siegeln. Dr. Zungu ist ein Kenner der Materie und hat auch Verständnis für »Ungläubige«: »Viele, die über uns lachen, besuchen uns nach Einbruch der Dunkelheit.« Seine Patienten zahlen erst, nachdem sie geheilt sind. Denn: Ein wahrer Heiler versucht nicht, Geld herauszuschlagen. So haben ihn seine Vorfahren angewiesen, für eine erste Konsultation nicht mehr als zwei Rand zu verlangen.

Die Akzeptanz der Sangomas in der Bevölkerung ist nach wie vor groß, die Erfolge sind nicht von der Hand zu weisen. Seit einigen Jahren bemüht sich die südafrikanische Regierung, die traditionelle Heilbehandlung und die westliche Schulmedizin miteinander zu verbinden. Ein *Council for traditional Healers* ist eingerichtet worden. Traditionelle Heiler können sich dort registrieren, Erfahrungen austauschen und sich weiterbilden, und moderne Mediziner lernen die traditionellen Heilmethoden kennen.

gliedern die größte religiöse Bewegung der unabhängigen Kirchen. Alle diese Glaubensgemeinschaften integrieren traditionelle afrikanische Vorstellungen.

70 % der Inder sind Hindu, 20 % Muslime und 10 % Christen. Die Farbigen bekennen sich zum großen Teil zum Christentum, die jüdische Gemeinde (0,2 %) ist mehrheitlich orthodox.

Afrikanische Stammesreligionen

Viele schwarze Volksgruppen verbinden die christlichen Glaubensvorstellungen mit ihren traditionell afrikanischen. Dabei steht der Ahnenkult im Mittelpunkt, als »lebende Toten« werden die Vorfahren Teil der Gemeinde und zum Bindeglied zwischen der realen Welt und den übernatürlichen Mächten, die den Alltag bestimmen. Mittels Rituale nimmt man Kontakt mit den Geistern oder Ahnen auf, um deren Rat einzuholen oder sie um Hilfe zu bitten.

Traditionelle Heilerin

Auch der Glaube, die Geister könnten von einem Sangoma (Heiler) beeinflusst werden, ist weit verbreitet. Er soll mit Hilfe von Kräutern, Säften oder Knochen und übernatürlichen Kräften Unheil abwenden. So bewegen sich viele Südafrikaner häufig in zwei verschiedenen Glaubenswelten: Gottesdienstbesuch und Ahnenkult schließen einander nicht aus.

Wirtschaft

Südafrika ist das wirtschaftlich mächtigste Land auf dem Kontinent, ein aufstrebender Wirtschaftsmarkt, doch die Herausforderungen für einen positiven Wandel in der Zukunft lasten auf den Schultern. »Stabile Instabilität« umschreibt die Phase, in der sich das Land momentan befindet. Wenn auch das Wirtschaftswachstum bisher hinter den gesteckten Zielen zurückbleibt, ist doch die Talfahrt der letzten Jahre der Apartheid überwunden. Das rassistische System hatte Südafrika nicht nur auf Kosten seiner Bevölkerung weltweit isoliert, sondern auch total abgewirtschaftet. Innenpolitische Spannungen, internationale Sanktionen, Staatsverschuldung und Inflation zwangen den Staatsapparat dann schließlich in die Knie.

Seit 1993 hat sich die wirtschaftliche Lage etwas erholt. Das Wirtschaftswachstum, bis dahin schrumpfend, bewegte sich von 1996 bis 2001 zwischen ein und drei Prozent. Die Inflationsrate schwankte in den letzten Jahren um sechs Prozent. Doch Mitte 1998 stürzte der Rand in den Keller: Die Johannesburger Börse reagierte mit empfindlichen Schwankungen auf die Weltwirtschaft.

Steckbrief Wirtschaft
Bruttoinlandsprodukt: 950 Mrd. Rand (2001), davon Financial Services: 20 %; Verarbeitende Industrie: 18,5 %; Bergbau: 6,5 %; Landwirtschaft: 3 %; Tourismus: 13 %
Wachstumsrate: 2–3 % (2001)
Inflationsrate: 5 % (2000)
Arbeitslosenrate: etwa 35 % insg. (überwiegend bei den Schwarzen)

Einziger Industriestaat Afrikas

Immer noch mit dem Dritte-Welt-Etikett versehen, ist Südafrika der einzige Industriestaat Afrikas. Und es verfügt zudem über eine exzellente Infrastruktur. War das Land einst von seiner Goldproduktion abhängig, ist die Wirtschaft inzwischen breiter gefächert, an der Spitze steht nicht mehr der traditionelle Bergbau, sondern die verarbeitende Industrie, 2001 betrug ihr Anteil am Bruttoinlandsprodukt ca. 18,5 %.

Der Minensektor, vorrangig der Abbau von Gold, fährt aber noch den größten Batzen harter Währung ein, obwohl der Goldmarkt in den letzten Jahren kränkelt und der absolute Einbruch vom 20. Juli 1999 zur Krise führte. Damals sank der Preis für das edle Metall mit 252 US $ pro Unze auf den tiefsten Stand seit 20 Jahren. Südafrika ist jedoch immer noch der weltgrößte Goldlieferant, aber die Vorräte schrumpfen, der Abbau wird immer teurer und aufwendiger – die Minenschächte sind mit 4 km Länge die tiefsten der Welt. Die Goldproduktion fiel 1997 erstmals seit 40 Jahren unter 500 Tonnen pro Jahr. Regierung, Minenindustrie und Gewerkschaften versuchen, die Streichung von Arbeitsplätzen in Grenzen zu halten und Minen vor der Schließung zu bewahren (s. S. 202).

Das Land ist reich an Bodenschätzen – Platin, Chrom, Vanadium – und zählt zu den wichtigsten Förderländern von Diamanten, Steinkohle, Eisenerz, Mangan, Nickel, Uran und Phosphat. Der Bergbau beschäftigt nach umfangreichen Rationalisierungsmaßnahmen noch ca. 403 000 Menschen (2001), davon 200 00 in Goldminen, und ist vor allem ein wichtiger Devisenbringer.

Ein aufstrebender Wirtschaftszweig ist die Automobilindustrie, ausländische Firmen wie BMW, Volkswagen und Ford produzieren in großen Werken in Südafrika.

Die Landwirtschaft trägt immer weniger zum Inlandsprodukt bei, mittlerweile nur noch etwa drei Prozent. Und sie ist anfällig, da sie von den Witterungsverhältnissen abhängt. El Niño hat zwar im Land am Kap nicht so mächtig gewütet, doch das Klima war trockener als in den Vorjahren, insbesondere die Maisernte hat 1998 gelitten.

!

Über ein Drittel der Goldförderung weltweit stammt aus Südafrika, etwa 40 % der Reserven des Metalls liegen noch im Land.

Der Tourismus hat nach Aufhebung aller Boykotte einen rasanten Aufschwung genommen. 2000 reisten rund sechs Mio. Menschen nach Südafrika, aus Deutschland rund 215 000. In der Hoffnung, später einen noch weitaus wichtigeren Platz in der Wirtschaft einzunehmen und ausländisches Kapital ins Land zu bringen, wird dieser Zweig ständig ausgebaut.

Wirtschaftswachstum – wie?

Handelsboykotte, fehlende ausländische Investitionen und politische Spannungen führten während der Apartheid zu mangelnder Wettbewerbsfähigkeit. Südafrika wurde von den Weltmarktpreisen für Rohstoffe abhängig – ein Grund für die wirtschaftliche Instabilität. Lokale Produktionsstätten könnten eine Möglichkeit darstellen, um mehr mit Fertigprodukten auf dem internationalen Markt vertreten zu sein.

Die Regierung hat mehrere Programme entworfen und Handelsabkommen abgeschlossen, die die Wirtschaft ankurbeln sollen. Auch wenn zunächst die Vorgaben nicht erreicht werden konnten und Tausende von Stellen gestrichen wurden, waren in den letzten Jahren Exportzuwächse und bescheidene Wachstumsraten zu verzeichnen. Zahlreiche ausländische Firmen kehrten inzwischen nach Südafrika zurück oder siedelten sich hier neu an. Die anhaltend hohe Gewaltkriminalität und das Misstrauen bei den Investoren gegenüber einem aufstrebenden Dritte-Welt-Land sind Faktoren, die sich negativ ausgewirkt haben.

Nur wenigen verhalf das Gold zu Reichtum

Politik

Madiba, der große alte Mann, dankt ab – und zwar freiwillig. Das ist ganz ungewöhnlich für Präsidenten in Afrika. Aber Mandela hat einen langen Weg hinter sich. Der Verlust eines starken Staatsmannes lässt sicher an der Zukunft Südafrikas zweifeln. War es doch Mandela, der als Symbolfigur einer neuen Demokratie in Südafrika den Prozess der Versöhnung unermüdlich vorantrieb. Ihm gelang es, den Übergang zum Frieden einzuleiten und dem Gegner die Angst vor den neuen Machtverhältnissen zu nehmen. Als genial kann seine Fähigkeit bezeichnet werden, politische Visionen aufzubauen und Schwarze und Weiße zu fesseln – nicht selten mit einer gehörigen Portion Charme.

Wer sollte es mit einer solchen Persönlichkeit aufnehmen? Niemand. Doch 1999 ist Thabo Mbeki zu Mandelas Nachfolger gewählt worden. Zuvor hatte er bereits als zweiter Mann im Staat die laufenden Regierungsgeschäfte ausgeübt und damit entfiel ein Machtkampf um die Spitzenposition im Staat nach dem vollständigen Rückzug Mandelas. Mbeki ist eher ein Technokrat und nicht der Mann, der überall durch Sympathie und Beliebtheit gewinnt. Doch er wird anerkannt, genießt besonders im Ausland Ansehen. Es weht ein anderer Wind, ein neuer

Madiba-Style

Alle Südafrikaner kennen Nelson Rolihlahla Mandela, Angehöriger des Xhosa-Stammes, unter der Bezeichnung Madiba, dem Namen seiner Sippe. Und mit Madiba wird er angeredet in Respekt vor den Ahnen. Madiba kreierte nicht nur eine neue Republik, sondern auch einen modischen Stil. Die Madiba-shirts, zu sehen bei Staatsbesuchen und Empfängen, sind berühmt in aller Welt. Locker fallende Stoffe in verrückten oder dezenten Farben und Designs – damit bricht Mandela alle Konventionen, besonders jedoch die südafrikanischen. Denn formelle Kleidung steht an der Tagesordnung des weißen Mannes. Madiba bringt frischen Wind in die verstaubten Kleiderkammern der Politiker und in typischer Manier bewegt er sich auch bei offiziellen Anlässen hin und wieder zur Musik. Der Madiba-Dance ist inzwischen ein Begriff und hat schon viele Nachahmer gefunden.

politischer Stil, der für mehr soziale Gerechtigkeit steht, aber auch ein mehr zentralistischer Regierungsstil, der die Macht im Präsidentenbüro vereint.

Politische Stabilität

Das Land bewegt sich langsam vom Mythos zur Realität: Südafrika geht nach der großen Phase des Aufruhrs und politischen Aufbruchs einer Zeit entgegen, die wirtschaftlich und sozial das Land voranbringen muss. Die größte Aufgabe ist die Überbrückung der sozialen Unterschiede zwischen Weißen und Schwarzen, das Wohlstandsgefälle birgt ein unkalkulierbares Gefahrenpotenzial, zusammen mit ansteigender Arbeitslosigkeit und Kriminalität. Die Angst der Weißen gegenüber den Forderungen der Schwarzen auszubalancieren erfordert großes Geschick. Weiße verlassen das Land aus Sorge um ihre neue Position als Minderheit, aber ihre einstige Befürchtung, mit der Machtübernahme der schwarzen Mehrheit nehme ein unterdrücktes Volk Rache, hat sich bisher zum Glück nicht bewahrheitet.

Die Gestaltung der südafrikanischen Zukunft ist eine immense Herausforderung. Das Fundament für mehr Stabilität und weniger Spaltung – bei allen sozialen und wirtschaftlichen Erschütterungen – ist zumindest in den letzten acht Jahren gelegt worden. Der

Nelson Mandela, der erste schwarze Präsident Südafrikas

Der steinige Weg zur Demokratie

Die ersten demokratischen Wahlen in Südafrika führten endlich zur Ablösung des Apartheidregimes, das die schwarze Bevölkerung mit eiserner Hand unterdrückt hatte. Millionen von Menschen gingen in den letzten Apriltagen 1994 zu den Wahlurnen, bildeten endlose Schlangen, um ungeduldig auf das Wunderbare zu warten: erstmals ihr Recht zu nutzen, eine politische Partei zu wählen. Viele Schwarze in Südafrika hatten die Hoffnung nie aufgegeben, dass sie diese Ereignisse noch erleben werden. Die Anfänge, die einen politischen Wandel ermöglichten, liegen weit zurück und führen zu einem Mann, dessen Rückgrat auch in 27jähriger Haft nicht gebrochen werden konnte: Nelson Mandela.

Ein Blick zurück: 1983 wurde Pieter Willem Botha Staatspräsident. Er richtete das Dreikammer-Parlament ein: Mischlinge, Inder und Weiße regierten – die Schwarzen waren weiterhin verbannt. Doch sie widersetzten sich dem System: »Macht die Townships unregierbar« lautete die Waffe der Massen. Demonstrationen und Boykotte der Apartheidsgesetze endeten im Chaos – der rigide Polizeistaat Bothas schlug mit allen Mitteln zurück. Aber die Machtlosigkeit des Staats offenbarte sich immer mehr, die internationalen Wirtschaftssanktionen schnürten dem bankrotten System die Luft ab.

Doch erst de Klerk, Präsident seit 1989, kündigte Reformen und die Abschaffung der Apartheidsgesetze an. Der Staatsapparat war verschuldet, saß unter Druck von allen Seiten. De Klerk lenkte ein und nach Mandelas Freilassung im Februar 1990 kam es schon im Mai zu den historischen Gesprächen einer ANC-Delegation mit der Regierung.

Doch der Weg bis zu den ersten freien Wahlen war noch steinig. Die Verhandlungen gestalteten sich schwierig, wurden durch Gewalttaten im Land behindert. Weiße Sicherheitskräfte schürten Tumulte zwischen schwarzen Oppositionsgruppen, Rechtsextremisten verübten Attentate und forderten einen eigenen Burenstaat. Chief Mangosuthu Buthelezis Inkatha Freedom Party wollte das Königreich der Zulu und seine Macht bewahren. Die Nationale Partei bestand auf einer Übergangsregierung, denn sie wollte das Land nicht einfach in ANC-Hände übergeben. Der ANC erklärte sich zu diesen Zugeständnissen bereit, um die Wahlen voranzutreiben. Schließlich gab es keinen Ausweg – die konservativen Rechten formierten sich zur Freedom Front Party und in letzter Minute lenkte auch Buthelezi ein.

Das Wunder am Kap war eingetreten: 1994 wählte die Bevölkerung die Regierung der Nationalen Einheit auf fünf Jahre. Der ANC triumphierte mit einer Zwei-Drittel-Mehrheit, die Nationale Partei erhielt 20,4 %, die Inkatha Freedom Party 10,5 % . Die Ereignisse überstürzten sich: Am 9. Mai 1994 wählte das Parlament Mandela zum Präsidenten, am 10. Dezember 1996 unterzeichnete er in Sharpeville die neue Verfassung. Alle schwarzen Völker, Inder, Coloureds und Weiße, Parteien und Landesteile sind nun an politischen Entscheidungen beteiligt.

Ohrwurm »Simunye – we are one« ertönt seit Jahren regelmäßig im Fernsehen – gesungen von Angehörigen aller Volksgruppen nach dem Motto »Eine Nation – viele Kulturen«. Der Spot steht für eine Art Leitmotiv, doch noch fehlt es an Überzeugungsarbeit.

Der von Thabo Mbeki geprägte Begriff der »African Renaissance« ist schnell in aller Welt aufgenommen worden: Erstmals gibt es Hoffnung für den afrikanischen Kontinent, der so lange im Dunkeln lag. Südafrika gilt als der beständigste Motor in diesem Teil der Welt, es besitzt einen Vertrauensvorschuss – doch die umliegenden Krisenherde flammen immer wieder auf und überschatten den Friedensprozess.

Staatswesen

Die Legislative der Republik Südafrika setzt sich aus zwei Kammern zusammen, dem *Nationalen Provinzrat* (National Council of Provinces), der aus jeweils zehn Vertretern der neun Provinzen des Landes besteht, und der *Nationalversammlung* (National Assembly). Hier teilen sich derzeit dreizehn Parteien die 400 Sitze: African National Congress (ANC), Democratic Alliance (DA - hervorgegangen aus der Democratic Party), Inkatha Freedom Party (IFP), New National Party (NNP), United Democratic Movement (UDM) African Christian Democratic Party, Pan African Congress (PAC), United Christian Democratic Party, Freedom Front (FF), Freedom Alliance, Afrikaner Eenheidsbeweging (AEB), Azanian People's Organization und Minority Front. Staatsoberhaupt und Regierungschef ist Thabo Mbeki. Gewählt wird die Volksvertretung alle fünf Jahre.

Mit Aufhebung der Apartheid wurde das Land in neun Provinzen gegliedert: Western Cape, Northern Cape, Eastern Cape, Free State, North-West, Limpopo Province (vormals Northern Province), Gauteng, Mpumalanga und KwaZulu-Natal.

!

Über die aktuelle Situation in Südafrika informiert das Auswärtige Amt in Berlin, ☎ 0 18 88-170, im Internet unter www.auswaertiges-amt.de

Genüsse aus aller Welt

Seit Jahrhunderten haben sich die Kochkünste der Einwanderer gegenseitig beeinflusst, so erweisen sich die heutigen südafrikanischen Gerichte als kulinarische Genüsse aus vielen Teilen der Welt.

Kapküche

Lebensmittel und Wein – darin liegen eigentlich die Anfänge der europäischen Entwicklung am Kap: Als die europäischen Seefahrer Mitte des 17. Jhs. dort die erste Versorgungsstation auf ihrem Handelsweg nach Ostindien aufbauten, legten sie einen Gemüsegarten an und kultivierten Wein. Im Laufe der Zeit verfeinerten Gewürze der ostindischen Inseln das Essen: Traditionelle holländische Eintöpfe und eingelegtes Gemüse bekamen durch Zimt, Nelkenpfeffer, Gelbwurzel, Anis, Tamarinde oder Gewürznelken einen besonderen Geschmack. Aus dem Fernen Osten und Indien kamen exotische Gewürze und Aromen, scharfe und süßsaure Soßen.

▲ *Asiatische Gewürze verfeinern die verschiedensten Gerichte*
◀ *Aloen gedeihen in der Kleinen Karoo zu Füßen der Swartberge*

Zu einem echten Gaumengenuss entwickelte sich eine Art Falscher Hase, Lamm-Hackbraten mit Curry, süßsaurem Gewürz und einer pikanten Soße aus getrockneten Früchten – das schmackhafte Gericht hielt unter dem Namen **Bobotie** Einzug auf den Speisekarten der Restaurants. Eine weitere Spezialität sind **Sosaties,** marinierte Fleischstückchen, an kleinen Spießen über dem Holzfeuer gegrillt.

In einer Kasserolle wird das malaiische **Bredie** aus geschnetzeltem Hammelfleisch und Gemüse zubereitet. Eine interessante Abwandlung findet dieses Eintopfgericht im *Waterblommetjiebredie,* in dem die gehackten Stängel und Blüten einer Wasserlilie mitgekocht werden.

Die indischen **Currys** fanden überall im Land Anklang, doch nur in Durban, dem Zentrum der indischen Gemeinde, ist die Bandbreite der Currygerichte so groß: Fisch, Huhn, Lamm, Rind, Ei oder Gemüse als Zutat – mild oder scharf, mit gelbem Reis und einer süßlichen Chutney-Soße, Kokosraspeln oder Mixed Pickles, dazu indisches Fladenbrot (roti) – einfach köstlich.

Fleisch in allen Variationen

Vom großen Braten bis zum kleinen Dörrstück – Lebensmittel Nummer eins in Südafrika ist Fleisch. Große Fast-Food-Ketten bieten auch in entlegensten Orten saftige Spareribs und Hamburger an. In Restaurants stehen viele Sorten Wild auf der Karte, die Auswahl reicht oft bis zu so exotischen Angeboten wie Krokodilschwanz- und Straußensteak.

Cape chicken curry (6–8 Pers.)

Zutaten: 1 große Zwiebel, in Scheiben geschnitten, 45 ml Öl, 3 Kardamom-Schoten, 2 Zweige Cassia (ähnelt Zimt), 1 große Tomate, gehackt, 1 großes Huhn, zerlegt, 5 Knoblauchzehen, 2 cm langes Stück Ingwerwurzel, 1 grüne Chili, 5 ml (1 TL) Kumin, gemahlen, 5 ml (1 TL) Koriander, gemahlen, 15 ml Marsala, 1,5 TL Gelbwurz (Tumeric), 1 gehäufter Tl Currypulver, 4 Löffel frische, gehackte Korianderblätter zum Garnieren.

Zwiebel, Cassia und Kardamom-Schoten in großer Pfanne in Öl anbraten, Tomaten hinzufügen und fünf Minuten köcheln. Mit dem Huhn weitere zehn Minuten köcheln. Knoblauch, Ingwer und Chili zerkleinern, zu einer Paste verrühren, zum Huhn geben und mit Kumin, Koriander, Marsala und Gelbwurz bei geringer Hitze 15 Min. köcheln. Currypulver hinzugeben und weitere 5–10 Min. köcheln. Mit gehackten Korianderblättern garnieren und mit Reis servieren. Dazu wird oft Blatjang, eine Art Chutney-Sauce, gereicht, bestehend aus 3 getrockneten roten Chili, 10 Knoblauchzehen, 1 Teelöffel gemahlenen Kumin und Salz, 500 ml (2 Tassen) weiche Aprikosen-Marmelade und braunem Essig. Chili und Knoblauch zerkleinern, Kumin und Salz einrühren, Marmelade hinzugeben und gut vermischen. Essig langsam dazugeben, mit Schneebesen verrühren bis die Sauce süß-sauer ist.

Braai – eine gesellschaftliche Verpflichtung

Fleisch wurde schon in den Pioniertagen der Voortrekker über dem offenen Feuer gegrillt. Südafrikaner jeder Farbe und Herkunft machen aus dieser einfachen Kochform eine wahre Kunst. Grillen (Braai) gehört zu den Lieblingsbeschäftigungen am Wochenende. Auf der Farm, im Garten, in Parks und an den Stränden wird, wenn nicht bereits vorhanden, ein Rost aufgestellt, auch im Eigenheim findet sich stets ein Barbecue-Set.

Grund für diese nationale Begeisterung: Sie alle lieben Fleisch. Spricht ein Südafrikaner eine Einladung aus, ist der Speiseplan für den Gast offensichtlich: »Wir legen etwas Fleisch auf den Grill.« Und die Auswahl in Supermärkten und Metzgereien ist wirklich groß: Lammkoteletts, T-Bone-Steaks und Rippenstücke, mariniert und gewürzt, aber auch Sosaties (Spieße, s.o.), gespickt mit Speck, Zwiebeln und getrockneten Aprikosen zählen zu traditionellen Grillgerichten. Die Krönung eines jeden Braai sind die Boerewors, Mettbratwürste, oft schneckenförmig aufgerollt und deftig gewürzt. Auch etwas leichtere Kost hat inzwischen ihren Platz auf dem Rost gefunden: Hühnchen und besonders an den Küsten Fisch.

Nicht nur im privaten Kreis ist das Grillen so beliebt. In den Städten werden täglich auf Bürgersteigen und an Bushaltestellen Grillstände aufgebaut oder über brennenden Ölfässern Fleisch mit Maiskolben gebraten – »tshisanyama« heißt es in Zulu, im übertragenen Sinne »brate das Fleisch«.

Potjiekos und Biltong

Aus der Zeit, als die Buren noch mit Ochsenkarren durch das Land zogen, stammt auch der Jägertopf, **Potjiekos** genannt. Dabei köchelt Wildfleisch mit Zwiebeln, Tomaten, Kartoffeln, Kräutern und Markknochen, Spinat oder Kürbis über dem offenen Feuer – eine deftige Mahlzeit.

!

RESTAURANTPREISE
Die in diesem Führer verwendeten Preiskategorien bedeuten:
○○○ Menü ab 125 Rand
○○ 75–125 Rand
○ bis 75 Rand

!

Seit 2001 besteht in ganz Südafrika ein **Rauchverbot** in öffentlichen Gebäuden, in Restaurants darf man nur noch in eigens abgetrennten Raucherzonen rauchen. Das Wegwerfen von Kippen kostet Strafe.

Noch eine echte Spezialität hat sich seit Jahrhunderten erhalten und baumelt heute säuberlichst in Plastik verpackt fast an jeder Supermarktkasse: **Biltong,** luftgetrocknetes Fleisch vom Rind, der Kudu-Antilope oder anderen Wildarten in schmale Streifen geschnitten oder geraspelt. Das gepökelte Fleisch ist gewöhnungsbedürftig, eignet sich aber gut für einen kleinen Snack auf Reisen oder beim Wandern – früher galt es als Proviant für magere Zeiten.

Europäischer Einfluss

Klingt der Abend mit einem typisch südafrikanischen Braai aus, so ist auf dem Frühstückstisch häufig Wurst zu finden – aber auf englische Art und Weise: Kleine Sausages (Würstchen) mit Spiegelei, gebratenem Speck und Tomaten werden gerne morgens serviert. In Hotels gehört dieses Angebot immer zum Büffet, oft mit dicken Bohnen und gebratener Leber angereichert. Die Briten führten auch die Scones, hausgemachte süße Brötchen, ein. Sie werden mit Marmelade und Schlagsahne oder aber ohne alles gegessen.

Vor allem italienische Gerichte bereichern heute die südafrikanische Küche. Pizzas in allen Variationen stehen hoch im Kurs, aber auch Teigwaren finden sich häufig auf der Speisekarte. Pizza-Ketten sind überall vertreten, besonders in den riesigen Einkaufszentren.

Afrikanische Küche

!

Wer einmal ein typisch afrikanisches Gericht probieren möchte – im Restaurant »The Africa Café« in Kapstadt kann man unter den Spezialitäten fast des gesamten Kontinents wählen (s. S. 106).

Traditionelles Nahrungsmittel in Afrika ist **Pap,** ein Maisbrei. Die Maiskolben werden gekocht und geröstet, die Körner zu Mehl für's Brotbacken oder zu Pap verarbeitet. Der Brei gehört zum Grillen wie das Fleisch – neuerdings wird ein spezielles Maismehl angeboten, mit dem man Braaipap besonders schnell zubereiten kann. Eine scharfe Soße aus Tomaten, Zwiebeln und grünen Chilies passt gut zum Brei.

Neben Fleisch werden traditionell gerne Hühnchen und Innereien (Mogudu) gegessen, auch gekochte Schweinefüße oder Hühnerkrallen sind beliebt. Für Mutige gibt es eine besondere Spezialität: **Mopaniwürmer.** Die Raupen werden gesammelt und getrocknet, dann gekocht oder frittiert und mit oder ohne Sauce gegessen, sie stehen sogar in so manchem Restaurant auf der Speisekarte.

Fischgerichte – ein Gedicht

Fisch

Seezunge, Kingklip, Seehecht, Makrele, Schellfisch, Austern, Muscheln, Schnecken, Kalamari, Garnelen und Langusten – die Meeresgründe an der Süd- und Westküste bieten fast alles. Fisch und Meeresfrüchte sind in Südafrika relativ preiswert und kom-

men immer frisch auf den Markt. Wer von allem etwas probieren möchte, sollte in einem Restaurant an der Küste eine herrliche Seafood Platter (Meeresfrüchteplatte) bestellen, Austernfans werden in Knysna (s. S. 130) in einer kleinen Zuchtfarm an der Lagune mit Leckerbissen verwöhnt. An der Westküste dauert die Fangsaison für Crayfish von Ende November bis Mai. Die kleinen Langusten sind auch im Restaurant durchaus erschwinglich. In Mpumalanga und in den Drakensbergen zählen fangfrische Forellen zu den Delikatessen.

Fischgerichte haben oftmals ungewöhnliche Beilagen: So wird Makrele häufig mit Reis und Peperoni serviert, der schmackhafte Kingklip mit Curry und anderen exotischen Gewürzen zubereitet.

● Zur Crayfish-Fangsaison im März wird in Lambert's Bay das **Crayfish-Festival** gefeiert. Diese kleine Langustenart dient als Hummerersatz für den schmalen Geldbeutel.

Exotische Früchte

Zu jeder Jahreszeit reifen Ananas, Mangos, Litschis, Trauben, Orangen, Äpfel und Bananen. Auf dem europäischen Markt müssen Früchte oft teuer bezahlt werden, in Südafrika ist Obst dagegen preiswert. Avocados, Papaya und Aprikosen – wer es nicht mehr in den Laden schafft, kann die Früchte auch bei den Straßenhändlern bekommen. Ein frischer Fruchtsalat schmeckt hervorragend, ebenso die Fruchtsäfte.

Getränke

Den Durst löschen Südafrikaner am liebsten mit Bier, das hauptsächlich in Dosen verkauft und auch im Restaurant überwiegend in cans serviert wird, frisch gezapftes Bier ist eher selten. Einheimische und ausländische Marken sind zahlreich vertreten: Castle, Lion, Amstel und Windhoek bzw. Windhoek Light sind die gängigsten. In ländlichen Gebieten wird noch *Maheu* gebraut, ein dickflüssiges, kräftiges Bier aus Mais. Sehr beliebt sind Whisky, Brandy und Gin.

In den Bottle Stores erhält man eigentlich alle Arten von alkoholischen und nichtalkoholischen Getränken, Spirituosen und auch zahlreiche Liköre, z. B. den aus der einheimischen Amarula-Frucht.

Die windgeschützten Täler am südwestlichen Kap mit ihren fruchtbaren Böden, warmen, trockenen Sommern und feuchtkühlen Wintermonaten eignen sich besonders gut für den Weinanbau. Paarl, Stellenbosch und Franschhoek zählen zu den bekanntesten Weinorten, spezielle »Weinrouten« führen zu unzähligen Weingütern und man hat die Qual der Wahl, welchen der relativ preiswerten Tropfen man nun kosten soll. Südafrikanische Weine füllen inzwischen die Regale in aller Welt und werden von Kennern geschätzt – die Südafrikaner entwickeln sich jedoch erst in jüngster Zeit immer mehr zu Weintrinkern.

Gute Informationen zu den edlen Tropfen des Landes gibt der jährlich erscheinende Weinführer **Wines of South Africa** von John Platter, erhältlich in den Buchhandlungen größerer Städte.

Wein aus Südafrika

Der Weinanbau hat Tradition an der Südspitze Afrikas, gilt jedoch gleichzeitig als Metapher für die Kolonialkultur. Jan van Riebeeck (s. S. 30) begründete die Weinindustrie am Kap. Nach einigen misslungenen Versuchen schlugen die Stecklinge von deutschen, französichen und spanischen Reben an. 1659 wurde zum ersten Mal Wein in Südafrika gekeltert, hergestellt aus französischen Muscadet-Trauben. Reiche europäische Farmer etablierten sich auf zum Teil luxuriösen Weinfarmen, die von Sklaven bestellt wurden.

Eine weltweite Reblausplage zerstörte Ende des 19. Jhs. die Rebkulturen. Die Weinindustrie in Südafrika erholte sich nur langsam, erst 1918 erreichten die Winzer wieder die einstigen Produktionszahlen. Die erste Nederburg-Weinauktion 1974 in Paarl setzte Zeichen, einige Winzer hatten bereits noble Weine anzubieten, die nach Herkunftsgebiet, Rebsorte und natürlichem Zuckergehalt klassifiziert wurden. Mit einsetzender politischer Befreiung 1990 öffneten sich die Tore für den Export und eine Flut durchschnittlicher, doch gut trinkbarer Weine eroberte die europäischen Weinmärkte. Engagierte Winzer etablierten inzwischen einen neuen Standard in Südafrika – vom einfachen Tischwein bis zu feinsten Tropfen reicht nun die Produktpalette bei durchaus günstigen Preisen.

Während die erfolgreichen Farmer ihr Geld einstrichen, änderte sich für die schwarzen Arbeiter nichts. Ein Lichtblick am Horizont: Einige Farmen, zum Beispiel Nelson's Creek in Paarl und Vergelegen bei Sommerset West, beteiligten ihre Arbeiter – sie erhielten eigenes Land und die erste Ernte Ende 1997 trug bereits Früchte: Einige Flaschen von schwarzen Weinbauern stehen bereits in den Regalen der Supermarktkette »Spar« und bei gängigen Weinanbietern. Auch die allmächtige Kooperative KWV in Paarl, die Preis, Menge und Qualität der Weine kontrolliert, lockerte ihre Bestimmungen und erklärte sich einverstanden, den kleineren, schwarzen Unternehmen behilflich zu sein.

Etwa 90 % der Weinproduktion in Südafrika sind Weißweine. Eine besonders verbreitete Rebe ist die weiße *Chenin Blanc*, aus der charaktervolle trockene Weißweine, süße Dessertweine, aber auch Südwein-Sherry und Portweine hervorgehen. Die *Kaprieslingtraube*, eine südafrikanische Züchtung, wird nicht sehr häufig angebaut, doch die Weine zählen weltweit zur Spitzenklasse trockener Weißweine, ebenso der *Sauvignon-Blanc*. Die Weine aus der *Chardonnay -Traube* tendieren zu einem holzigen Aroma.

Fruchtige Rote werden aus der Bordeaux-Traube *Cabernet Sauvignon* gewonnen. Eine südafrikanische Züchtung ist die Pinotage-Traube, eine Kreuzung aus Pinot Noir und Cinsaut, früher Hermitage genannt. Zu den besten zählt der kräftige *Merlot,* der *Shiraz* ist noch wenig bekannt.

Die Produktpalette beinhaltet inzwischen auch Sekt, hergestellt nach der Champagnermethode, wie auch süße Dessertweine.

Architektur

Wenig einheitlich erscheint die Architektur der südafrikanischen Bauten und Häuser, doch zeigen sich
bestimmte Stilrichtungen, geprägt durch europäische
Einflüsse und die Industrialisierung. Aus natürlichen
Materialien wie Lehmziegeln und Stroh fürs Dach hatten die afrikanischen Einwohner bereits lange vor den
Weißen ihre Siedlungen und Rundhütten gebaut. Diese Rondavels sind heute noch vereinzelt zu sehen,
doch die traditionellen Zulu-Hütten aus Grasgeflecht,
deren Form an Bienenkörbe erinnert – sie sind fast alle verschwunden.

Kapholländischer Baustil

Eine wahre Augenweide sind die Häuser im kapholländischen Stil. Sie werden wohl immer als Vorzei-
gebeispiel für südafrikanische Architektur in Kapstadt
und Umgebung dienen. Dicke weiß getünchte Ziegel-
mauern mit symmetrischen oder rechteckigen Grund-
rissen, Strohdächer mit reich verzierten und geschwungenen Mittelgiebeln sind typisch für diese
herrschaftlichen Häuser, die im 18. Jh. von Einwanderern und Architekten aus Holland, Deutschland und
Frankreich entworfen worden sind. Das imposanteste
und älteste Beispiel dieses Baustils ist das Weingut
Groot Constantia südlich von Kapstadt.

▲ *Reich verzierte
gusseiserne Balkone
schmücken die vikto-
rianischen Bauten*
▶ *Die Weingüter
am Westkap sind oft
prächtige Beipiele
für den kapholländi-
schen Baustil*

Viktorianische Epoche

Der Goldrausch gegen Ende des 19. Jhs. zog viele Ausländer nach Südafrika und aus kleinen Orten wurden
teils schmucke Städtchen, in denen auch Architekten
aus dem Ausland ihre Ideen verwirklichten. Johannes-

burg beispielsweise entwickelte sich vom Minencamp zur viktorianischen Stadt. Herrlicher Fassadenschmuck wie gusseiserne Balkone und Ballustraden sowie reich mit blumigen Ornamenten verzierte Verandafronten machten die viktorianischen Bauten zu wahren Schmuckstücken. Konträr dazu entwickelte sich die offizielle Architektur der damaligen Republik Südafrika, die sich dem kulturellen Einfluss Großbritanniens entziehen wollte und Anlehnung an das wilhelminische Deutschland suchte, wie z. B. das monumentale Postgebäude an der Rissik Street in Johannesburg belegt.

> **!**
>
> **V**or allem in Port Elizabeth, Grahamstown und Pietermaritzburg ist der britische Einfluss in der Architektur spürbar.

Wellblecharchitektur

Die Schiffe aus Europa brachten stapelweise Wellblech mit, ein leicht verwendbares, billiges Material, das zur damaligen Zeit für die Verandadächer und von wandernden Minenarbeitern für ihre ärmlichen Behausungen am Stadtrand genutzt wurde. So entstand die Goldgräberstadt Pilgrim's Rest fast komplett aus Wellblech. Dieses Material beeinflusste die südafrikanische Architektur auch auf dem Land nachhaltig. Die Dächer der Hütten wurden wegen der Brandgefahr nicht mehr mit Stroh, sondern mit Wellblech gedeckt. Da die Bleche aber nur in rechteckigen Stücken erhältlich waren, mussten sich auch die typisch runden Bauten den neuen Formen anpassen – ein Grund, warum die traditionellen Rundbauten verschwanden.

Neoklassizismus

Der britische Einfluss war nicht aufzuhalten, und mit **Herbert Baker,** einem Günstling von Cecil Rhodes, begann 1902 ein neues architektonisches Zeitalter. Der junge Architekt stieg in der Zeit des Imperialismus zum ersten Baumeister des Landes auf, und als er

1912 den afrikanischen Kontinent verließ, hatte er den Grundstein für vier Jahrzehnte edwardianischer Architektur gelegt. Beeinflusst von einer Studienreise zu den klassischen Stätten des Mittelmeerraums, kombinierte er Stile der Antike mit der Behäbigkeit der King Edward VII-Periode im Britischen Empire, hervorragend sichtbar in seinem bekanntesten Werk, den 1913 fertig gestellten Union Buildings in Pretoria.

Die südafrikanischen Architekten **Pierneef** und **Moerdijk** zielten mehr auf eine nationale Architektur und damit in eine burisch-afrikanische Richtung: Sie nahmen beim Bau des Voortrekker Monuments 1938 die von afrikanischer Kunst beeinflussten Elemente des Art deco in die Formensprache mit auf.

Die traditionellen Zulu-Hütten mit Grasdächern gehören bald der Vergangenheit an

Amerikanischer Einfluss

Der Geist der modernen westlichen Welt wehte früh in Johannesburg, bereits 1903 ragten Stahlskelette für den Bau von Hochhäusern in der Stadt auf, importiert aus Amerika. Ab 1920 entwickelte sich die Goldstadt zu einem Ort voller Amerikanismen: Astor Mansions, Chrysler House, Waldorf Hotel – Little New York entwickelte sich zur Metropolis. Während der weltweiten Wirtschaftskrise erlebte die Stadt den großen Boom, die Goldpreise schnellten in die Höhe.

Der internationale Stil

Rund 50 Bauten der Moderne in Johannesburg gehen auf die Berliner Schule der 1920er Jahre und Stilrichtungen aus Paris zurück. An der Universität von Wit-

watersrand hatte sich ein kleiner Zirkel von Intellektu-
ellen gebildet, die **Transvaal-Gruppe.** Sie korrespon-
dierten mit Le Corbusier in Frankreich, unternahmen
Studienreisen nach Europa. Der schlichte internationale Stil mit asymmetrischen und kubischen Formen
und horizontalen Fensterfronten ohne Ornamentik
hielt Einzug. Das Munro House in Pretoria (Gordon
McIntosh, 1932) gilt als das erste Beispiel dieser neu-
en Richtung, stark angelehnt an Gropius.

Wilhelm Bernhard Pabst emigrierte aus dem
Kriegsdeutschland nach Südafrika und brachte die

brodelnde Kultur der Berliner Zwanzigerjahre und einen neuen Sinn für Formen
mit. Er kreierte ausge-
schnittene Ecken und
scharfe Kurven in seinen
Gebäuden in Verbindung
mit der Bauhaus-Architek-
tur. Diese Einflüsse sind
auch noch später in den
aufschießenden Bauten in
den dicht besiedelten Jo-
hannesburger Vororten
Hillbrow und Berea sicht-
bar, schon beeinflusst von
einer neuen Generation
der 1950er Jahre, die sich
an der Moderne Brasiliens
orientierte. Interessantes
Beispiel: Das Eingangstor
zum »Top Star Drive-in«,

*Das Voortrekker
Monument in Pretoria
zeigt die mächtige
Formensprache des
Neoklassizismus*

einem Autokino mit Blick auf die Stadt, das wie ein
Raumschiff aussieht – direkt aus Brasilia auf dem alten Minenhügel gelandet.

Heute tragen Geschäftsgebäude und Hochhäuser
die harsche Signatur der 1970ger Jahre; vorherr-
schend ist **Louis Kahn** (New Reserve Bank). 1984 entstand das Diamond Building von **Helmut Jahn.**

*K*unst und *K*unsthandwerk

Kunsthandwerk hat in Südafrika eine lange Tradition, viele Beispiele sind in Kunst- und Naturkundemuseen des Landes ausgestellt. Doch die Isolation vom ausländischen Markt und kaum vorhandenes Interesse im Land haben die Handwerkskünste ein wenig in den Hintergrund gedrängt. Mittlerweile sind die alten Fähigkeiten wieder gefragt, die Arbeiten finden regen Absatz bei Touristen und Sammlern. Dabei kommen viele Waren aus West- und Ostafrika – die Flohmärkte sind überflutet mit Masken, Körben, Skulpturen, Schmuck und traditionellen Gegenständen vom gesamten afrikanischen Kontinent.

> **!**
>
> Kunsthandwerk aus diversen Ländern Afrikas wird auf zahlreichen Märkten verkauft, hochwertige Arbeiten sind eher in Galerien zu finden.

Felszeichnungen

Die ältesten Zeugnisse des Kunstschaffens im südlichen Afrika sind die Felszeichnungen der San, die bis zu 30 000 Jahre alt sind. Feinste, mit den Stacheln von Stachelschweinen und Pflanzenfarben angefertigte Zeichnungen auf Sandstein oder Granit, auch Gravierungen, von Witterungseinflüssen teilweise fast zur Unkenntlichkeit verblasst – sie sind heute geschützte Nationaldenkmäler. Im Ost- und Nordkap und vor allem in den südlichen Drakensbergen sind Hunderte von Bildern zu finden mit Jagdszenen, tanzenden Menschen und Darstellungen von Ritualen, jüngere Werke zeigen auch Pferde und weiße Siedler – dies ist ein Beweis dafür, dass die San noch im 19. Jh. ihre Kunst ausübten. Die Felsbilder sollten jedoch nicht unbedingt die Realität darstellen, sondern sind Ausdruck der in Trance gefallenen Medizinmänner, die zum Schutz vor fremden Mächten die Geister beschworen. Die Malereien versinnbildlichen den Zugang zu anderen Welten.

Perlenschmuck und Wandmalereien

Bei einigen Völkern sprechen Perlen nach alter Tradition die Sprache der Verliebten. Kunstvolle Bänder und Ketten, Arm- und Halsreifen und Hüte sind verziert mit bunten, geometrisch angeordneten Plastikperlen. Bei den Ndebele und Zulu ist die Perlenstickerei ein fester Bestandteil ihrer Ausdrucksweise, denn sie übermittelt auf einfache Weise Empfindungen, aber auch Ereignisse, zudem kennzeichnen sie den Status des Trägers. Die stummen Botschaften gehören zur traditionellen Zeremonie – so tragen die Ndebele bei der Rückkehr ihrer Söhne vom Beschneidungsritual lange Perlenbänder an ihren Hüten – Symbole für Tränen und Trauer.

Ndebele.
Die Kunst der Frauen Südafrikas von Margaret Courtney-Clarke, Frederking & Thaler, München 1997. Ein beeindruckendes Zeugnis des Kunstschaffens der Ndebele.

Eine äußerst dekorative Kunst entwickelten die Ndebele. Farbenfrohe geometrische Muster zieren nicht nur den Perlenschmuck, sondern auch die großflächigen Wandmalereien ihrer Häuser – heute gibt es nur noch wenige Orte nördlich von Pretoria mit diesen typischen Mustern an den Hauswänden. Aus Naturmaterialien gewonnene Farben wurden mit einer Hühnerfeder oder einem Pflanzenstiel auf den feuchten Lehm aufgetragen, später ersetzten Pinsel und Farben aus der Tube die althergebrachten Utensilien. Einige Ndebelefrauen beherrschen noch diese Maltechnik, die Muster zieren inzwischen auch Stoffe.

Holz-, Flecht- und Tonarbeiten

Töpfer- und Flechtarbeiten sind typische Produkte des afrikanischen Kunsthandwerks. Körbe und Schalen, aus Gras oder Palmenblättern geflochten, stammen häufig aus KwaZulu-Natal. Tontöpfe aus Venda tragen oftmals geometrische Muster, die in den feuchten Ton geritzt werden – die Venda-Frauen sind bekannt für ihre Töpferarbeiten.

Holzskulpturen werden überall auf Märkten angeboten. Viele sind jedoch schwierig zu transportieren – eine zwei Meter hohe Holzgiraffe passt selten ins Reisegepäck, ebenso wenig wie eine Trommel, die man meist preisgünstiger als in Europa erwerben kann.

Townshipkunst

Kunstvoll aus galvanisiertem Draht hergestellte Gegenstände bereichern inzwischen die Straßenmärkte und Kunsthandwerkgeschäfte – die Auswahl ist unglaublich: Saxophone, Motorräder und Flugzeuge warten auf Käufer; dekorative Gegenstände wie Obstkörbe, Seifenschalen und Kerzenhalter finden reißenden Absatz. Drahtige CD-Ständer in Form eines Krokodils stehen schon in vielen Wohnzimmern in Übersee. Neueste Idee: farbiger Telefondraht wird zu Untersetzern, Schalen und Hüllen verarbeitet. Dazwischen finden Armeen von Chamäleons aus alten Blechdosen ihren Platz. Der Phantasie sind keine Grenzen gesetzt ... Die meist aus Abfallprodukten hergestellten Gegenstände der Township-Kunst haben inzwischen sogar schon Einzug in europäische Museen gehalten.

An Souvenirs herrscht kein Mangel

Antiquitäten

Der Markt für Antiquitäten boomt in Südafrika, Sotheby's und Christie's sind bereits am Kap präsent. Antike Möbelstücke, Schmuck und Silber stammen meistens aus der Zeit der europäischen Einwanderer, die Preise sind noch relativ günstig. Die Hochburgen des Handels sind Kapstadt und Johannesburg.

Die Musik

Sänger und Musiker stehen wieder erfolgreich im Bühnenlicht, produzieren Aufnahmen in den Studios und werden im Land wie auch international gefeiert. Die kulturelle Unterdrückung in Südafrika zwang zahlreiche Stars der Musikszene ins Ausland, andere blieben daheim und gaben nie auf. Sie spielten und komponierten trotz Verbot und Zensur.

Seit der Aufhebung des Kulturboykotts 1991 lebt die südafrikanische Musikszene wieder auf, Schwarze und Weiße treffen sich in Jazzlokalen. Internationale Superstars wie Michael Jackson, Tina Turner oder U2 und auch berühmte afrikanische Künstler wie Manu Dibango und Salif Keita treten am Kap auf, südafrikanische Musiker exportieren ihre Botschaft nach Übersee. »Mama Africa« **Miriam Makeba,** der Pianist **Abdullah Ibrahim** (ehemals Dollar Brand) und der Trompeter **Hugh Masekela** kehrten aus langjährigem Exil zurück, singen vom Township-Leben, alten Zeiten und einem neuen afrikanischen Selbstbewusstsein – sie alle zählen zu den verehrten Ikonen in der Musiklandschaft. Auch die Jazz- und Opernsängerin **Sibongile Khumalo** sorgt nicht nur in Südafrika für ausverkaufte Konzerte. Die Heimkehrer wie eine neue Musikergeneration kreieren eine faszinierende Synthese aus traditionellen und modernen Klängen.

Einen Überblick über die ursprünglichen Musikstile Afrikas bis zur zeitgenössischen Musik von Kairo bis Kapstadt vermittelt das Grundlagenwerk **Die Klänge Afrikas** von Grame Ewens, Marino Verlag, Wuppertal.

Land des Jazz

Der südafrikanische Jazz ist unverwechselbar, beeinflusst von Township-Rhythmen und alten Instrumenten. Verschiedenste Stilrichtungen haben sich entwickelt: der traditionelle malaiische Goema-Sound ertönt in Kapstadts Jazzkneipen. Dort formierten sich auch Marimba-Bands wie **Amampondo,** die Klänge der Xhosa-Musik auf dem Daumenklavier (Mbira) in ihre Musik einarbeiteten. In Johannesburg ist es eine kleine Zinnflöte, die Pennywhistle, die den Jazz insbesonders in den Fünfzigerjahren des 20. Jhs. geprägt hat. Die Jazzwelle, die von Amerika zu dieser Zeit ans Kap herüberschwappte, erfasste die schwarze Bevölkerung in den Townships und in der Stadt.

Rhythmus im Blut

Gegenwärtig entwickelt sich wieder eine bemerkenswerte Jazz-Szene. Im Sog der Aufbruchsstimmung nach Jahren der Isolation haben sich Nachwuchstalente einen Namen gemacht: Der Saxophonist **McCoy Mrubata,** der Schlagzeuger **Vusi Khumalo** oder der Gitarrist **Jimmy Dludlu** wie auch der verstorbene Jazzpianist **Moses Molelekwa** sind herausragende Künstler der jüngeren Generation. Das **Soweto String Quartet** verbindet in seinen Stücken afrikanische Rhythmen mit zeitgenössischem Pop.

Ethnopop

Große Erfolge verbuchen auch junge, lokale Gruppen, die mit traditionellen Rhythmen in Richtung Ethnopop steuerten. **Jabu Khanyile** und seine Band **Bayete** kreierten mit Zuluklängen ihren eigenen Stil, ebenso die A-capella-Gruppe **Ladysmith Black Mambazo,** die seit 1970 besteht und mit Paul Simons Album Graceland 1987 Weltruhm erlangte. Der Reggaesänger **Lucky Dube** erhielt 1996 den Word Music Award und sicherte sich so seine Position als Weltstar. Auch **Busi Mhlongo** und **Sipho »Hotstix« Mabuse** bereichern die Szene.

Johnny Clegg ist ein Phänomen der südafrikanischen Musiklandschaft – er wurde in seinem eigenen Land eigentlich erst berühmt, als das Ausland ihn schon längst entdeckt hatte, in Frankreich ist er ein Superstar. Stark von den Tänzen und der Musik der Zulu beeinflusst, nahm Clegg westliche Elemente und schwarzafrikanische Rhythmen in seine Kompositionen auf. Der »weiße Zulu« blieb in seiner Heimat, gründete während der Apartheid Bands mit schwarzen und weißen Musikern und gilt als Vorreiter für eine multikulturelle Musikszene.

Empfehlenswerte CDs

Jazz
Gloria Bosman – Tranquillity, African Suite
Abdullah Ibrahim – Township one more Time
Jimmy Dludlu – Echoes from the past, Afrocentric
Sibongile Khumalo – Ancient Evenings
Hugh Masekela – Black to the Future
Ringo – Sondela
Soweto String Quartet – Zebra Crossing
Vusi Mahlasela – Silangmabele, Miyela Afrika

Kwaito
Boom Shaka – World of Wisdom
Mdu – Always the case
TKZee – Pala Fala
Mandoza – Nkalakatha, Godoba

Ethnopop
Bayete und Jabu Khanyile – Malowe
Johnny Clegg und Savuka – My African Dream
Ladysmith Black Mambazo – The Star and the Wiseman

Township-Groove

Rap und Hip-Hop zieht die südafrikanische Jugend wie überall auf der Welt magnetisch an, doch beim hausgemachten Mix Kwaito geht die Party richtig ab. Der Rhythmus tönt aus Autos, Clubs und Kneipen – die Einflüsse der House-Musik, der elektronischen Zusammensetzung aus Jazz, Blues, Soul und Tanzmusik aus den späten achtziger und frühen neunziger Jahren, aber auch von Hip Hop und Raggae sind unverkennbar. Der elektronische Beat ist gekoppelt mit Sprechgesängen in Slang oder afrikanischen Sprachen wie Zulu, Xhosa oder Sotho über das Ghetto-Leben.

Diese Musik, präsentiert mit typischen Tanzbewegungen, wurde zu einem wahren Kult stilisiert, mit dem sich die Jugend derzeit identifiziert. Szene-Gurus **Arthur** und **Mandoza** werden flankiert von Gruppen wie **Abashante** und **Bongo Maffin** oder **TKZee.** Popigere und seichtere Rhythmen von den altbekannten Sängerinnen **Yvonne Chaka Chaka** und **Brenda Fassie** sind unter dem Begriff Township-Bubblegum in die Charts katapultiert worden.

Traditionelle Musik

Musik und Tanz spielen im Leben eines jeden Afrikaners, von frühester Kindheit bis ins Alter, eine große Rolle. Musik begleitet die verschiedenen jahreszeitlichen Aktivitäten wie auch feierliche Anlässe. Sie strotzt nur so vor Energie und zieht wohl jeden Zuhörer in ihren Bann. Vor allem bei den Zulu und Ndebele sind traditionelle Tänze wichtiger Bestandteil verschiedenster Feste, wie z. B. nach dem Beschneidungsritual.

Im Dorf KwaMhalanga bei Johannesburg können auch Besucher einem solchen Anlass beiwohnen und so einen weitgehend authentischen Eindruck der oft sehr ausdrucksstarken Tänze erhalten (Informationen bei Petrus Mahlangu, ☏ 013-930 7046).

Bei Ulundi feiern die Zulu jedes Jahr das Reed-Dance-Fest mit regelrechten Tanzwettbewerben. Besuche von diesen Festen sowie auch Übernachtungsmöglichkeiten in Zulu-Dörfern organisiert Regina van Vuoren, Ulundi, ☏ 035-870 2052, 🖷 870 2054, E-Mail: amafa@mweb.co.za. Sie spricht Deutsch.

!

Gut sortierte Musikgeschäfte gibt es in allen größeren Städten, eine wahre Fundgrube vor allem für CD's vom afrikanischen Kontinent ist das CD Wherehouse an der Waterfront in Kapstadt, ☏ 021-425 6300.

Bewegung auf dem Buchmarkt

Einheimischer Lesestoff ist nicht nur am Kap gefragt, sondern auch im Ausland stoßen Werke südafrikanischer Autoren seit etlichen Jahren auf großes Interesse. Bereits zu Apartheidzeiten hatte **Alan Patons** »Denn sie sollen getröstet werden« Riesenerfolg.

Nadine Gordimer - Trägerin des Literaturnobelpreises

Lebendige Szene

Mehr als 150 Verlage beleben mit ihren Veröffentlichungen den lokalen Buchmarkt, den größten in Afrika. Junge Talente werden insbesondere im 1987 gegründeten Congress of South African Writers (Cosaw) gefördert. Der multirassische Schriftstellerverband zählt mehr als 1000 Mitglieder.

Eine nicht unbedeutende Rolle in der Literaturentwicklung spielte die erste schwarze Zeitschrift »Drum«, die von weißen Gegnern der Apartheid unterstützt wurde. Sie erschien erstmals 1951 mit Kurzgeschichten über das moderne Leben in den Städten.

Regelmäßige Literatur-Wettbewerbe belebten die literarische Szene, doch größerer Erfolg stellte sich durch die Veröffentlichung politischer Artikel ein. Die schwarze Elite, Künstler und Schriftsteller – darunter

Can Themba (1924–1967), **Es'kia Mphalele** (geb. 1919), der Satiriker **Casey Motsisi** (1933–1977) und auch Musiker wie Miriam Makeba und Hugh Masekela schrieben über Konflikte, Township-Alltag und die blühende Jazzszene in Sophiatown bei Johannesburg. Als sich von 1950–1960 die Apartheidpolitik verschärfte, verließen auch viele Schriftsteller ihre Heimat, andere erhielten Schreibverbot.

Weiße Autoren

Zu den berühmtesten weißen Autorinnen Südafrikas gehört **Nadine Gordimer** (geb. 1923). Sie veröffentlichte Romane, Essays und Kurzgeschichten im In- und Ausland, 1991 erhielt sie den Literaturnobelpreis.

In vielen ihrer englischsprachigen Werke (Der Besitzer, 1989; Burgers Tochter, 1991; Julys Leute, 1991; A Writer's Life, 1998) setzt sie sich mit den Auswirkungen der Apartheid auseinander, sie kämpft auch für das Recht der freien Meinungsäußerung in Südafrika.

Die afrikaanssprachigen weißen Literaten – ehemals stark nationalistisch ausgerichtet – übten ab 1970 stärker Kritik am politischen System und den Herrschaftsstrukturen am Kap. Die Autoren **André Brink** (geb. 1935), **John Coetzee** (geb. 1940) und **Breyten Breytenbach** (geb. 1939) bezogen in ihren Werken eindeutig Stellung gegen die Rassendiskriminierung. Breytenbach musste wegen seiner kritischen Werke 1975 ins Exil gehen und machte bis 1991 von Frankreich aus mit Werken in englischer und afrikaanser Sprache von sich reden.

Schwarze Autoren

Bis Ende des 19. Jhs. übermittelten die schwarzen Völker ihre Geschichten mündlich; die ersten Schriftstücke wurden von Missionaren angefertigt. Mit

 André Brink:
Im Gegenteil (Roman), Goldmann, München 1996;
Sandburgen (Roman), Volk & Welt, Berlin 1996.

Jean M. Coetzee :
Schande. Geschichte eines weißen Literaturprofessors im Südafrika nach der Apartheid. Fischer TB-Verlag, Frankfurt 2001;
Der Junge. Eine afrikanische Kindheit. S. Fischer, Frankfurt 1998.

Breyten Breytenbach:
Die Erinnerung von Vögeln in Zeiten der Revolution. Suhrkamp, Frankfurt 1997.

Thomas Mofolos (1875–1948) historischem Roman »Shaka Zulu« begann 1910 die eigenständige Literatur der Schwarzen.

Viele zeitgenössische schwarze Autoren verfassten ihre Autobiographien und Romane im Exil, darunter **Peter Abrahams** (geb. 1919) und **Todd Matshikiza** (1920–1986). Wichtige Themen ihrer Bücher sind die Lebens- und Arbeitsbedingungen während der Apartheid. Auch die Werke von **Don Mattera** (geb. 1935), der inzwischen wieder nach Südafrika zurückgekehrt ist, erzählen von den Wunden der menschenunwürdigen Politik. Der Dramatiker **Athol Fugard** (geb. 1932) erlangte mit seinen Dramen über den Apartheidalltag internationale Bedeutung. **Zoë Wicomb** (geb. 1948) erzählt mit Witz und Ironie von Vergangenheit und Gegenwart der Gesellschaft in Südafrika.

Jüngere schwarze Autoren schreiben zunehmend auch in afrikanischen Sprachen, zum Beispiel **Jabulani Buthelezi** in Zulu oder **Nhlanhla Maake** in Sesotho.

Lesetipps

Zoë Wicomb: **In Kapstadt kannst du nicht verloren gehen.** Lamuv, Göttingen 1997. Erzählungen über das schwierige Zusammenleben von Schwarz und Weiß am Beispiel zweier junger Frauen.
Breyten Breytenbach: **Rückkehr ins Paradies.** Suhrkamp, Frankfurt 1995. Der Autor saß sieben Jahre wegen »Terrorismus« im Gefängnis und kehrte 1991 in seine Heimat zurück.
Gcina Mhlophe: **Love Child.** Die Geschichtenerzählerin aus Südafrika. Hammer, Wuppertal 1998. Geschichten, Märchen und Gedichte über Liebe und Versöhnung.
Nadine Gordimer: **Niemand, der mit mir geht.** Suhrkamp, Frankfurt 1997. Der Roman schildert die außergewöhnli-

che Zeit vor der ersten Wahl Südafrikas mit den Verlockungen und Gefahren einer neu gewonnenen Macht.
Nelson Mandela: **Der lange Weg zur Freiheit.** Fischer TB-Verlag, Frankfurt 2001. Die Autobiographie gewährt einen Einblick in die Geschichte des Widerstandes gegen das Apartheidregime.
Don Mattera: **Sophiatown.** Hammer, Wuppertal, 1994. In seinem Roman erzählt Mattera von seinem Leben als Kind und Jugendlicher im Johannesburger Vorort Sophiatown.
Michael Williams: **Crocodile Burning.** Hammer, Wuppertal 1998. Roman über die Karriere eines Jungen aus dem Township Soweto.

Feste und Veranstaltungen

Januar:

Minestrel Carnival (Coon Carnival) in Kapstadt. Jedes Jahr um Neujahr ziehen bunt gekleidete Kap-Malaien singend und tanzend durch Kapstadts Straßen (☎ 021-426 4260).

Waterfront Jazzathon in Kapstadt (☎ 021-408 7600).

Kavadi in Durban, wichtigstes Hindu-Fest, auch Februar, April/Mai (s. S. 162; ☎ 031-312 5069).

Februar:

Vita Dance Umbrella an der Witwatersrand-Universität von Johannesburg, zeitgenössischer Tanz (☎ 011-442 8435, www. artslink.co.za/fnb).

März:

Crayfish Classic Seafood Festival zur Crayfish-Saison in Lambert's Bay (☎ 027-432 1000).

Karneval der Malaien in Kapstadt

April:

Oudtshoorn: **Arts Festival.** Großes Festival mit Tanz, Film, Musik, Theater, Kunst (☎ 044-279 2532).

Mai:

Nederburg: **Paarl Shiraz Discovery.** Weine und Gerichte aus der Region werden angeboten.

Juni:

Comrades Marathon, 89 km langer Marathonwettbewerb zwischen Pietermaritzburg und Durban.

Juli:

Oyster Festival in Knysna, jeweils Anfang Juli. Austern-Koch-Wettbewerb (☎ 044-382 5510).

National Arts Festival in Grahamstown. Bedeutendstes Kulturfestival des Landes (manchmal auch Ende

Juni). Theater, Tanz, Film, Musik, Straßentheater, Kunsthandwerk und Ausstellungen (☎ 046-603 1103, www.nafest.co.za).

◆ **August:**

Wild Flower Show in Clanwilliam. Zehn Tage lang sind blühende Wildblumen in der ältesten Kirche der Stadt zu sehen. Kunsthandwerksverkauf auf der Straße (☎ 027-482 2024).

◆ **September:**

Arts Alive International Festival, Johannesburg. Internationale und nationale Musik-, Tanz- und Theatervorstellungen (☎ 011-325 2500).

Das **Muschelfestival** von Jeffrey's Bay mit Rockbands und Gospelsängern findet vor Ostern am Dolphinbeach statt (☎ 042-293 2588).

Whale Festival in Hermanus. Theatervorstellungen, Kunsthandwerkverkauf (☎ 028-313 0928).

◆ **Oktober:**

Straußen-Festival in Oudtshoorn. Markt in der Stadt mit Straußen-Artikeln und Wein, Pferdeschau (☎ 044-203 8600).

Food & Wine Festival in Stellenbosch. In der Stadthalle präsentieren Winzer aus Stellenbosch ihre Weine, dazu gibt es Spezialitäten aus ganz Südafrika (☎ 021-886 4867).

◆ **November:**

Spier Festival auf gleichnamigen Weingut bei Stellenbosch. Musik, Tanz, Oper, Film und Theater (☎ 021-809 1190). November bis März.

Boschendal's Rose Week auf dem gleichnamigen Weingut in Franschhoek (☎ 021-870 4211). Die Einnahmen aus dem Rosenverkauf werden für wohltätige Zwecke verwendet.

◆ **Dezember:**

Christmas Carols im Castle of Good Hope, Kapstadt. Musikabend bei Kerzenschein, Picknickkorb nicht vergessen (☎ 021-469 1249).

Street Carnival in Knysna. Umzüge, Tanz und Markt auf der Hauptstr., 16. 12., (☎ 044-382 1087).

▲ *Drachenfestival in Bloubergstrand an der Atlantikküste*
▶ *Bizarre Felsformationen erwarten Wanderer in den Cederbergen: der Wolfsbergbogen*

Aktiv und kreativ

Wer das sportliche Abenteuer sucht, wird in Südafrika garantiert nicht enttäuscht. Begünstigt durch die grandiose Natur und dem angenehmen Klima ist in puncto Aktivurlaub beinahe alles möglich.

Sport

Auf Schusters Rappen

Detaillierte Vorschläge für Wanderungen findet man in dem Buch **Landschaften Südafrikas – Das Kapland** von Peter Rex, Sunflower Books, London 1998

Wandern ist ein beliebtes Freizeitvergnügen in Südafrika – man könnte jahrelang auf markierten Wegen durch die schönsten Landschaften streifen. Für viele, vor allem mehrtägige Touren in den Nationalparks benötigt man eine Erlaubnis, die man beim National Parks Board in Pretoria oft Monate im Voraus besorgen sollte. Auch gutes Kartenmaterial und Wegbeschreibungen sind in der Regel dort erhältlich.

Zu den erstklassigen Wander- und Kletterzielen in Südafrika zählen die über 3000 m hohen Drakensberge. Die Palette reicht von einem kurzen Spaziergang bis hin zu mehrtägigen, anspruchsvollen Touren. Im Winter muss man mit Schnee und Regen rechnen, im Sommer mit Gewittern.

Reservierungen für Wanderungen in den staatlichen Parks übernimmt **South African National Parks,** Pretoria, ☎ 012-428 9111, 🖷 343 0905, www.parks-sa.co.za; in KwaZulu-Natal die **Nature Conservation Services,** Cascades, ☎ 033-845 1000, 🖷 845 1001, www.kznwildlife.com.

Fast ein »Muss« ist die Besteigung des Tafelberges, der über Kapstadt thront. Wem der zwei- bis dreistündige Anstieg zu anstrengend erscheint, kann die Seilbahn hinauf und einen der Wanderwege hinunter wählen. Organisierte Touren bietet **South African Mountain Guides Association,** ☎ 021-447 8036, www.samga.org.za, E-Mail: samga-info@egroups. com. Ebenfalls exzellente Regionen für Bergtouren sind die Cederberge nördlich von Kapstadt und die Magaliesberge unweit von Johannesburg; Infos beim **Johannesburg Hiking Club,** ☎ 011-485 9888.

Klettern

Table Mountain und Chapman's Peak auf der Kaphalbinsel sind ausgezeichnet geeignet zum Klettern und Abseilen und gleichzeitig gute Übungsplätze, um diese Sportarten zu lernen. Infos bei **Abseil Africa,** Kapstadt, ☎ 021-424 1580, E-Mail: abseil@iafrica.com.

Auch in den Drakensbergen und in den Magaliesbergen bei Johannesburg finden Sie hervorragende Kletterfelsen. Der **Mountain Club of South Africa** (Kapstadt, ☎ 021-465 3412 und 011-807 1310) gibt Tipps zu Routen und geführten Touren.

Der Milnerton-Golfplatz gehört zu den schönsten des Landes

Mountain-Biking

Fahrrad fahren über Stock und Stein ist mittlerweile sehr populär in Südafrika. Schöne Strecken hält vor allem die Kap-Halbinsel bereit, verschiedene Touren organisiert **Downhill Adventures,** Kapstadt, ☎ 021-422 0388. Auch ein Tripp durch das Blumenmeer des Namaqualandes im Frühling ist ein unvergessliches Erlebnis, Infos bei **Namaqualand Regional Information,** ☎ 027-712 2011. Schattige Waldstrecken mit tollen Aussichten bieten bei Knysna der Petrus se Brand Trail und der Harkerville Trail, **Knysna Cycle Works,** ☎ 044-382 5153. Da man nur in seltenen Fällen ein Mountainbike mieten kann, schließt man sich am besten einer organisierten Tour an.

 Gute Informationen für Mountain-Biker erteilt der **Johannesburg Mountain Bike Club,** ☎ 082-492 1445, 011-794 3794 (Melanie Hirse spricht Deutsch!).

Golf

Angesichts der unzähligen prachtvollen Plätze mit Blick auf das Meer oder vor der Kulisse herrlicher Bergketten wird Golf spielen zum wahren Vergnügen. Zu den schönsten Plätzen des Landes gehören die 18-Loch-Anlage des Wild Coast Sun Country Club

Golfreisen vermitteln **Golf Coast Tours,** Natal South Coast Publicity Association (☎ 039-312 2322, 📠 312 1886).

(☎ 039-305 2799), der Fancourt Golf Course an der Gartenroute (☎ 044-804 0000), der Milnerton Golf Club bei Kapstadt mit Blick auf die Tafelbucht (☎ 021- 552 1047) und einer der ältesten und renommiertesten Clubs, der Royal Cape Golf Club (☎ 021-761 6551, www.royalcapegolf.co.za), Austragungsort internationaler Wettkämpfe.

Die Ausrüstung kann man meistens in den Clubs mieten, die Greenfee-Gebühren sind moderat.

Aus der Vogelperspektive

Südafrika aus der Vogelperspektive – sicher eine spannende, wenn auch etwas kostspielige Angelegenheit. Fahrten mit dem **Heißluftballon** über das idyllische Weinland bei Paarl bieten **Wineland Ballooning** (☎ 021-863 3192) an. Mit **Harrop's Balloon Safaris** (☎ 011-705 3201) gleiten die Gäste über die zauberhafte Landschaft der Magaliesberge nordwestlich von Johannesburg.

Fallschirmspringen ist in der Gegend um Mossel Bay und in den Drakensbergen beliebt, **Drachen-** und **Gleitschirmfliegen** an der Gartenroute und am Hartebeespoort Dam. Besonders zwischen Wilderness und Plettenberg Bay gibt es spektakuläre Strecken über lange Sandstrände. In Kapstadt heben die Gleitschirmflieger bevorzugt vom Lion's Head ab und schweben zur Küste hinunter.

Sprünge am Gummiseil bei: **Face Adrenalin,** Plettenberg Bay, ☎ 021-423 5804, Internet: www.faceadrenalin.com und **Wild Thing Adventures,** Kapstadt, ☎ 021-424 8114 (Sprünge aus der Seilbahn am Table Mountain).

Aus Versicherungsgründen benötigen Drachen- und Gleitschirmflieger eine temporäre Mitgliedschaft im **Aero Club of South Africa** (☎ 011-805 0366, 📠 805 2765). Informationen bei **Quteniqua-Skydivers,** Mossel Bay, ☎ 082-824 8599, www.altitude.co.za; **Cape Aero Club,** Kapstadt, ☎ 021-934 0234; **Parapente,** Kapstadt, ☎ 021-762 6693.

Bungee Jumping

Einer der weltweit höchsten Sprünge (216 m) am Gummiseil ist von der Bloukrans-Brücke bei Nature's Valley im Tsitsikamma National Park möglich. Der

Adrenalinstoß kostet etwa 500 R. Eine billigere, dafür nur 65 m hohe Variante: Die Gouritz River Bridge zwischen Mossel Bay und Albertinia, beide bei **Face Adrenalin** (s. S. 80) zu buchen.

Sandboarding

Eine neue Funsportart: In den Dünen am Kap oder an der Westküste gleitet man auf speziell entwickelten Boards die Dünen hinunter. **Downhill Adventures** in Kapstadt, ☎ 021-422 0388, E-Mail: downhill@mweb. co.za, organisiert Tripps für Sandboarder.

Paddeln

Auf vielen Flüssen des Landes können Wassersportler gemütliche Paddel-Touren unternehmen wie auch im Wildwasser gegen die Stromschnellen kämpfen. Der Breede River fließt geruhsam durch das Weinland Richtung Meer.

Orange, Tugela und Doring River dagegen besitzen einige herausfordernde Passagen für echte Rafting-Fans. Nicht alle Gewässer sind ganzjährig befahrbar; Tugela und Doring z. B. nur von November bis März.

Paraglider erleben am Westkap unvergessliche Flüge

Zu den bewährtesten Anbietern organisierter Touren gehören **Felix Unite River Adventures,** ☎ 021-683 6433, E-Mail: sales@felix.co.za; **Which Way Adventures,** ☎ 021-845 7400 und **Wild Thing Adventures,** ☎ 021-423 5804/5, alle in Kapstadt.

Allgemeine Infos sind auch beim **Johannesburg Canoe Club** (☎ 082-785 6427) und der **Gauteng Canoe Union** (☎ 011-646 9624) erhältlich.

Windsurfen und Wellenreiten

Nur wirklich geübte Windsurfer sollten es wagen, sich in die Wellen entlang der Küstenlinie zu stürzen. Alternativ stehen jede Menge Seen und Staudämme im Landesinneren zur Verfügung. Info: **South African Windsurfing Class Association,** Johannesburg, ☏ 083-795 7777. Bislang kann man Bretter nur in seltenen Fällen mieten.

Nirvana Trading Surf Shop, Knysna, ☏ 🖷 044-382 6316, hat gute Tipps und Surfbretter auf Lager.

Für Wellenreiter ist Südafrika schon lange kein Geheimtipp mehr. Klassische Spots vor den Toren Kapstadts sind Llandudno, Noordhoek und Long Beach. Muizenberg eignet sich für erste Versuche. Entlang der Gartenroute brechen sich besonders tolle Wellen in Mossel Bay, Victoria Bay, Buffalo Bay und Plettenberg Bay. Als »Surfer's Paradise« gilt Jeffrey's Bay – Magnet für die weltbesten Könner. Nahoon Reef bei East London ist bekannt für seine zwei bis drei Meter hohen Wellen. Das warme Wasser an Durbans Küste verlockt besonders: Rock Cave ist sehr beliebt, Addington Beach und die Strände südlich von Durban sind gute Spots für Anfänger. Hauptsaison ist im Winter (Juni bis August).

Tauchen

Die Unterwasserwelt vor Südafrikas Küste – vom eisigen Atlantik im Westen bis zur tropischen Ostküste am Indischen Ozean – beeindruckt mit ihrem Abwechslungsreichtum. Zwischen Camps Bay und Llandudno auf der Kaphalbinsel liegen Justin's Cave und Coral Gardens, schöne Tauchstellen im Sommer. In der False Bay reihen sich einige populäre Stellen aneinander. Castle Rocks ist bekannt für seine schönen Korallen und exotischen Fische und Smitswinkel Bay wegen seiner Wracks auf dem Meeresboden der spektakulärste Spot an der Halbinsel.

In KwaZulu-Natal gelten die Riffe von Aliwal Shoal als besonders schön. Zu den beliebtesten Plätzen zum Tauchen und Schnorcheln während des ganzen Jahres aber zählt Sodwana Bay.

SHARK CAGE DIVING So heißt der Nervenkitzel, dem Hai von einem gesicherten Käfig aus direkt ins Auge zu sehen. Ausflüge dieser Art organisieren **Infanté** in Mossel Bay, ☏ 082-455 2438 und **Great Shark Ecoventures** in Kapstadt, ☏ 021-689 5904, 🖷 689 6173.

Weitere Auskünfte über gute Tauchstellen gibt Di Froude von der **Western Province Underwater Union,** Kapstadt, ☎ 083-325 1177.

Die **South African Underwater Union,** ☎ 021-930 6549, stellt Kontakte zu verlässlichen Tauchschulen her.

Tauchkurse für Anfänger und Fortgeschrittene bietet die **Underwater World & Sensation Dive School,** Kapstadt, ☎ 021-461 8290, an, ebenso **Two Ocean Divers,** Kapstadt, ☎ 021-790 8833. Ein Anfängerkurs dauert vier Tage. Bei **Beyond the Beach,** Hotel Beacon Island in Plettenberg Bay, ☎ 044-533 1158, finden Sie auch deutsch- sprachige Tauchlehrer, mit denen Sie die vor- gelagerten Korallenriffe und die Gewässer vor dem Tsitsikamma National Park erkunden können.

Mossel Bay Divers, ☎ 044-691 1179, bietet Sporttauchen für Fort- geschrittene. Bei

Mozambique Connection, ☎ 011-803 4185, www.mozambiqueconnection.com, erfahren Besu- cher alles über Touren in und nach Mozambique mit Schwerpunkt auf Tauchexkursionen. Ebenfalls kompetent ist **Shearwater,** ☎ 011-804 6537/8.

Wellenreiter kommen am Atlantik wie am Indischen Ozean in Fahrt

Segeln

Kapstadt ist mit Abstand der frequentierteste Startpunkt für Segeltörns. Interessenten wenden sich an **Ocean Sailing Ventures,** ☎ 021-419 2604, den **Royal Cape Yacht Club,** ☎ 021-421 1354 oder die **Table Bay Sailing Academy,** ☎ 021-424 4665. Weitere Informationen erteilt die **South African Yach-ting Association,** Johannesburg, ☎ 021-448 4441.

Petri Heil!

Bei über 1500 Meeresfischarten und 250 Süßwasser-vertretern in den heimischen Gewässern wundert es nicht, dass der Angelsport zu den liebsten Hobbys der Südafrikaner gehört. Die klaren Bäche um Under-berg und Himeville an der Grenze zu Lesotho gehören zu den Erfolg versprechenden Zielen.

Der **Underberg/Himeville Trout Fishing Club,** ☎ 033-701 1041, Dullstroom, im Nordosten der Pro-vinz Mpumalanga, ist besonders für seine Forellen bekannt. Auch die Flüsse in der Weingegend um Paarl und Wellington besitzen reiche Fischgründe.

Die größten Fische schwimmen natürlich im Meer. Ob man sich nun fürs Hochseefischen entscheidet oder die Angel in der Brandung auswirft, eines gilt es zu bedenken: Gibt es überhaupt eine so große Pfan-ne im Campinggeschirr, wenn wirklich ein Thunfisch oder ein Marlin anbeißt?

Umfangreiche Auskünfte erteilt die **WP Deep Sea Angling Association,** ☎ 021-552 4967. **Offshore Sport Fishing Charters,** Kapstadt, ☎ 021-715 0290, www.sportfishing.co.za, veranstaltet Ausflüge.

!

Angellizenzen für Bäche und Seen werden meist vor Ort vergeben. Für das Hochseefischen benötigt man zwar meist keine Genehmi-gung, aber man muss die örtlichen Fangvor-schriften einhalten.

Hoch zu Ross

Die abwechslungreiche Landschaft und das gemäßigte Klima bieten beste Voraussetzungen zum Reiten. Sowohl Tagesausflüge wie auch mehrtägige Ausritte sind in vielen Regionen möglich.

Durch die grandiosen Drakensberge veranstaltet **KwaZulu-Natal Nature Conservation Service**, ☎ 033-845 1000, 🖷 845 1001, Reitausflüge.

Am Kap führen Reitwege durch die Weinbau-gebiete (**Wine Valley Horse Trails,** ☎ 021-863 8687, 🖷 903 8272) oder entlang der Küste bei Plettenberg Bay oder Wilderness (**Perde Poort Safaris,** Wilder-ness Height, ☎ 044-877 0174). Auch auf zahlreichen Farmen sind begleitete Ausritte möglich, man erkun-dige sich bei den lokalen Fremdenverkehrsämtern nach diesbezüglichen Adressen.

Kreativ im Urlaub

Urlaub in Südafrika bedeutet auch, einmal seine kreativen Fähigkeiten unter die Lupe zu nehmen und vielleicht neue Talente zu entdecken.

Ranger-Crashkurs

Bei einer Kurzausbildung zum Ranger lernt man die Spuren wichtiger Tiere lesen, die Wirkungen von Pflanzen und Wurzeln kennen und sich in der Wildnis zu orientieren. **Eco Training**, ☏ 013-744 9639, 🖷 744 0953, führt solche Kurse im Sabi Sand Nature Reserve westlich des Krügerparkes durch.

Fotokurse

Das bunte Blütenmeer im südafrikanischen Frühling lockt viele Besucher ins Namaqualand. In dem kleinen Ort Kamieskroon lebt die Fotografin Colla Swart, die im Herbst und zur Wildblumenblüte einwöchige Fotoseminare veranstaltet. Fahrten in die Blumenregionen und an die Küste sowie Unterkunft im gemütlichen Hotel Kamieskroon sind im Preis von rund 3000 ZAR eingeschlossen. Anmeldungen bei **Cola Swart,** ☏ 027-672 1952, oder im **Kamieskroon Hotel,** ☏ 027-672 1614, 🖷 672 1675.

Bafana Bafana!

Bafana Bafana (= Jungs) heißt die südafrikanische Fußball-Nationalmannschaft und ist gleichzeitig der frenetische Schlachtruf der Fans bei Länderspielen. Fußball ist der König unter den Mannschaftssportarten und füllt mit vorwiegend schwarzen Anhängern die heimischen Stadien. Wer einmal die Begeisterung spüren möchte, sollte sich in Soccer City bei Johannesburg ein Spiel ansehen.

Bei den Südafrikanern europäischer Herkunft stehen Rugby und Kricket an oberster Stelle der Zuschauergunst. Golf hat sich unter den Weißen zum Breitensport entwickelt und wird auf äußerst hohem Niveau gespielt. Ausgeprägt ist auch das Interesse an Straßenmarathons, die im ganzen Land veranstaltet werden. Der alljährlich stattfindende Comrades-Marathon von Pietermaritzburg nach Durban mit annähernd 13 000 Läufern ist ein nationales Ereignis.

Südafrika ist eine sportbegeisterte Nation und feiert seine Sportler enthusiastisch. Die künstlichen Barrieren der Rassentrennung sind nach jahrelanger Isolation zuerst in diesem Bereich aufgehoben worden. Nach 21 Jahren internationaler Verbannung konnten südafrikanische Athleten 1992 wieder an den Olympischen Spielen teilnehmen.

Malen, Töpfern, Träumen

Knysna ist das kreative Zentrum der Gartenroute. Seit etlichen Jahren bieten Dale und Janny Elliott Painting Holidays in ihrem **Art Studio** (☎ 044-382 5646) auf der kleinen Insel Leisure Isle an. Anfänger und auch fortgeschrittene Hobbykünstler werden hier mit Pinsel und Farbpalette in die schöne Umgebung geschickt oder lernen im »Stress-buster-Course« so richtig abschalten! Eine Woche Unterricht mit Wasser- oder Ölfarben kostet etwa 2000 ZAR.

Lesley Ann Hoets lebt in Sedgefield und demonstriert in ihren Töpferkursen Techniken und Tricks zur Anfertigung wundervoller Schüsseln. Anmeldungen etwa zwei Wochen im Voraus unter ☎ 044-343 1123, Minimum fünf Personen, Preis: rund 250 ZAR pro Person.

Wo lässt es sich besser träumen als im Urlaub? **Claudia Davidson** in

Lust auf einen Marimbakurs?

Knysna, ☎ 🖷 044-382 4033, analysiert die Träume in ihren Dream Workshops und erklärt, wie man die nächtlichen Bilder in Eigenregie zu deuten vermag.

Musik und Kunsthandwerk

Der Pan African Market in Kapstadt, 76 Long Street, ist der größte Kunstmarkt Südafrikas. Künstler aus den verschiedensten Ländern Afrikas arbeiten dort in ihren Studios und bieten z. T. sehr originelle Kurse an. So können Besucher lernen, die traditionelle Trommel aus Mali zu schlagen oder die seltsam klingenden Klicklaute der Xhosa-Sprache nachzuahmen. Interessierte wenden sich an **Pan African Market,** ☎ 🖷 021-426 4478.

Vor den Toren Kapstadts, in der Township Khayelitsa, haben Bewohner zusammen mit kirchlichen Organisationen einen Kunstmarkt eingerichtet, in dem traditionelles Handwerk wie Töpfern und Weben vorgeführt, aber auch Musikinstrumente wie die Marimba gespielt werden. Informationen zu Schnupperstunden bei **Rachel Mash,** ☏ 021-361 5246.

Wellness

Auf der Gesundheitsfarm **The Hydro** in Stellenbosch können Sie es sich gut gehen lassen: Entschlacken Sie mit einer köstlichen Frucht- und Salatdiät und werden Sie verwöhnt mit Fitnessübungen, Sauna, Massage und Wassertherapie, ☏ 021-883 8680, 🖷 886 5163, Minimum drei Tage. In heißen Quellen erholen sich Urlauber im Hotel **The Baths,** ☏ 022-921 3609, 🖷 921 3988, bei Citrusdal in der Western Cape Province. Auch in Montagu sprudeln radioaktive Quellen, deren Heilkraft viele Besucher im **Avalon Springs Resort,** ☏ 023-614 1150, 🖷 614 1906, ausprobieren. Herrliche Thermalbäder kann man in **Aliwal North,** 200 km südlich von Bloemfontein genießen, ☏ 051-633 2951.

Urlaub für Leib und Seele

Massagen mit natürlichen Ölen und Pflanzenextrakten werden in zahlreichen Schönheitssalons angeboten und wirken wahre Wunder – Ausspannen und Abschalten in nur einer Stunde. Dabei lernen Sie die Heileffekte verschiedener Kräuter und Pflanzen kennen, die in Indien und China, Ägypten und Rom schon vor Jahrhunderten angewandt wurden. In den letzten Jahren entdeckte man die wertvollen Extrakte für Medizin und Kosmetik wieder. Unter www.cosmeticweb.co.za. findet man die Angebotspalette von Schönheitssalons im ganzen Land. Im **Rivonia Skin Care Centre,** Shop 46, Mutual Village, Rivonia/Sandton, ☏ 011-803 0827, kennt man sich gut aus mit den entspannenden Aromaölen. Urlauber in Durban können sich in **Jill Farquharson's** Schönheitssalon, 331 West Street, ☏ 031-304 6838, ◷ Mo–Fr 7.30–16 Uhr, Sa 7.30 bis 12 Uhr, mit sorgfältig aufeinander abgestimmten Ölen massieren lassen. In Kapstadt bietet **Linda van Niekerk** in ihrer Skincare Clinic ebenfalls Aromatherapie an. Sie finden dieses Geschäft in der Victoria Wharf, Shop 204, ☏ 021-418 5441, ◷ Mo bis Fr 9–19 Uhr, Sa 9–18 Uhr, So 10–18 Uhr.

Die schönsten Strände

An Südafrikas Küsten liegen wunderschöne Strände und einsame Buchten, wenngleich nicht überall sicheres Baden möglich ist. Man sollte sich jedoch keine palmenbestandenen, schattigen Sandstrände wie in den Tropen vorstellen. In Südafrika sind die Küsten kaum bewachsen, sondern eher mit Felsen durchsetzt und vor allem am Atlantik weht eine steife Brise.

Die Wasserqualität an Südafrikas Küsten ist generell gut. Natürliche Trübungen entstehen an einigen Stellen durch heftige Regenfälle und aufgewühlte Flüsse, die ins Meer münden.

SICHERES BADEVERGNÜGEN
Sie sollten die Hinweise an Südafrikas Stränden in Ihrem eigenen Interesse auf jeden Fall beachten. Die meisten Unfälle passieren auf Grund von Leichtsinn oder Überschätzung der eigenen Kräfte.

Die Ostküste

KwaZulu-Natal zieht Urlauber und Sonnenhungrige während des ganzen Jahres an, da die Wassertemperatur des Indischen Ozeans stets zwischen 17 und 20° C liegt. Die meisten Strände sind sandig und besonders rund um Durban ideal zum Schwimmen und Wellenreiten. Die Küste ist hier fast überall mit Hainetzen gesichert und wird beaufsichtigt.

Besonders einladend sind die Strände von **Thomson's Bay** und **Ballito.** Weiter im Norden KwaZulu-Natals liegt **Sodwana Bay** mit den herrlichsten Korallenriffen des Landes. Südlich von Durban reihen sich zahlreiche sandige Badestrände aneinander. **Scottsburgh** hat sich für Familienurlaub einen Namen gemacht, auch **St. Michael's** und **Margate** sind beliebte Badeorte. Die abgelegene **Wild Coast** zwischen Port Edward und Kei Mouth ist mit ihrer felsigen Küste nur an wenigen Stellen zum Baden geeignet, aus Sicherheitsgründen sollte man auch nur größere Orte aufsuchen.

Baden an der Gartenroute und rund ums Kap

Am Ostkap finden Urlauber wunderbare Sandstrände um **Port Elizabeth.** Weiter im Westen an der Gartenroute wird das Wasser schon etwas kälter, der Einfluss des kühlen Atlantik ist bereits zu spüren. Doch auch hier laden felsige Buchten und Sandstrände zum Baden ein wie die **Victoria Bay** oder die Lagune von **Knysna.** Der Hauptstrand in **Plettenberg Bay** ist ideal zum Baden, auch **Hermanus** bietet einige sandige Badestrände.

Clifton vor den Toren Kapstadts lockt mit einem schönen, windgeschützen Strand

Rund um Kapstadt ziehen sich wunderbare weiße Sandbänder an den Küsten entlang, doch lange halten es Schwimmer bei Temperaturen um 15° C nicht aus. Die Westküste der Kaphalbinsel ist windgeschützter als die Ostseite, dafür sind die Wassertemperaturen vielleicht noch ein, zwei Grad niedriger. So verlocken die Strände manchmal eher zum Sonnenbaden, so z. B, die **Sandy Bay** bei Llandudno. In **Camps Bay** wie in **Clifton** herrscht im Sommer viel Trubel.

An der False Bay laden südlich von **Muizenberg** weite Sandstrände zum Verweilen ein. Weiter östlich können Abwässer das sonst saubere Wasser beeinträchtigen.

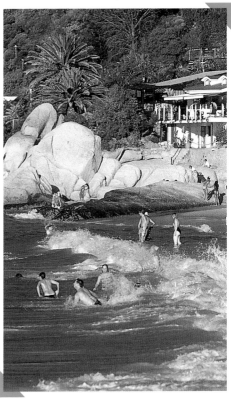

Südafrika planen

Mit dem Mietwagen

Südafrika ist ein ideales Reiseland für Touristen, die auf eigene Faust mit dem Mietwagen oder Wohnmobil unterwegs sein wollen. Die meisten touristischen Attraktionen sind verkehrsmäßig gut erschlossen und können mit einem normalen PKW bereist werden. Wegen der großen Distanzen im Land sollte man sich mindestens drei Wochen für eine Tour Zeit nehmen.

Vom Krügerpark ans Kap

Verlauf: Johannesburg – Panoramastrecke – Krügerpark – Johannesburg – Soweto – Sun City – Bloemfontein (ev. Abstecher nach Lesotho) – Graaff-Reinet – Gartenroute – Karoo – Kapstadt – Weinland. Mit dem Mietwagen rund 5000 km in drei Wochen. Gabelflug: Ankunft Johannesburg, Abflug Kapstadt.

Diese klassische Route startet in **Johannesburg.** Ab **Nelspruit** bietet sich ein Abstecher in die nördlichen Drakensberge auf der **Panoramastrecke** an. Durch die dichten Wälder von **Sabie** führt die Straße nach **Pilgrim's Rest,** einem Goldgräberstädtchen aus der Jahrhundertwende. Mit Blick auf einzigartige Schluchten erreicht man den grandiosen ***Blyde River Canyon.** Einfahrt in den ***Krüger-Nationalpark** über das Orpen Gate. Für eine Safari durch das riesige Tierschutzgebiet sollten zwei bis drei Tage eingeplant werden, bevor die Fahrt nach Johannesburg zurückführt. Ein Besuch des Townships **Soweto** im Rahmen einer Tour gibt Einblick in den Alltag schwarzer Südafrikaner. Das Kontrastprogramm heißt **Sun City,** hier dreht sich alles um Prunk und perfekte Unterhaltung. Weiter geht es dann Richtung Südwesten nach **Bloemfontein.** Von hier bietet sich

!

Deutsche, österreichische und Schweizer Urlauber benötigen kein Visum für **Lesotho.** Die Lesotho High Commission in Pretoria, ☎ 012-460 7648, 🖷 460 7649, gibt aktuelle Auskünfte. Fahrten sollten nicht zur Regenzeit (November/Dezember, Februar/März) unternommen werden.

ein Abstecher nach **Lesotho,** dem kleinsten Königreich der Welt mit einer zauberhaften Bergwelt an.

Die Perle der Karoo, **Graaff-Reinet,** streift man auf
dem Weg zur Gartenroute. Entlang der abwechslungsreichen Küste endet die Fahrt in **Kapstadt,**
einer der schönsten Städte der Welt. Die faszinierende **Kaphalbinsel** mit dem spektakulären Cape Point
und die nahe gelegenen **Weingebiete** bilden den
krönenden Abschluss dieser Route.

Bergspitzen und Korallenriffe

Verlauf: Johannesburg –
Drakensberge – Durban –
Zululand – Hluhluwe/Um-
folozi Game Reserves – St.
Lucia Wetland Park – (ev.
Abstecher nach Swaziland
– Krügerpark) – Johannes-
burg. Flug/Zug von Johan-
nesburg nach Kapstadt,
Weinland, Gartenroute, Kleine Karoo. Hinflug nach
Johannesburg, Abflug von Kapstadt. Zwei unabhängi-
ge Strecken mit dem Mietwagen, rund 4000 km,
zusammen in drei Wochen machbar.

*Südafrika lässt sich
gut mit dem
Wohnmobil bereisen*

Von **Johannesburg** geht es in die Bergregion der
südlichen Drakensberge – ein Paradies für Naturfreunde und Wanderer. Zu den Höhepunkten zählen
hier der **Golden Gate Highland National Park** und
der **Royal Natal National Park** mit seinem imposanten Amphitheater. Durch das »Valley of a Thousand
Hills« (»Tal der tausend Hügel«) gelangt man an die
Strände von **Durban,** anschließend führt die Route
durch das geschichtsträchtige **Zululand.** Empfehlenswert ist ein Besuch der wildreichen
Hluhluwe/Umfolozi Game Reserves. Die Greater St.
Lucia Wetlands bis hinauf zur **Sodwana Bay** bieten
sich für Schnorchel- und Tauchexkursionen an. Wer
etwas mehr Zeit hat, sollte die Route nach **Swazi-**

land, die Schweiz Afrikas, ausdehnen und vor der Rückfahrt nach Johannesburg noch eine Safari durch den **Krüger-Nationalpark** einplanen.

Die Strecke nach **Kapstadt** kann man per Zug oder Flugzeug zurücklegen, wobei der Zug 24 Stunden, das Flugzeug hingegen nur zwei braucht. Von Kapstadt aus lassen sich das Weinland mit seinen unzähligen Weingütern wie auch die Gartenroute (bis Tsitsikamma National Park) bequem mit dem Mietwagen erkunden. Ab **George** geht es in die Kleine Karoo nach **Oudtshoorn** und über **Beaufort West** zurück nach Kapstadt.

Zugabenteuer

TIPP
Während des Winterfahrplans (Mai bis Ende August) sind die Preise im Blue Train deutlich niedriger.

Blue Train

Der legendäre Blue Train rollt von Pretoria aus durch die Blumen- und Weizenfelder des Free State Richtung Kimberley und weiter durch die Einsamkeit der Karoo nach Kapstadt. Service und Unterkunft sind vom Feinsten, man isst im eleganten Speiswagen, die Preise sind entsprechend hoch (zwei Tage mit Übernachtung, Luxusklasse pro Person im Doppelabteil rund 15000 ZAR incl. Vollpension, die de Luxe Suite ist etwa 1000 ZAR billiger; Internet: www.bluetrain.co.za, E-Mail: bluetrain@transnet.co.za).

Zwei Tage und eine Nacht verbringt der Gast in diesem Edelzug auf der Gartenroute Kapstadt – Port Elizabeth (19 000 ZAR im Doppelabteil).

Die **Shongololo Zug-Safari** ist sehr gefragt, also rechtzeitig reservieren, ☎ 086-000 8888, in Deutschland über das Deutsche Reisebüro, Frankfurt, ☎ 069-95 88 34 30 oder GeBeCo, Kiel, ☎ 0431-5 44 60.

Reservierungen sind frühestens elf Monate im Voraus möglich und mindestens sechs Monate vorher notwendig, ☎ 012-334 8459, 🖷 334 8464 oder im Reisebüro im Heimatland. Die genannten Preise gelten für den Sommerfahrplan (1. Januar bis 30. April und 1. September–31. Dezember), zu dieser Zeit verkehren die Züge mehrmals wöchentlich, außerhalb der Saison einmal pro Woche.

Rovos Rail

In ausgesprochenem Luxus reisen Gäste mit diesem Oldtimer-Dampfzug in drei Tagen von Pretoria nach Kapstadt. Ab und an werden Fahrten zu den Viktoriafällen in Zimbabwe angeboten. Die Preise sind ähnlich hoch wie im Blue Train. Auskunft unter ☎ 012-323 6052, 📠 323 0843, E-Mail: reservations @rovos.co.za. oder Sales & Promotion Services, Düsseldorf, ☎ 0211-4 91 16 38, 📠 49 11 16 76.

Shongololo Express

Diese kombinierte Zug-Bus-Safari verläuft in 16 Tagen von Johannesburg über Durban nach Kapstadt. Der Zug hält an insgesamt elf Stationen, von denen die Besucher in Bussen zu touristischen Höhepunkten im Krüger-Nationalpark, Swaziland, Zululand, an der Gartenroute oder den Weinort Paarl gebracht werden. Das Programm ist durchaus flexibel: Wer z. B. Sun City kennen lernen möchte, bucht einen weiteren Tag; Übernachtungen im Krügerpark können ebenfalls eingeplant werden. Der Preis: 10 000 ZAR pro Person im Doppelabteil, das Einzelabteil ist um 750 ZAR teurer.

Der legendäre Blue Train

Nostalgie auf Schienen

Im Dampfzug durch das Weinland zur Gartenroute: In einer sechstägigen Tour schnauft der alte restaurierte Zug der **Union Limited Steam Safaris** von Kapstadt nach Mossel Bay und George sowie nach Knysna und Oudtshoorn. Eine Nacht in der Karoostadt Oudtshoorn und der Besuch einer der berühmten Straußenfarmen sind inbegriffen. Die Reise kostet pro Person 4900 ZAR, eine Suite für zwei Personen etwa 19 000 ZAR.

🛈 Buchungen für die **Union Limited Steam Railtours,** Kapstadt, unter ☎ 021-449 4391, 📠 449 4395.

Mit dem Rad unterwegs

African Impressions, ☎ 011-609 5867, 🖷 452 2638,
E-Mail: impress@netactive.co.za., stellt Cycling Tours
im ganzen Land zusammen und reagiert auf Wünsche flexibel. Zu den landschaftlich schönsten
Routen gehört die KwaZulu-Natal Panorama Tour
(630 km, vier Tage) von Johannesburg entlang der
Drakensberge über Pietermaritzburg nach Durban,
zurück geht es in Bussen. Preis: ca. 350 ZAR pro Tag
mit Übernachtung im 3-Sterne-Hotel inklusive Verpflegung.

Verschiedene Radreisen durch Südafrika bieten
African Bikers, Meckenbeuren, an, ☎ 075 42-
2 21 21, 🖷 2 21 75, www.africanbikers.co.za.

Spaß für die ganze Familie

Familien mit Nachwuchs können in Südafrika bequem Urlaub machen. Viel Spaß haben Kinder z. B.
in **Gold Reef City,** einer nachgebauten Goldgräberstadt vor den Toren Johannesburgs mit Achterbahnen
und Karussells. Original erhalten ist dagegen **Pilgrim's Rest,** ein Bilderbuchort und lohnender Abstecher auf dem Weg zum Krüger-Nationalpark.

Der prunkvolle Palast in **Sun City** führt hinein in
die Zauberwelt afrikanischer Mythen und beeindruckt mit allerhand technischen Tricks wie künst-
licher Ebbe und Flut an einem ebenso künstlichen
Strand.

In **Kimberley** pendelt eine restaurierte Straßenbahn zwischen dem Big Hole und dem Stadtzentrum.
An der »Goldenen Meile« in **Durban** lassen Erleb-
nisparks mit Karussells, Wasserrutschen und Mini-
bahnen und das Sea World Aquarium Kinderherzen
höher schlagen. Auch das Two Oceans Aquarium
in **Kapstadt** begeistert Kinder und Erwachsene glei-
chermaßen.

!

Kinder sind in einigen
Unterkünften nur
ab einem bestimmten
Alter erwünscht;
es ist in den Hotelver-
zeichnissen vermerkt.

Paradies am Kap

Zwischen imposanter Bergkulisse und herrlichen Stränden gelegen vermittelt Kapstadt ein einzigartiges Lebensgefühl. Die gesamte Kapregion hat sich nicht von ungefähr zum Touristenziel Nummer eins entwickelt, bietet sie doch neben abwechslungsreichen Küsten an zwei Ozeanen und einem unvorstellbaren Pflanzenreichtum auf der Kaphalbinsel auch Ausflugsmöglichkeiten in die nahen Weingebiete.

**Kapstadt – die Mother City ❶

Umrahmt von spektakulären Bergen, glitzerndem Meer und stilvollen Weinfarmen – Kapstadts Lage ist wahrlich einmalig. Die Sommer sind warm und trocken – der »Cape Doctor« fegt Staub und Abgase aus der Stadt – und selbst im Winter gibt es sonnige Tage, wenngleich hin und wieder grauer Himmel und Nieselregen eher an Schottland erinnern als an Südafrika. Doch die Capetonians lassen sich die Laune so schnell nicht verderben. Die Gestylten, Filmemacher und Designer, beach boys and bikini girls – die Einheimischen feiern sich selbst als »Hip-People« und rühmen ihre Metropole als Miami von Afrika.

Vom Dorf zur Metropole

Vor Ankunft der ersten Weißen 1488 lebten Khoikhoi und San (Buschmänner) als Jäger, Sammler und Fischer in der Kapregion. 1652 landete der Niederländer Jan van Riebeeck in der Tafelbucht und gründete eine Versorgungsstation für die Schiffe der Holländisch-Ostindischen Handelsgesellschaft. Schon bald nahm das kleine »Dorp« in der Tafelbucht den Charakter einer Stadt an und erhielt den Namen »De Kaap«. 1806 eroberten die Briten das Kap, bis zur

Für eine Besichtigung Kapstadts, die Umrundung der Kaphalbinsel und Ausflüge in die Weinregion sollte man eine Woche einplanen.

Gründung der Südafrikanischen Union 1910 blieb Cape Town die Hauptstadt der britischen Kapkolonie. Heute ist sie mit rund 4 Mio. Einwohnern die zweitgrößte Stadt des Landes, Hauptstadt der Provinz Eastern Cape und in der ersten Jahreshälfte zudem Regierungssitz.

**Victoria & Alfred Waterfront ❶

Das schillernde Vergnügungsviertel am alten Hafen gilt als die Flaniermeile Kapstadts und ist gleichzeitig ein ausgezeichnetes Beispiel einer besonders gelungenen Sanierung: Die beiden ab 1860 angelegten Hafenanlagen, das Victoria und das Alfred Basin – benannt nach der englischen Königin Victoria und ihrem Sohn Alfred –, zählten nicht gerade zu den besten Vierteln der Stadt. Heute dagegen ist es die Attraktion, die Waterfront zieht Touristen und Besucher an wie ein Magnet. Shopping Malls, Museen, Hotels, Kneipen und Restaurants schießen aus dem Boden. Fisch wird zwar immer noch angelandet, aber inzwischen bestimmen weniger schwere Kähne das Bild, sondern schicke Yachten und Kreuzfahrtschiffe.

Die Gebäude des alten Fischereihafens wurden restauriert oder im viktorianischen Stil neu aufgebaut. In den maritimen Farben Blau, Weiß und Gelb strahlen die Fassaden, das Viertel leuchtet förmlich im Schatten des steil aufragenden Tafelberges. Tourismusmanager haben diese besondere Stimmung genutzt und erfolgreich vermarktet: Im Breakwater-Gefängnis übernachten heute Gäste in den einstigen Zellen. Das Pumpenhaus ist zur Kneipe umfunktioniert worden und im ehemaligen Lagerhaus von 1904 stapeln sich keine Waren mehr, sondern Besucher genießen die phantastische Aussicht auf Berg und Hafen. In dem jüngst renovierten Clock Tower residieren u.a. ein Informationsbüro und ein Jazzclub.

Perle am Pier ist das **Table Bay Hotel** mit riesigen Glasfenstern, Brunnen, Mosaikböden und Marmorsäulen, direkt am Quay Six gelegen. Eine Rolltreppe

> **!**
>
> **D**er **Waterfront Shuttlebus** verkehrt von der Adderley Street von 7 bis 23.30 Uhr alle 15 Minuten. Auch von Sea Point (ab Peninsula Hotel, Beach Road) fahren alle 20 Minuten Busse zur Waterfront.

◄◄ *Die Waterfront von Kapstadt – rundum gelungen saniert*

führt von der Empfangshalle hinauf zum exklusiven Einkaufsparadies **Victoria Wharf** mit unzähligen Boutiquen, Cafes, Kunsthandwerkgeschäften und Restaurants. Wer sich für Schmuck aus allen Teilen Afrikas interessiert, schaue im **African Heritage** vorbei (☏021-421 6610, ⏲ Mo–Sa 9–21 Uhr, So 10–21 Uhr), hier findet man z. B. Bernstein aus Somalia, Silber aus Äthiopien und Masken aus Westafrika. Ein ebenso abwechslungsreiches Einkaufserlebnis verspricht die **Victoria & Alfred Shopping Mall.**

Die Waterfront lässt nichts aus: Das **Imax-Kino** mit Riesenleinwand im Schauhaus von BMW an der Dock Street vermittelt das absolute Filmerlebnis.

Oder wie wär's mit einem Jazz-Konzert z. B. im bekannten **Green Dolphin**? Die lebendige Atmosphäre dort ist eine ideale Bühne für Live-Musik (Pierhead, ☏ 021-421 7471, ⏲ tgl. 12–15, 18–1 Uhr). Eine Hafenrundfahrt bietet besonders am Abend einen tollen Blick auf die erleuchtete Bucht. Eine neue Zugbrücke verbindet das Victoria mit dem Alfred Basin. Hier glitzert das moderne **Clock Tower Centre ,** nebenan legen vom **Nelson Mandela Gateway** die Boote zur einstigen Gefängnisinsel Robben Island ab (Abfahrt 9, 10, 11, 12 und 14 Uhr, Tel. 021-419 1300, www.robben-island.org.za).

Im Two Oceans Aquarium

Two Oceans Aquarium

Mit der Modernisierung der Hafenanlagen entstand 1995 auch das Two Oceans Aquarium an der Dock Road. Das Eintauchen in die faszinierende Unterwasserwelt am Kap wird hier zum besonderen Erlebnis, denn nur Tunnel mit Glasfenstern trennen Besucher

Gleich neben dem Aquarium kann man im **Restaurant Bayfront Blu,** ☏ 021-419 9068, ⏲ tgl. 9–23.30 Uhr, So bis 21.30 Uhr, Mo bis 18 Uhr. Fisch- und Meeresfrüchtegerichte genießen. ◯

von Haien, Rochen und anderen Meerestieren. In mehr als 30 Becken schwimmen 300 Fischarten aus dem Indischen und Atlantischen Ozean, besonders kleine Tiere kann man unter einem Mikroskop genau unter die Lupe nehmen. Seesterne, Muscheln und andere Meeresbewohner dürfen nicht nur Kinder auch einmal anfassen. Um die Meereswelt anschaulicher zu präsentieren, arbeitet man im Aquarium mit kleinen Tricks: An einem kleinen Sandstrand mit Pinguinen z. B. werden Ebbe und Flut simuliert. ⏱ tgl. 9.30–18 Uhr, ☏ 021-418 3823.

Im Pan African Market wird jeder fündig

Telkom Exploratorium
Ein Erlebnis ganz besonderer Art bietet das von der südafrikanischen Telefongesellschaft im Union Castle Building eingerichtete Technologie-Erfahrungszentrum, wo so komplexe Techniken wie die Telekommunikation anschaulich vermittelt werden. In einem Gyroskop fühlt man sich wie ein Raumfahrer im All, ein Ferrari verspricht das ultimative Fahrerlebnis bei 300 km/h. ⏱ Di–So 9–18 Uhr, ☏ 021-419 5957.

Kunst aus first und second hand

Auf dem **Greenmarket Square ⑧**, dem alten Marktplatz im Stadtzentrum, bauen Händler jeden Tag (außer sonntags) ihre Stände auf mit Kunsthandwerk aller Art, Schmuck, Musikinstrumenten und fetzigen Kleidungsstücken. Verkäufer aus den verschiedensten afrikanischen Ländern feilschen um die Preise, Straßenkünstler wetteifern um die Aufmerksamkeit der Passanten. Der Greenmarket Square ist umgeben von historischen Häusern, der kopfsteingepflasterte Platz wurde zum Nationaldenkmal erklärt.

Das **Old Town House** (Alte Rathaus) an der West-seite, 1755 im Barockstil errichtet, beherbergt heute die berühmte Gemäldesammlung, die Sir Max Micha-lis 1914 dem Staat vermachte. Sie umfasst Werke holländischer und flämischer Meister des 17. Jhs., darunter sogar Stiche von Rembrandt. ○ Mo–Fr 10–17 Uhr, Sa 10–16 Uhr, ☎ 021-424 6367.

Wer Lust hat auf noch mehr Kunsthandwerk aus Afrika, moderne südafrikanische Kunst oder Musik, sollte einen Abstecher zum nahen **Pan African Market** (76 Long Street) machen. Die unzähligen kleinen Läden auf mehreren Etagen halten viel Originelles bereit. Ein Café verspricht eine angenehme Ver-schnaufpause, eine Friseuse verleiht jedem Europäer mit kunstvoll geflochtenen Zöpfchen ein wenig afrikanisches Aussehen, Schneider fertigen das passende Outfit an und wer sich einmal an einer Trommel versuchen möchte, kann eine Stunde Unterricht nehmen. ○ Mo–Fr 9–17 Uhr, Sa 9–15 Uhr, ☎ 021-426 4478, www.panafricanmarket.co.za.

Zentrum der Macht

Südafrikas politische Debatten spielen sich in den **Houses of Parliament ❻** an der vornehmen Govern-ment Avenue ab. Das Parlament tagte hier erstmals 1814. Seit Gründung der Südafrikanischen Union 1910 ziehen die Minister nach der ersten Jahreshälfte wieder nach Pretoria, dem Regierungssitz des Lan-des. Seit etlichen Jahren wird diskutiert, das Parla-ment wegen des ungeheuren finanziellen Aufwands endgültig nach Pretoria oder Midrand zu verlegen. Besucher können die politischen Reden und Aus-einandersetzungen von einer Galerie aus mitverfol-gen. Tickets muss man vorher in Zimmer 12 besorgen, der Besuchereingang befindet sich an der Parliament Street (☎ 021-403 2537).

Ein paar Meter weiter steht das koloniale **Tuynhuys,** die Residenz des Staatspräsidenten während der Sitzungsperiode.

Das ganze Jahr über werden Führungen durch die Houses of Parliament angeboten (Mo–Fr vormittags).

Natur in der Stadt

Die Government Avenue zieht sich durch den schatti-gen ***Company's Garden ⓓ**, den ursprünglich Jan van Riebeeck 1652 als Gemüsegarten anlegen ließ, um die weißen Siedler und Seeleute der Handels-schiffe mit frischen Produkten zu versorgen. Der Park ist eine grüne Oase in der Innenstadt, Rosen-gärten, Volieren, Teiche und ein kleines Restaurant (🕐 tgl. 7–18.30 Uhr) laden zum Verweilen ein.

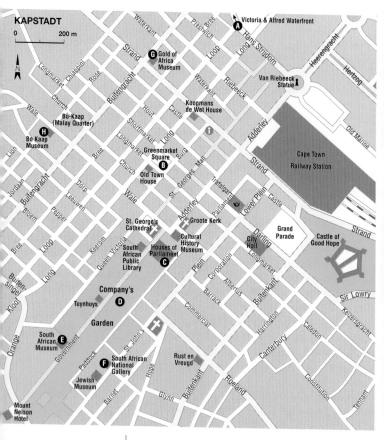

Kultur und Kunst

Das 1825 gegründete ***South African Museum** ❺ (Queen Victoria Street) besitzt eine umfangreiche naturgeschichtliche Sammlung. Ein Highlight ist sicher das riesige Walskelett. Sehr anschaulich werden auch Kultur und Kunst der San und Khoikhoi sowie anderer Völker im südlichen Afrika vermittelt. ◷ tgl. 10–17 Uhr, ☎ 021-424 3330.

Die ***South African National Art Gallery** ❻ zeigt herausragende Werke britischer, französischer, holländischer und flämischer Künstler des 20. Jhs., wie John Walker, Michael Porter und Gary Wragg. Seit 1982 konzentriert sich das Museum auf südafrikanische Kunst. ◷ Di–So 10–17 Uhr, ☎ 021-467 4660.

Das **Gold of Africa Museum** ❼ im historischen Martin Melck House birgt eine der größten Kollektionen afrikanischer Goldkunstwerke, angeschlossen sind Werkstätten, eine Goldboutique sowie ein Kunstgarten und Weinkeller. ◷ Mo–Sa 10–17 Uhr.

> **!**
>
> **V**ielen Museen sind ein Shop und ein Café angegliedert. Beide sind meistens Fundgruben, die eine für ausgefallene Mitbringsel, die andere für leckere Imbisse.

Asiatisches Flair

Malerisch breitet sich das alte Malaienviertel (Bo-Kaap) rund um die Wale Street aus. Hier wohnen die Nachfahren der Sklaven, die in den Anfangsjahren der Besiedlung aus Ostindien ans Kap gebracht wurden. An kopfsteingepflasterten Straßen liegen die pastellfarbenen Häuschen aus dem 18. Jh., kunstvoll verziert mit Gittern und Malereien. Die Minarette der Moscheen ragen heraus. Ein typisches Wohn- und Schlafzimmer eines Muslimhauses aus dem 19. Jh. zeigt das **Bo Kaap Museum** ❽ (71 Wale Street, ◷ Mo–Sa 9.30–16.30 Uhr, ☎ 021-424 3846), es organisiert auch Führungen durch das Viertel.

 Information

Cape Town Tourism, Burg/Castle Street, ☎ 021-426 4260, 🖷 426 4266, ◷ Mo–Fr 8–18 Uhr, Sa 8.30–14 Uhr, So 9–13 Uhr; www.cape-town.org;

E–Mail: info@cape-town.org, mit Zweigstelle von **South African National Parks** (nur persönliche Reservierung möglich). **Cape Town Tourism Waterfront,** Clock Tower, ☎ 021-405 4500, 📠 405 4524, 🕐 tgl. 9–21 Uhr, www.waterfont.co.za.

Stadtrundfahrten im Doppeldecker bietet **The Cape Town Explorer,** Infos bei Cape Town Tourism. Mit **Thithuka Tours,** ☎ 021-439 2061, lernt man andere Facetten Kapstadts kennen, nämlich die Townships. Es werden auch Musiktouren sowie der Besuch von Projekten angeboten. **Grassroute Tours,** ☎ 021-706 1006, zeigt Besuchern u. a. Bo Kaap.

➡️ Verkehrsmittel

Magic Bus bringt Besucher vom Hotel oder von der Busstation an der Adderley Street zum Flughafen und zurück (☎ 021-934 5455/6). Zum Flughafen gibt es auch einen eigenen Service, ☎ 021-937 1200.

Die Innenstadt von Kapstadt ist problemlos zu Fuß zu erkunden, die Waterfront erreicht man am besten mit dem Shuttlebus ab Adderley Street.

Rikki's (☎ 021-423 4888) ist ein preiswerter funkkontrollierter Taxidienst im Stadtzentrum.

🏠🏠 Hotels

◆ **Mount Nelson Hotel,** 76 Orange Street, ☎ 021-423 1000, 📠 424 7472, E-Mail: reservations@mount-nelson.co.za. Rosafarbenes Nobelhotel im Stil des britischen Empire. ○○○○

◆ **The Table Bay,** Waterfront, ☎ 021-406 5000, 📠 406 5767, www.suninternational.com. Direkt am Hafen (Quay Six) gelegen mit Blick auf's Meer oder den Tafelberg. ○○○○

◆ **Cape Grace Hotel,** Waterfront, ☎ 021-410 7100, 📠 419 7622, www.capegrace.com. Neues, stilvolles Hotel, Zimmer mit Blick auf den Hafen oder den Tafelberg. ○○○○

GRUNDREGEL BEI SPAZIERGÄNGEN: Wertsachen im Hotel lassen, Handtasche um die Schulter hängen, einsame Seitenstraßen meiden, nach Geschäftsschluss um 17 Uhr das Taxi nehmen. Eine Begleitung vermittelt auf Wunsch die Touristenpolizei, Duncan Road, Table Bay Harbour, ☎ 021-419 4870.

◆ **Victoria Junction,** Somerset/Ebenezer Road, Green Point, ☎ 021-418 1234, 🖷 418 5678, E-Mail: vicjunct@icon.co.za, www.proteahotels.com. Wohnen im Loft? Im Dektor der späten 60er, verbunden mit dem Charme des kühlen Chrome der 90er lässt es sich prima schlafen. Das Restaurant »The Set« serviert ungewöhnliche Kreationen. ○○○

◆ **Cape Victoria Guest House,** Wigtown/Torbay Road, Green Point, ☎ 🖷 021-439 7721, www.capevictoria.co.za. Jeder der zehn Räume besitzt seinen eigenen Stil. Das »Dachzimmer« lohnt sich besonders: Vom Bett schaut man direkt zu den Sternen. ○○–○○○

◆ **De Waterkant Lodge and Cottages,** 20 Loader Street, ☎ 021-419 1097, 🖷 419 1077, www. dewaterkant.co.za. Wunderschön renoviertes Haus im Zentrum mit Pool, geschmackvolle Einrichtung, auch Selbstversorgerbungalows. ○○

◆ **Ikhaya,** Dunckley Square, Gardens, ☎ 021-461 8880, www.ikhaya.co.za. Schöne Unterkunft im afrikanischen Stil. ○

Lebendig ist die Kneipenszene in der Long Street

Restaurants

◆ **Aubergine,** 39 Barnett Street, Gardens, ☎ 021-465 4909, 🕓 Mo–Sa 19–23, Do 12–14.30 Uhr. Historisches Gebäude mit eleganter Atmosphäre. Traditionelle Gerichte wie Bobotie, Wild, Fisch und Gemüse, erlesene Weine. ○○○

◆ **Blues,** 8 The Promenade, Camps Bay, ☎ 021-438 2040. 🕓 tgl. 12–24 Uhr. Probieren Sie die guten Fischgerichte wie Gambas in Avocadocreme mit Gemüse. Auch Jazzmusik ○○

◆ **Mama Africa,** 178 Long Street/Pepper Street, ☎ 021-424 8634, 🕐 Mo–Sa 19–23 Uhr. Schmackhaftes afrikanisches Essen: Couscous, Samoosas, Krokodil- und Kudu-Steak oder Huhn. ⬭⬭

◆ **Panama Jack's,** Quay 500, ☎ 021-447 3992, 🕐 Mo–Sa Mittag- und Abendessen, Sa mittag gschl. Köstlicher frischer Fisch, Hummer und Langusten. Etwas abseits im Industriehafen gelegen. ⬭⬭

◆ **The Africa Café,** Short Market/Buitengracht-Street, ☎ 021-422 0221, 🕐 Mo–Sa 18.30–24 Uhr. Speisen aus 16 afrikanischen Ländern, schön dekoriert und so viel Sie möchten für 70 Rand. Gemütliche Atmosphäre. ⬭

ERHOLUNG PUR
Turkish Steam Bath,
Long Street,
☎ 021-400-3302. In diesem Dampfbad können sich Besucher entspannen, in der Sauna schwitzen oder sich eine Massage gönnen. 🕐 für Damen Mo, Do 8–20 Uhr, Sa 9–18 Uhr, für Herren Mo–Mi, Fr 9–20 Uhr, So 8–12 Uhr.

Nightlife

Das Nachtleben spielt sich rund um Long Street/Loop Street/Bree Street, im Szene-Viertel Obervatory und natürlich an der Waterfront ab.

◆ **Manenberg,** Clock Tower, Waterfront, ☎ 021-421 5639, 🕐 tgl. ab 11 Uhr, Livemusik ab 20.30 Uhr. Traditioneller Jazzclub.

◆ **169,** Long Street, 🕐 Mi–Sa 21–4 Uhr, Fr 16 bis 4 Uhr. Club Lounge an der belebten Long Street.

◆ **Angels,** Somerset Road, Green Point, ☎ 021-419 8547, 🕐 20 Uhr bis in den frühen Morgen. Jede Nacht Live-Musik, junges Publikum.

◆ **Artscape Theatre Centre,** DF Malan Street, ☎ 021-410 9800. www.artscape.co.za. Das Programm reicht von Ballett-, Tanz-und Theateraufführungen bis zu Konzerten.

Einkaufen

◆ **African Image,** 52 Burg Street, ☎ 021-423 8385, 🕐 Mo–Fr 9–17 Uhr, Sa 9–13 Uhr. Ausgesuchtes afrikanisches Kunsthandwerk.

◆ **Uwe Koetter,** Albert Mall, Waterfront, ☎ 021-425 7770, 🕐 Mo–Sa 9–21 Uhr, www.uwekoetter.

co.za. Die beiden Golddesigner Uwe und Magda Koetter fertigen exklusive Schmuckstücke an.

◆ **Vaughan Johanson's Wine & Cigar Shop,** Dock Road, Waterfront, ☎ 021-419 2121, 🖷 419 0040, 🕒 Mo–Fr 9–18 Uhr, Sa 9–17 Uhr, So 10–17 Uhr. Größte und beste Auswahl in der Umgebung, kompetente Beratung. Weinproben und Versand nach Europa.

◆ **Montebello Design Centre,** 31 Newlands Avenue, Newlands, ☎ 021-686 7115, 🖷 686 7403, 🕒 Mo–Fr 9–17 Uhr, Sa 9–15 Uhr, So 10–15 Uhr. In den Studios werden Keramiken, Schmuck, Textilien und Webarbeiten sowie afrikanische Musikinstrumente hergestellt.

◆ **Deutsche Buchhandlung,** 17 Burg Street, ☎ 021-423 7832, 🖷 423 3208, 🕒 Mo–Fr 8.30–17.30, Sa 8.30–13 Uhr. Ulrich Naumann führt deutsche Zeitungen und Zeitschriften und verkauft Bildbände, Literatur und Bücher über Flora und Fauna im südlichen Afrika.

Klippschliefer

****Tafelberg ❷**

Das Wahrzeichen und Juwel der Mutterstadt erhebt sich im Süden Kapstadts und wacht über die gesamte Kaphalbinsel – im Westen überragen seine »Zwölf Apostel« genannten Ausläufer die Badeorte am Atlantik. Der 1087 m hohe Tafelberg ist ein Naturparadies für Tiere und Pflanzen. Hier wachsen allein 1500 Pflanzenarten, darunter 100 Heidekrautgewächse, die meisten davon kommen weltweit nur in dieser Gegend vor, zum Beispiel der Silver Tree. Possierliche Klippschliefer – sie ähneln einem Riesenmeerschweinchen – tauchen zwischen den Felsspalten auf dem Plateau auf und freunden sich gern mit den Besuchern an.

Der anhaltende Besucherstrom hat jedoch auch Spuren hinterlassen, viele Pflanzen sind bereits verschwunden. Die Bemühungen einiger Umweltschützer nach dem Motto »Rettet den Berg« führten kürzlich zum Erfolg: Der Table Mountain ist Teil des neu eingerichteten Cape Peninsula National Park, der sich mit 29 000 ha bis zum Cape Point erstreckt.

Den Gipfelsturm bewältigt man meist mit der neuen Drahtseilbahn (die erste Anlage wurde bereits 1929 in Betrieb genommen), die – sich einmal um die eigene Achse drehend – in wenigen Minuten hinauf zum drei Kilometer breiten Plateau schwebt. Die Aussicht auf Kapstadt und die Halbinsel ist gigantisch: Die von Bergen umrahmte City am Meer, das Blau der Tafelbucht und die weißsandigen Strände – das Auge kann sich nicht satt sehen. Gleich bei der Gipfelstation erwartet ein neues, geschickt in die Felsen integriertes Selbstbedienungsrestaurant die Besucher. Neben einem Buffet werden täglich ein vegetarisches und ein traditionelles Kap-Gericht angeboten.

Zahlreiche Wanderwege und Kletterrouten führen auf den Gipfel. Der einfachste Weg, der Platteklip Path, beginnt zwei Kilometer westlich der Talstation. Für den rund zweistündigen, steilen Anstieg ist eine gute Kondition erforderlich. Allerdings sollte man vorab in der Tourist Information oder bei der Lower Station aktuelle Auskünfte zum Wetter und Zustand der Wege einholen (☎ 021-424 5148, www. table-mountain.co.za). Plötzliche Wetterumschwünge auf dem Plateau sind keine Seltenheit!

Für einen schnellen, wenn auch kurzen Abstieg kann man sich ans Seil hängen. Ein paar hundert Meter über überhängende Felsen abseilen – das ist der neueste Hit am Tafelberg, angeboten von **Downhill Adventures,** ☎ 021-422 0388.

!

Ist das Wetter am Morgen gut, sollte man gleich zum Tafelberg aufbrechen. Zur Seilbahn-Station gelangt man am besten mit einem Taxi, z. B. Rikki's ☎ 021-423 4888. Im Sommer verkehrt die Seilbahn von 6–23 Uhr; im Winter von 9–17 Uhr.

Signal Hill und Lion's Head ❸

Der 350 m hohe Signal Hill ist mit dem Rumpf des
669 m hohen Lion's Head verbunden. Romantische
Seelen genießen besonders abends die Stimmung
der untergehenden Sonne und den Blick auf das
Lichtermeer der Stadt. Punkt 12 Uhr mittags böllert
nach alter Tradition ein Kanonenschuss vom Signal
Hill (außer sonntags), an dem sich früher die in der
Bucht ankernden Schiffe
orientierten: Sie stellten
ihre Zeitmesser nach der
»Noon Gun«.

*Im Kirstenbosch
Botanical Garden*

Robben Island ❹

Die Geschichte von Rob-
ben Island geht zurück auf
die Ankunft der Europäer
am Kap: Das kleine, felsige Eiland 9 km nördlich
von Kapstadt diente im
Laufe der Jahrhunderte als Walfangstation, Sitz eines
Krankenhauses, Leprakolonie und Marinestation.

Bekanntheit erreichte die Insel allerdings als Ver-
bannungsort für Gefangene, das Alcatraz Südafrikas:
Afrikanische Häuptlinge, asiatische Prinzen und
westafrikanische Sklaven, in jüngerer Vergangenheit
die Widerstandskämpfer gegen die Apartheid.

Berühmtester Häftling war wohl Nelson Mandela,
der 1990 nach 27jähriger Haft aus seiner Zelle auf
Robben Island entlassen wurde. Aus dem Gefängnis
wurde inzwischen ein Museum, durch das die
einstigen Wärter die Besucher führen. Bootsfahrten
nach Robben Island starten am Nelson Mandela
Gateway (Abfertigungshalle mit Restaurant und
Shops, s. S. 99) an der Waterfront, Clock Tower
Centre, ☎ 021-419 1300, www.robben-island.org.za.

!
● Nur die offizielle
Robben Island-Fähre
darf an der Insel
anlanden, andere
Boote umrunden das
Eiland lediglich im
Rahmen einer Tour.

Rund um die **Kaphalbinsel

Zu den beeindruckendsten Erlebnissen in Südafrika
zählt sicher eine Rundfahrt um die Kaphalbinsel.
Nehmen Sie sich ein bis zwei Tage Zeit für die Tour,
die Sie am besten im Uhrzeigersinn, also an der False
Bay, beginnen, um auf der Atlantikseite dem Sonnenuntergang entgegenzufahren.

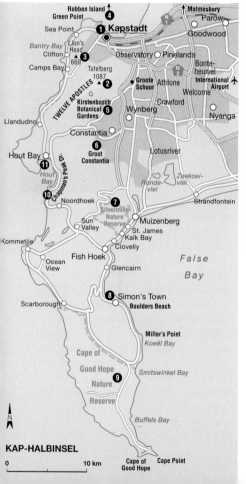

KAP-HALBINSEL

0   10 km

Entlang der False Bay

Unweit von Kapstadt liegt
der *Kirstenbosch Botani-
cal Garden ❺ mit herrli-
chen Fynbos-Gärten, die
besonders im Frühling in
bunter Farbenpracht auf-
blühen. Auf dem Yellow-
wood- und Silvertree-Pfad
erkunden Sie die Berg-
hänge, der Proteengarten
präsentiert die ganze
Vielfalt dieser Fynbosart.
🕐 tgl. 8–18 Uhr.

Auf *Groot Constan-
tia ❻, einem der ältesten
Weingüter im kapholländi-
schen Stil, sollte man eine
Pause einlegen – nicht nur
um die prachtvolle Archi-
tektur des Herrenhauses
zu bewundern, sondern
auch für eine Weinprobe.
🕐 tgl. 10–16.30 Uhr,
☎ 021-794 5128.

Die klassische Küsten-
tour beginnt in **Muizen-
berg,** das sich um die Jahrhundertwende zu einem

Ferienort für Reiche entwickelte, die an wenigen Wochen im Jahr die langen Sandstrände am rauen Meer besuchten. Cecil Rhodes verbrachte hier seine letzten Lebensjahre; sein Cottage ist als Museum eingerichtet worden (246 Main Road, ◷ Mo–So 9–16.30 Uhr, ☎ 021-788 1816).

Westlich von Muizenberg liegen das ruhige Örtchen **St. James** mit den viel fotographierten bunten Badehäuschen am Strand und der belebte Fischerhafen von **Kalk Bay.** Oberhalb dieser Bucht versteckt sich das ***Silvermine Nature Reserve ❼** in den Bergen. Nehmen Sie sich Zeit für ein Picknick oder einen Spaziergang durch das schöne Reservat, in dem auch Antilopen und Gazellen sich wohl fühlen, und genießen Sie die großartigen Ausblicke auf die False Bay bis hin zur Hout Bay auf der Westseite der Kaphalbinsel.

Der kleine Wohn- und Ferienort **Fish Hoek** bezaubert durch seine langen Badestrände. Weniger erfreulich wird mancher das Verbot des Alkoholausschanks empfinden, das seit 1818 hier besteht.

Nur sechs Kilometer weiter südlich taucht schon der nächste Küstenort auf: **Simon's Town ❽**. Eine Augenweide ist die **St. George Street**, die historische Meile mit rund 20 viktorianischen Gebäuden – ihre Geschichte können Interessierte jeweils auf den Schildern an den Häusern nachlesen. Die eisernen »brockies« (afrikaans – Spitzen, Bordüren) aus dem viktorianischen Zeitalter zieren vor allem die Methodist Church (1828), auch die kleine Pastory neben der niederländisch-reformierten Kirche ist sehenswert: Hier komponierte Pastor de Villieres die Musik für »Die Stem«, die afrikaanse Hymne.

Das **Stadtmuseum** befindet sich in der einstigen Residenz des Gouverneurs Simon van der Stel, der dem Ort seinen Namen gab (Court Road, ◷ Mo–Fr 9–16 , Sa 10–16, So 11–16 Uhr, ☎ 021-786 3046). Die Ausstellung umfasst Exponate zur Buschmann-Kultur und zur frühen Stadtgeschichte, ein Gefängnis

❗

Im Restaurant des Weinguts ***Buitenverwachting** kommen Feinschmecker auf ihre Kosten: das Lokal wurde zum besten des Landes gekürt. Zu frischem Fisch und schmackhaft zubereiteten Fleischgerichten, darunter Springbock und Kudu, werden die edlen Tropfen des Hauses gereicht.
☎ 021-794 5191,
◷ Di–Fr 12–14.30 Uhr,
Di–Sa 19–22 Uhr.
〇〇〇

und originale Sklavenbehausungen aus der Bauzeit des Museums. Am Spannendsten dürfte wohl ein Geist namens Eleanor sein. Gesehen hat ihn niemand, aber seine Geräusche erschrecken Besucher und Angestellte, wenn sich plötzlich Gegenstände im Regal bewegen.

The Boulders heißt der Strandabschnitt, der sich südlich an Simon's Town anschließt, idealer Platz für Schwimmer, Schnorchler und Taucher. Die runden Felsen (boulders) in den Buchten bieten guten Windschutz. Der benachbarte Foxy Beach ist die Heimat der seltenen Jackpass-Pinguine, die normalerweise Inseln als Lebensraum vorziehen. Die kleinen Artgenossen sind völlig harmlos, allerdings grenzt ein Zaun inzwischen ihr Territorium ein, damit sie nicht in die nahe liegenden Häuser einziehen. Ein kleiner Weg führt zu einem Beobachtungsposten, wo Sie den Tieren beim Baden und Tauchen zuschauen können (Eintritt).

Zum Kap der Guten Hoffnung

Den südlichen Zipfel der Kaphalbinsel umschließt das ***Cape of Good Hope Nature Reserve** ❾ mit vielen Wanderwegen. Auf etwa 8000 ha erstreckt sich das Schutzgebiet, das zum neu eingerichteten Cape Peninsula National Park zählt. Proteen und Heidegewächse verwandeln die Heimat der Antilopen, Buntböcke, Bergzebras, Luchse, Otter und der frechen Paviane im Frühling in einen Blütenteppich; vor der Küsten ziehen Wale, Robben und Delphine vorbei. Die Hauptstraße führt direkt zum ****Cape Point.** Die felsige Spitze, auf die neuerdings eine Zahnradbahn führt, ragt schroff ins tosende Meer hinein. Bei guter Sicht schweift der Blick vom alten Leuchtturm hinüber zum weniger spektakulären **Cape of Good Hope** (Kap der Guten Hoffnung), während die Windböen einem um die Ohren pfeifen. 1497 umrundete Vasco da Gama das Kap in der Hoffnung, den Seeweg nach Indien zu finden.

Eine gemütliche Übernachtung verspricht das **Boulders Beach Guest House** . Das kleine Hotel mit den geschmackvoll eingerichteten Zimmern liegt unweit vom Pinguinstrand von Boulders, ☎ 021-786 1758, 📠 786 1825. ○○

Das Restaurant **Black Marlin** am Miller's Point verwöhnt nicht nur den Gaumen mit hervorragenden Fischgerichten, sondern auch die Seele mit einem tollen Blick auf die False Bay. Spezialität: Kingklip am Spieß, eingewickelt in Speck. ☎ 021-786 1621, 🕐 Mo–Sa 12–15 Uhr, 19–22 Uhr, So 12–15 Uhr. ○

*Chapman's Peak Drive ⑩

Die Fahrt entlang der Atlantikküste würde zum absoluten Erlebnis, wäre sie nicht noch einige Zeit wegen Bauarbeiten gesperrt. Nach dem kleinen Künstlerdorf **Noordhoek** mit einem sechs Kilometer langen Superstrand, der vor allem bei Reitern hoch im Kurs steht, beginnt der legendäre Chapman's Peak Drive.

Die nur 10 km lange Panoramastraße mit schroffen Felswänden auf der einen und atemberaubendem Blick auf die Bucht von Hout Bay zur anderen Seite ist wahrlich einzigartig. Bis zu 600 m tief fallen die Felsen zum Atlantischen Ozean ab, die Straße – nicht selten Tummelplatz für freche Paviane, die mit Vorliebe an einem Picknick teilnehmen – windet sich kurvenreich an den Berghängen entlang.

In **Hout Bay ⑪**, einem netten Ferienort am Ende des Chapman's Peak Drive, landen bunte Fischerboote täglich ihren Fang an. Im Restaurant **Mariner's Wharf** (Harbour Road, ☎ 021-790 1100, 🕐 Mo–So 12–21 Uhr; ○) sollten Sie frische Austern probieren, Muscheln, Langusten, Kalamari und verschiedene Fischgerichte stehen ebenfalls auf der Speisekarte. Nach dem Essen bieten sich ein gemütlicher Bootsausflug zur nahe gelegenen Seehund-Kolonie auf Duiker Island an oder eine Sonnenuntergangstour zur Waterfront nach Kapstadt.

Auch Angler sind in Hout Bay gut aufgehoben, Thunfisch, Schwertfisch und Marlin gehen mit etwas Glück an die Leine.

Am Nordrand des idyllischen Ortes ist der Vogelpark **World of Birds** Heimat für Strauße, Kormorane, Pelikane, Pinguine, Adler und Papageien.

Herrlicher Blick vom Chapman's Peak auf die Hout Bay

Ausritte am kilometerlangen Strand von Noordhoek bieten **Sleepy Hollow Horse Riding,** Noordhoek, ☎ 🖷 021-789 2341, oder **Imhoff' Farm,** Noordhoek, ☎ 021-783 1168.

Information

Peninsula Tourism, Hout Bay, ☎ 021-790 1264,
🕐 Mo–Fr 9 –17.30 Uhr, Sa 9–13 Uhr.
Das **Hout Bay Museum** (☎ 021-790 3270) veranstaltet am Wochenende Wanderungen.

 Shopping

Africa Nova, 35 Main Road, Hout Bay,
☎ 021-790 4454, 🕐 Mo–Fr 9–17 Uhr, Sa/So
10–14 Uhr, ist der richtige Laden für moderne und traditionelle afrikanische Kunst, Handwerk und Möbel sowie farbenfrohe Drucke aus Zimbawe.

Strandleben

Exklusive Villen säumen den kleinen Badeort **Llandudno,** der malerisch am Hang liegt. Sonnenanbeter lassen am windgeschützten Sandstrand die Hüllen fallen oder ziehen sich in die Sandy Bay

Camps Bay wartet mit Palmen und kühlen Fluten auf

zurück, um den Sonnenuntergang anzuschauen.

Ferienhäuser liegen versteckt in den grünen Hügeln an der Küstenstraße bis nach Kapstadt. In **Camps Bay** am Fuß der Twelve Apostle genannten Felsformationen herrscht immer Urlaubstrubel. Am breiten Palmenstrand reihen sich Cafés und Restaurants aneinander, Surfer stürzen sich in die Fluten.

Clifton, das kleine St. Tropez vor den Toren von Cape Town, lockt mit seinem schönen windgeschützten Strand und nicht weniger attraktiven Bikinischönheiten, die sich hier in der Sonne aalen.

Und in **Sea Point,** einem dicht besiedelten Wohngebiet mit Apartmentblocks und Strandpromenade gilt die Devise: Sehen und Gesehen werden.

Die Walküste

Hermanus ⑫

Das kleine Fischerstädtchen in der Walker Bay ist Wochenendziel für viele Capetonians und das bekannteste Walbeobachtungszentrum. Zwischen Mai und November ziehen die Southern Right Whales (Südliche Glattwale) in die Bucht, paaren sich und bringen ihre Jungen zur Welt (s. S. 117). Ein ausgeschilderter, 12 km langer Pfad entlang der Küste gewährt herrliche Ausblicke auf die Weite des Meeres und die riesigen Säugetiere.

Der einzige Walausrufer der Welt verkündet die besten Beobachtungsposten und bläst in sein Horn, um die Ankunft neuer Tiere in der Walker Bay zu verkünden. Im kleinen Old Harbour Museum in einem restaurierten Fischerhäuschen überträgt eine Sonar-Boje sogar die hellen Töne, die von den Walen im Wasser erzeugt werden, während man die Tiere durch ein Fenster im Meer beobachten kann.

> **!**
>
> **D**ie **Southern Right Cellars** bei Hermanus produzieren den Southern Right Pinotage, einen guten Roten, der im ganzen Land gern getrunken wird. Das Besondere: Ein Rand pro Flasche kommt der Walerforschung zugute.

 Information

Tourism Bureau, Main Road, ☎ 028-312 2629, 🖷 310 0305, ◷ Mo–Sa 9–17 Uhr, www.hermanus.co.za.
Southern Right Charters, ☎ 028-353 0550, bietet Bootstouren zu den Walgebieten an.

 Hotels

◆ **Whale Cottage Guest House,** 20 Main Road, ☎ 028-313 0929, 🖷 313 0912. Renoviertes Haus aus der viktorianischen Zeit, nahe Strand. Wählen Sie zwischen dem Wal-, Delphin-, Austern- oder Muschel-Schlafzimmer und genießen Sie den schönen Garten mit Pool. Es wird Deutsch gesprochen. ○○

◆ **Windsor Lodge Hotel,** 49 Marine Drive,
☎ 028-312 3727, 🖷 312 2181. Schönes, über 100 Jahre altes, renoviertes Haus direkt am Meer. ◯◯

◆ **Milkwood Lodge,** 152–154 Seventh Street,
☎🖷 028-314 1736. Alte Milkwood-Bäume im Garten, komfortable Zimmer mit Meeresblick, in der Saison können Sie die Wale beobachten. Nahe Voelklip-Strand. ◯◯

Nicht so bekannt, doch bei Einheimischen und noch nicht so versierten Spielern sehr beliebt ist der **Hermanus Golf Club** (18 Löcher), Main Road, Eastcliff. Ab und an weilen auch Paviane unter den Besuchern.

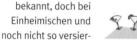

Restaurants

◆ **Bientang's Cave,** neben dem Old Harbour Museum, ☎ 028-312 3454. Tolle Lage am Fuß der Klippen mit Blick auf Walker Bay und die Wale. Pasta, hervorragende frische Fischgerichte und gute Weine. ◯–◯◯

◆ **Burgundy,** Marine Drive, gegenüber dem alten Hafen, ☎ 028-312 2800, 🕒 Mo–Sa 10–16.30 Uhr, 19–21.30 Uhr, So 10–16.30 Uhr. Versuchen Sie Kabeljau, Kap-Salmon oder Yellowtail, aber auch die Fleischgerichte wie Straußen-Filet, Lamm- und Ente oder peri-peri-chicken (kräftig gewürzt, portugiesische Art) sind vorzüglich. Auch Gästezimmer. ◯◯

Cape Agulhas ⑱

Die südlichste Spitze Afrikas erhielt den Namen Nadelkap von den portugiesischen Seefahrern, die im 15. Jh. diesen gefährlichen Punkt umsegelten. Offiziell treffen hier Atlantischer und Indischer Ozean aufeinander. Die Gewässer sind rau, viele Schiffe liefen im Laufe der Geschichte an diesem sonst wenig spektakulären Zipfel auf Grund, ihre Wracks wurden von den Fluten für immer begraben. Daran konnte wohl auch der alte Leuchtturm von 1849 nichts ändern, erst seitdem seine Leuchtkraft enorm erhöht wurde, ging die Zahl der Schiffsunglücke zurück.

Cape Agulhas, seit 1999 Nationalpark, ist ein Paradies für Angler und beliebter »Hafen« für Wale.

Die Wale am Kap

Als »Moby Dick« machte das riesige Tier Filmgeschichte, im gleichnamigen Buch regte es die Phantasie vieler Leser an: Der Wal, ein sich aufbäumendes Ungetüm in den Fluten der Meere. In Südafrika können Sie die größten Säugetiere der Erde an den südlichen Küsten beobachten, wenn sie von Juni bis Dezember in die geschützten Buchten ziehen, um sich im seichten, warmen Wasser zu paaren und ihre Jungen zu bekommen. Die Küste zwischen Lambert's Bay im Westen und dem Tsitsikamma National Park im Osten birgt unzählige Aussichtspunkte und wer zur rechten Zeit ans Kap reist, kann diese einzigartigen Tiere ganz nahe vorbeiziehen sehen – ein fantastisches Schauspiel der Natur.

Weltweit existieren 78 Wal- und Delphinarten, davon tummeln sich allein 37 Arten in südafrikanischen Gewässern. Vor allem in der Walker Bay um Hermanus tauchen die Südlichen Glattwale (Southern Right Whale) auf. Die Tiere können bis zu 18 m lang werden und bringen durchschnittlich 41 000 kg auf die Waage. Der tonnenschwere Koloss zählt zu den Bartenwalen, die keine Zähne (wie der Killerwal oder Delphine) haben, sondern mit hornigen Platten Nahrung, z. B. Plankton, zu sich nehmen. Die Glattwale kommen dicht ans Festland heran und führen ganz eigenartige Bewegungen an der Wasseroberfläche auf: Luftsprünge aus dem Wasser, kleine Seitendrehungen mit einem platschenden Eintauchen, das unter Wasser weit zu hören ist und möglicherweise zur Kommunikation mit Artgenossen dient. Häufig klatschen die Wale mit der Schwanzflosse, der Fluke, auf das Wasser, wenn sie den Kopf in die Luft strecken und meterhoch durch die beiden Atemlöcher Wasser ausblasen.

Walfänger jagten diese Ozeanriesen in den vergangenen Jahrhunderten mit Vorliebe, denn reich an Öl schwimmt der tote Rumpf an der Wasseroberfläche. Aus dem gewonnenen Tran lässt sich Margarine, Seife und Linoleum herstellen; die Knochen wurden zu Klebstoff und Gelatine verarbeitet. Die Jagd auf den Wal hat die Anzahl der Tiere stark dezimiert, doch inzwischen erholen sich insbesondere der Südliche Glattwal und der Buckelwal an Südafrikas Küsten. Seit 1935 sind die Tiere international geschützt, Südafrika stoppte den Walfang 1976 und ist Mitglied der Internationalen Walfang-Kommission. Darüber hinaus soll im Indischen Ozean ein weiteres Walschutzgebiet eingerichtet werden.

Der Waltourismus hat sich zu einer Attraktion in Südafrika entwickelt und mit Aufnahme dieses Ozeanriesen in die organisierten Tourenangebote sind aus den legendären Big Five geworden. Neben vielen Aussichtspunkten richtete man die **MTN Cape Whale Route** ein, die 60 Orte entlang der Küsten auf einer Länge von 900 km umfasst. Sie beginnt in Strandfontein im Westen und endet im Tsitsikamma National Park an der Garden Route.

Wo die freundlichen Giganten gerade am besten zu sehen sind, erfährt man bei **Southern Right Charters** (☎ 082-353 0550); Informationen im Internet unter www.africam.com.

Kolonialarchitektur pur

Die drittälteste Stadt Südafrikas, ***Swellendam ⓮**, liegt wundervoll in einem fruchtbaren Tal am Fuße der Langeberg Mountains. Zahlreiche historische Gebäude im kapholländischen und viktorianischen Stil belegen die 250jährige Geschichte des Ortes.

Eines der schönsten ist die **Drostdy,** ehemals Verwaltungssitz der Kapregierung, heute als Museum ein anschauliches Beispiel für den pompösen Lebensstil der einstigen Landvögte (Swellengrebel Street, ☎ 028-514 1138, ◷ Mo–Fr 9–16.45 Uhr, Sa/So 10–15.45 Uhr).

Das Haupthaus aus dem Jahre 1747 wirkt mit seiner Originaleinrichtung aus dem 18. und 19. Jh. wie ein Schmuckkästchen. Zur Museumsanlage zählen auch das Herrschaftshaus Mayville von 1853 und die Wassermühle Gaoler's Cottage, die noch immer in Betrieb ist. Ein Säckchen gemahlenen Weizen gibt's im Museumsladen zu kaufen.

In einem alten Farmhaus auf dem Museums-

Der alte Leuchtturm am Cape Agulhas

gelände lädt das **Zanddrift Restaurant** (☎ 028-514 1789, ◷ Mo–So 8–16 Uhr) zu einer deftigen Brotzeit mit grober Landleberwurst ein.

Die Gegend des **Bontebok National Park,** 7 km außerhalb der Stadt, durchzogen einst große Bunt-bock-Herden, ihr Bestand war jedoch Anfang des 19. Jhs. bis auf wenige Dutzend zurückgegangen. Im 3200 ha großen Park springen inzwischen wieder mehrere hundert Buntböcke umher, auch Reh- und

Steinböcke, das bedrohte Bergzebra sowie fast zwei-
hundert Vogelarten sieht man hier. Fynbospflanzen
strahlen im Frühling in allen Farben und der Breede
River verlockt zum Schwimmen und Angeln.

 Information

Tourism Bureau, Voortrek Street, Swellendam,
☏ 🖷 028-514 2770.

 Unterkunft

Adin & Sharon's Hideaway, 10 Hermanus Steyn
Street, ☏ 🖷 028-514 3316. In den vergangenen zwei
Jahren als beste Bed&Breakfast-Unterkunft preis-
gekrönt. 100 Jahre altes Haus mit liebevoll eingerichteten großen Zimmern. ○○

> **!**
>
> **E**in- bis zweitägige
> Kanutrips auf dem
> Breede River führt
> **Felix Unite River Ad-
> ventures** durch. Etwas
> schneller paddeln
> muss man auf dem
> Streckenabschnitt bei
> Swellendam, denn
> hier lauern einige
> Stromschnellen.
> ☏ 021-683 6433,
> 🖷 683 6485, E-Mail:
> sales@felix.co.za.

Klassische Weinroute

Durch die Weinregion Südafrikas ziehen sich malerische Wege, renovierte Herrenhäuser wetteifern um
Übernachtungsgäste. Majestätische Berge und grüne Täler mit unendlichen Weinbergen sind im Hinterland Kapstadts zu entdecken – eine Fahrt durch das
Weinland ist das i-Tüpfelchen eines Aufenthalts am
Kap. Die klassische Weinroute führt über Stellenbosch und Franschhoek nach Paarl. Die fruchtbaren
Böden und das mediterrane Klima machen diese
Gegend zu einem der berühmtesten Weinanbauge-
biete weltweit.

Stellenbosch ⑮

Nur 30 Min. von Kapstadt entfernt liegt Stellenbosch,
die zweitälteste Stadt Südafrikas. Bereits 1679 gegründet, sind heute noch viele historische Gebäude
Zeugen der Vergangenheit. In der **Dorp Street** entdecken Sie die meisten, darunter die Lutheraner-

Kirche aus dem Jahre 1851 – heute Kunstgalerie der Universität – und das Stadthaus. In dem eleganten Libertas-Parva-Gebäude (31 Dorp Street) ist die **Rembrandt van Rijn Art Gallery** (☎ 021-886 4340, ◷ Mo–Fr 9–12.45, 14–17 Uhr, Sa 10–13, 14–17 Uhr) untergebracht. Das Haus gehört der Zigarettenfirma Rembrandt, ausgestellt werden Skulpturen des Südafrikaners Anton van Wouw und zeitgenössische Kunst. Das **Stellenryck Wine Museum** (Berghelder, Adam Tas Rd., ☎ 021-888 3016, ◷ Mo–Fr 9–17 Uhr, Sa 10–13 Uhr) bewahrt noch ein paar angestaubte Flaschen aus der Zeit der Ost-Indien-Kompanie.

Natürlich probiert man in Stellenbosch auch Wein, doch wird einem die Auswahl nicht leicht gemacht. Die Stadt zählt die meisten Weingüter Südafrikas, auf der seit 1971 bestehenden **Stellenbosch Wine Route** können Sie rund 250 verschiedene Tropfen in 29 Weinkellern kosten. Besorgen Sie sich im Informationsbüro in der Market Street die Broschüre zur Weinroute und nehmen Sie sich etwas Zeit, um in Ruhe die oft stilvolle Atmosphäre und die edlen Produkte der Weingüter genießen zu können.

Berge und Weinfelder dienen als natürliche Kulisse für Theater- und Musikaufführungen im Freien: Im Oude Libertas Amphittheater (☎ 021-809 7474) auf der Stellenbosch **Farmers' Winery** verzaubern klassische Opern oder afrikanische Legenden wie »The Rain Queen« die Zuschauer. Ein wohlschmeckender Tropfen aus dem Weinkeller krönt diesen kulturellen Genuss. Picknickkorb nicht vergessen! Weinproben: ☎ 021-809 7569.

Das Weingut **Spier** (Lynedoch Road, Stellenbosch, ☎ 021-809 1100, ◷tgl. 8–22 Uhr) hat sich mit seinen schönen kaphölländische Bauten, den herrlichen Gartenanlagen, Läden und Freiluftbühne fast schon zu einer Art Freizeitpark entwickelt. Neueste Attraktion ist eine Gepardenaufzucht, man darf sogar zu den Wildkatzen ins Gehege gehen und sie streicheln. Der Special Steam Train bringt Besucher von Kapstadt

Im **Oom Samie se Winkel** in der Dorp Street, einem der ältesten Geschäfte in Stellenbosch, stapeln sich jede Menge Krimskrams und Souvenirs; eine Verschnaufpause kann man bei einer Tasse Tee im Garten einlegen.

direkt bis vor die Haustür (Abfahrt am Spier Monument gegenüber Civic Centre, Termine und Buchungen unter ☎ 021-419 5222).

Das Gut **Neethlingshof** (☎ 021-883 8988, ⏱ Mo–Fr 9.30–17 Uhr, Sa/So 10–16 Uhr) produziert Wein seit 1692 – Kostproben der exquisiten trockenen Rieslinge sind in vornehmem Ambiente zu genießen, dazu kapmalaiische Küche in den edlen Restaurants Lord Neethling und The Palm Terrace (Reservierung notwendig, ☎ 021-883-8966, ○○○).

ℹ Information

Tourist Bureau, 36 Market Street, ☎ 021-883 3584, 🖷 883 8017, www.istellenbosch.org.za. Touren zu Weingütern und Unterkünfte sollten rechtzeitig gebucht werden.
Stellenbosch Wine Route Office, 36 Market Street, ☎ 021-886 4310, 🖷 886 4330.

Im Weinland

🏠🏠 Hotels

◆ **Hydro at Stellenbosch,** Lily Street, Edas Valley, ☎ 021-883 8680, 🖷 886 5163, www.thehydro.co.za. Gesundheitspalast, nur im Drei-Tage-Paket zu buchen. Sauna, Massage, Dampfbad. ○○○○
◆ **D'ouwe Werf Country Inn,** 30 Church Street, ☎ 021-887 4608, 🖷 887 4626. Drei Sterne erhielt das alte Haus aus dem Jahr 1802, renoviert und gemütlich eingerichtet. ○○○
◆ **Groenerivier Guest Farm,** Annandale Road, ☎ 021-881 3767, 🖷 881 3069. Im historischen Haus von 1786 am Fuße der Helderberge gelegen, schöner Garten, ideal für Familienurlaub. ○○

 De Volkskombuis, Stellenbosch, Aan-De-Wagen-Weg, ☎ 021-887 2121. Kap-Küche, Straußen- und Springbokfilet, Fischgerichte. ○○

*Franschhoek ⑯

Bereits die Anfahrt nach Franschhoek über den Hels-hoogte-Pass beeindruckt mit einer tollen Aussicht auf die Simons- und Wemmershoekberge. Unter den französischen Hugenotten, die ab 1688 einwanderten, befanden sich zahlreiche Winzer, die das hervorragende Klima und den fruchtbaren Boden für den Rebenanbau nutzten. Heute ist Franschhoek weltweit bekannt für seine Spitzenprodukte, die in rund 20 Weinkellereien hergestellt werden.

Das Weingut **Boschendal** (☎ 021-870 4211, www.boschendal.com, ◷ Mo–Sa 8.30–16.30 Uhr), liegt wunderschön am Fuße der Passhöhe. Eine palmengesäumte Auffahrt führt zum Haupthaus im kapholländischen Stil von 1812, heute ein Nationaldenkmal. Besucher bekommen in einem Laden alles für ein Picknick im herrlichen Park mitsamt einem Blanc de Noir, einem herrlichen Rosé. Man kann auch die Weinfelder besichtigen (Nov. –April) und dann die Ergebnisse im Keller probieren. Kleine Mahlzeiten bietet das Café des Weingutes, im Restaurant verlockt ein Buffet (◷ tgl. 12–13.30 Uhr, ○○○, Buchung für Restaurant und Weinprobe erforderlich).

Plaisir de Merle (☎ 021-874 1071, ◷ Mo–Fr 9–17 Uhr, Sa 10–15 Uhr) ist ein kleines Weingut, spezialisiert auf trockene Weine: die weißen Sauvignon Blanc und Chardonnay sowie Merlot, Shiraz und Cabernet Sauvignon als rote Weine. Es bietet auch Weinproben und Kellertouren an.

Restaurant

Le Quartier français, 16 Hugenot Road, ☎ 021-876 2151, ◷ Mo–So 7.30–10.30 Uhr, 12–14.30 Uhr, 19–22 Uhr. Klein, aber fein, das Restaurant gehört zu den besten des Landes. Je nach Saison kommen Forellen aus der nahe gelegenen Zucht, Entenfilets und verschiedene Wildsorten auf den Tisch. ○○○

ⓘ Franschoek Vallee Tourism, 68 Hugenot Road, ☎ 021-876 3603, 🖷 876-2768, www.franschhoek.org.za. **Vignerons de Franschhoek,** 68 Hugenot Road, ☎ 021-876 3062, www.franschhoek-wines.co.za. Informationen zur Weinroute, zu Weinproben und Verkaufsstellen.

*Paarl ⑰

Die historische Stadt Paarl liegt in einem tiefen Tal an den Ufern des Berg River, überragt vom Paarl Mountain. Die in der Sonne wie Perlen leuchtenden Granitfelsen des Bergmassivs sind das Wahrzeichen des beschaulichen Ortes. Nicht weniger markant ist das 57 m hohe **Afrikaans Language Monument** (Afrikaans Taalmonument). Das 1975 eingeweihte Betongebilde soll die Einflüsse Afrikas, der Niederlande, Englands und Asiens auf die afrikaanse Sprache symbolisieren. Der Entwurf geht auf den Architekten Jan van Wijk sowie den Dichter D. J. Langenhoven zurück.

Die ersten Europäer ließen sich bereits 1687 hier nieder, wenig später zogen Hugenotten ins Tal und führten auch hier den Weinanbau ein, der dem Ort seine heutige Bedeutung verlieh. Die **Kooperatiew Wijnbouwers Vereeniging** (KWV, ☎ 021-807 3008, www. kwv-international.com, ◷ tgl. 9–16.30 Uhr, Führungen in Deutsch 10.15 Uhr, vorbuchen), die größte Winzergenossenschaft des Landes, hat ihren Hauptsitz im Ort. In ihren berühmten Cathedral Cellars lagern rote und weiße Weine für den Export, außerdem reifen Süßweine und Branntweine in riesigen Fässern. KWV stellt u. a. einen 10 und 20 Jahre alten Brandy her, der für seine Qualität bereits mehrfach ausgezeichnet wurde. Die jährliche Weinauktion, erstmals 1975 auf dem **Gut Nederburg** (☎ 021-862 3104) veranstaltet, zählt zu den wichtigsten Terminen für südafrikanische Weinhändler.

 Ballonfahrten über das Weinland bietet **Wineland Ballooning** in Paarl an, ☎ 021-863 3192, November bis April, rund 1500 Rand pro Person (Minimum drei, Maximum fünf Personen). Zum Abschluss gibt es ein Sektfrühstück.

🛈 **Publicity Association,**
216 Main Road,
☎ 021-872 3829,
◷ Mo–Fr 9–17.30 Uhr,
Sa 9–13 Uhr,
So 10–13 Uhr.
Paarl Wine Route Office,
☎ 021-872 3605,
◷ Mo–Fr 8–17 Uhr.

 Hotel

Grande Roche, Plantasie Street, ☎ 021-863 2727, 🖨 863 2220. Klein, aber fein – das beste Hotel Südafrikas. Bungalows mit luxuriösen Suiten, herrlicher Garten, Pool, Tennisplatz, Fitness-Studio. Gourmet-Restaurant mit hervorragender Küche und erstklassigen Weinen. ○○○○

Im Wildgarten Afrikas

Die malerische Gartenroute von Mossel Bay bis Port Elizabeth wird gerne als Juwel im Süden des Landes bezeichnet. Bezaubernde Städte und Strände reihen sich wie Perlen an einer Schnur aneinander, raue Küstenregionen, dichte Wälder und kleine Seen wechseln sich ab. Das mediterrane Klima ist im ganzen Jahr angenehm, die Vegetation üppig – ein echter Wildgarten der Natur.

Für die Gartenroute benötigt man mit dem Mietwagen eine Woche.

*Mossel Bay ⑱

Der Ferienort ist westlichster Punkt der Gartenroute und liegt an einem der schönsten Küstenabschnitte. Villen und Ferienhäuser prägen das Stadtbild, wenngleich einige Betriebe zur Erdöl- und Erdgasverarbeitung am Stadtrand die idyllische Szenerie etwas beeinträchtigen.

Der Portugiese Bartholomeu Diaz landete 1488 hier auf der Suche nach Schutz vor einem Sturm. Die »Muschelbucht« entwickelte sich bald zu einem regen Handelszentrum der Ost-Indien-Route. Aus diesen Tagen stammt auch der **Post Office Tree.** Seeleute hinterlegten in dem mächtigen Milkwood-Baum am Strand ihre Post, und so entstand um 1500 der erste Briefkasten Südafrikas – heute können hier Briefe mit Sonderstempel in alle Welt verschickt werden.

Im ***Bartholomeu-Diaz-Museumskomplex** (Market Street) steht fast alles im Zeichen der Seefahrt. Die originalgetreu nachgebaute Karavelle des Seefahrers, die eine ganze Halle ausfüllt, kann man sich auch von innen anschauen. Viele Ausstellungsstücke aus den Zeiten der portugiesischen, niederländischen und britischen Entdecker sind zu sehen und manche Geschichte zu hören. Werfen Sie auch einen Blick ins Schifffahrtsmuseum und auf die Muschelsammlung – schließlich verdankt die Stadt den vielen Schalentieren ihren Namen. ○ Mo–Fr 9–13, 14–17 Uhr, Sa 10–13 Uhr, So 14–17 Uhr.

Wer die etwa 2000 Seehunde, Kaptölpel und Kormorane auf **Seal Island** sehen möchte, kann mit der »Romonza« in See stechen. Das Boot startet täglich zwischen 9–17 Uhr nahe dem Hafenbüro, ☎ 044-690 3101.

 Information

Tourist Information,
Market Street, ☎ 044-691 2202, 🖷 690 3077.

Die Karavelle von Bartholomeu Diaz

Sport

Hochseefischen, Surfen, Tauchen, Wandern, Abseilen, Felsklettern und Reiten gehören zu den beliebtesten Freizeitmöglichkeiten in und um Mossel Bay. Eine empfehlenswerte Adresse für diese Abenteuer ist das Gästehaus **Friends** von Nic und Heidi Vorster, 35 Erica St., Dana Bay, ☎ 🖷 044-698 1269, www.friendzsurf.com, E-Mail: friendz@mweb.co.za. Absolut individueller Touch, ideal für Outdoor Adventures jeglicher Art. Beliebt bei deutschen Gästen. Die beiden bieten auch Tauchen im Haikäfig – ein prickelndes Erlebnis!

Beliebter Spot für Surfer ist **The Point,** zugleich idealer Aussichtspunkt für Delphin- und Walbeobachtungen. Hier beginnt auch der **St. Blaise Hiking Trail** mit unvergleichlichen Ausblicken auf die Küste.

Tauchgänge erhellen die dunkle Geschichte der Schiffswracks vor der Küste. Infos bei **Diving Academy,** ☎ 🖷 044-693 1179, E-Mail: diving.academy@usa.net.

SHARK DIVING
Dies ist eine neue Attraktion: Dabei können Abenteuerlustige in einem Spezialkäfig hinab ins Meer tauchen, um dem Schrecken der Meere zu begegnen – dem Weißen Hai.

Die beste Zeit zum Angeln ist von Februar bis April (Lizenz im Postbüro in Mossel Bay).

 Hotels

◆ **The Old Post Office Tree Manor,** Church Street, ☎ 044-691 3738, 📠 691 3104. Historisches Hotel mit Blick auf Bucht und Hafen. ○○○

◆ **Munro Manor,** 8 George Road, ☎ 044-691 3440, 📠 691 1146. Zimmer mit Balkon und Seeblick einige Minuten vom Strand entfernt. ○○○

◆ **Eight Bells Mountain Inn,** R328 Richtung Oudtshoorn, ☎ 044-631 0000, 📠 631 0004, E-Mail: bells8@mweb.co.za. Hotel in herrlicher Berglandschaft und schönem Garten. Ideal zum Reiten und Wandern. ○○

 Restaurants

◆ **The Gannet,** Market Street, ☎ 044-691 3738, 📠 691 3104, ⏰ tgl. 7–23 Uhr. Gute Fischgerichte. ○○

◆ **Pavilion,** Santos Beach, ☎ 044-690 4567, ⏰ tgl. 12–22 Uhr. Exquisites Fischrestaurant direkt am Strand. Auch die Steakkarte ist umfangreich. Wer nicht nach Oudtshoorn kommt, sollte hier ein zartes Straußensteak probieren. ○

◆ **Camelot,** 10 Market Street, ☎ 044-691 1000, ⏰ tgl. 11–14.30, 19 bis 23 Uhr. Das Camelot hat sich auf Fischgerichte und saftige Steaks spezialisiert. Mittwochs, freitags und samstags spielen häufig Live-Bands bis spät in die Nacht. ○

Outeniqua Choo-Tjoe

Zugromantiker sollten eine Fahrt mit dem **Outeniqua Choo-Tjoe** buchen, einem alten Dampfzug, der entlang der Küste von George nach Knysna schnauft. Farnbedeckte Hügel und Berge tauchen auf, die Dampflok arbeitet sich durch Wälder, überquert Seen und Flüsse, die Ausblicke von der Brücke über den Kaaimans River kurz vor Wilderness sind atemberaubend. Die einfache Fahrt dauert etwa 3 Std. (Mo–Sa). Fahrkarten sind am Bahnhof erhältlich, Reservierungen empfehlenswert: George Station, ☎ 044-801 8202; Knysna Station, ☎ 044-382 1361.

Einkaufen

◆ **Cottage Shop,** Santos Road, ☎ 044-691 2607,
🕐 Mo–Fr 9–17 Uhr, Sa 9–13 Uhr. Im ältesten Haus der
Stadt (200 Jahre alt) werden Tontöpfe, Handarbeiten
und Souvenirs verkauft, im Garten Scones with
Cream, süße Brötchen mit Schlagsahne, serviert.
◆ **The Goods Shed,** 68 Blant Street, Mossel Bay,
☎ 044-691 2104, 🕐 Mo–Fr 9–17 Uhr, Sa 9–15 Uhr,
So 10.30–16 Uhr. Flohmarkt in einem Gebäude mit
antiken Möbeln, Schmuck und Kleidung. Im Restau-
rant wird Fisch serviert.

George ⑲

Die größte Stadt der Gar-
tenroute liegt am Fuße der
majestätischen Outeniqua-
Berge, umgeben von
Wäldern, Flüssen und
fruchtbarem Ackerland.

Das **George Museum,**
Courtenay Street, widmet
sich vor allem der Forst-
industrie, der wirtschaftlichen Basis der Stadt. Die

informative **Holz-Route,** ein Lehrpfad, beginnt am Museum und führt zu verschiedenen Plätzen mit uralten
Bäumen, zum Beispiel den Big Quteniqua Yellowood
im Garden of Remembrance in der York Street.
Bei kleinen Firmen und Möbelherstellern können
Besucher auch hinter die Kulissen schauen. 🕐 Mo–Fr
9–16.30 Uhr, Sa 9–12.30 Uhr, ☎ 044-873 5343.

Die spektakuläre
Brücke über
den Kaaimans River
bei Wilderness

Information
George Tourist Office, 124 York Street,
☎ 044-801 9295, 📠 873 5228.

Verkehr

Der Flughafen George (☎ 044-876 9310) liegt 8 km westlich der Stadt, nur mit dem Taxi erreichbar.

Hotels

◆ **Fancourt Hotel,** Montagu Street, George, ☎ 044-804 0000 🖷 804 0700, E-Mail: hotel@fancourt.co.za. Wunderschön gelegen, ideal für Golffreunde mit Superanlage und Blick auf die Outeniqua-Berge. ❍❍❍❍

Exklusiv und einmalig gelegen: Der ***Fancourt Golf Course** – allerdings nur für Clubmitglieder oder Gäste des Fancourt Hotels (☎ 044-804 0000, 🖷 804 0700, www.fancourt.com) zugänglich.

◆ **The Waves,** Beach Road, Victoria Bay, ☎ 🖷 044-889 0166. Direkt am schönen Strand Victoria Bay, Frühstück auf der Veranda mit tollen Meerblicken, liebevoll dekorierte und gemütliche Unterkunft etwa 15 Min. von George. ❍❍

◆ **Melkhoutkloof Guest House,** 3 Gans Avenue, George/Glentana, ☎ 🖷 044-879 1444/5. Gästehaus am Outeniqua Strand (zwischen George und Mossel Bay) mit Blick auf Wale (während der Saison), Delphine tummeln sich ganzjährig vor der Küste. ❍❍

◆ **Winton House,** George , ☎ 044-870 74911, 🖷 044-870 7954. Gemütliches Gästehaus in großem Park, nahe Fancourt Golf Course. Gute Küche. ❍

Restaurants

◆ **Hoogekraal Country House,** George/Glentana, ☎ 044-879 1277. Essen für kleine Gruppen auf der Farm von Toni Botha, Vorbestellung notwendig, auch einige wenige Zimmer. ❍❍❍

◆ **Kingfisher,** 1 Courteney Street, ☎ 044-873 3127, 🕐 tgl. 12–22.30 Uhr. Hervorragendes Fischrestaurant, auch Pizza und Pasta. ❍❍

◆ **De Oude Werf,** 53 York Street, ☎ 044-873 5892, 🕐 Mo–Fr 11.30–14.30, 17.30–21 Uhr, So 11.30–21 Uhr. Schönes Restaurant in einem alten kapholländischen Haus. Gute traditionelle südafrikanische Küche. ❍

Sport

Zu den schönsten Wanderwegen gehören die **Groe-neweide Forest Trails,** Infos und Karten bekommt man im Tourist Office (s. o.). Im **Outeniqua Nature Reserve** in Witfontein kann man ein- oder mehrtägige Touren mit Übernachtung unternehmen, empfehlenswert ist der Attaquaskloof-Trail (drei Tage, 40 km, Reservierung ☎ 044-870 8323, 🖷 870 7138).

Der **George Riding Club,** Glenwood Avenue, ☎ 044-871 3256, bietet Ausritte um den Dam.

Bootstripps für Angelfreunde veranstaltet **Maurits Lammers,** ☎ 044-889 0167, ab Swartvlei, einem kleinen Örtchen 4 km östlich von George.

*Wilderness National Park ⑳

Das Örtchen **Wilderness** erstreckt sich entlang eines acht km langen Sandstrandes, dessen schäumende Brandung sich weit in der Ferne verliert. Die hohen Dünen, Seen und die Lagune an der Mündung des Touw River machen den besonderen Reiz dieses Landstriches aus. Im 19. Jh., als nur wenige Fischer die Gegend kannten, war hier wirklich eine Wildnis, die vom Inland schwer zugänglich war.

Das Gebiet des **Wilderness National Park** reicht im Süden hinunter bis an die Küste zwischen Sedgefield und der Mündung des Trouw River, im Norden wird es von den Outeniqua-Bergen begrenzt. Es umschließt vier Seen, Sümpfe, fünf Flüsse und ihre Mündungen auf 28 km Küstengebiet. In der Stille der Wälder spazieren gehen, Vögel vom Plankenweg am Touw River aus beobachten oder in der Lagune schwimmen gehen – ein besseres Urlaubsplätzchen lässt sich kaum finden. Herrliche Aussichten auf die Küste mit Delphinen und Walen versprechen Dolphins's Point und Map of Africa. Hier starten auch Drachenflieger und Gleitschirmsegler.

 Es gibt zwei Camps im **Wilderness National Park:** Das Hauptcamp Ebb and Flow South und das kleinere Ebb and Flow North mit Rondavels und Holzhütten. Infos im Büro des Nationalparks, ☎ 044-877 1197, 🖷 877 0366, www.george.co.za/parks.

Sport

Wanderfreunden stehen im Wilderness Park vier **Kingfisher Trails** zur Auswahl. Der Pied-Rundweg (10 km) beginnt an der Lagune und führt über den Strand zurück. Der 7 km lange Giant-Trail beginnt am nördlichen Camp Ebb and Flow und zieht sich am Touw River entlang, Teilstrecken kann man im Kanu zurücklegen. Der Halfcollard-Wanderweg an der Lagune ist nur 4 km lang. Die 5 km des Brown-Hooded-Weg führen in zwei bis drei Stunden zum Island Lake. Auskünfte zu Kanufahrten oder Wanderungen gibt es bei der **Tourist Information,** Leila's Lane, Wilderness Station, ☎ 044-877 0045, www.wildernessinfo.co.za, oder im Büro des Nationalparks, ☎ 044-877 1197, 🖷 877 0366.

 Hotels

◆ **The Pink Lodge,** 45 Die Duin, Wilderness, ☎ 044-877 0263, 🖷 877 1839. Superlage mit Blick aufs Meer. Garten direkt am Strand. ◯◯

◆ **Palms Wilderness,** Wilderness, ☎ 044-877 1420, 🖷 877 1422. Gästehaus in tropischer Gartenanlage nur zwei Minuten vom Strand entfernt. Das Restaurant (🕓 Mo–Sa 19–22.30 Uhr) ist bekannt für seine gute Küche: Gefüllte Kalamari sind besonders lecker! ◯◯

◆ **Fairy Knowe Hotel,** Dumbleton Road, Wilderness, ☎ 044-877 1100, 🖷 877 0364. Hotel mit komfortablen Zimmern und Rondavels direkt am Touw River. Günstiger Ausgangspunkt für Wanderungen. ◯

 Hotel-Restaurant

◆ **Wilderness Resort,** an der N2, Wilderness, 🕓 tgl. 19–22 Uhr, ☎ 044-877 1110, 🖷 877 1910. Buffet mit Riesenauswahl an Pasta, Curry, Roast, Lamb und Beef. Spezialität des Hauses ist frischer Fisch. ◯◯

!

In der Taverne der **Knysna Oyster Company,** Long Street, werden die in der Bucht gezüchteten Austern zu günstigen Preisen frisch serviert. ☎ 044-382 6941, 🖷 382 6943, 🕓 Mo–Sa 10–18 Uhr, So 10–17 Uhr. ◯

****Knysna** ㉑

Als Herz der Gartenroute gilt der beliebte Ferienort
Knysna, schön gelegen zwischen dichten Wäldern
und blauem Meer an einer weiten Lagune. Zwei
große Sandsteinfelsen, die Heads of Knysna, schützen die Lagune vor den Fluten des Ozeans. Der östliche Felsen, mit dem Auto über den George Rex Drive
erreichbar, bietet eine herrliche Aussicht. **John Benn
Ferries,** ☎ 044-382 1693,
bringt die Besucher zum
**Featherbed Nature Re-
serve,** in dem der schroffe
westliche Head aufragt.

Viele Wanderpfade und
Mountain-Bike-Wege
führen durch den üppigen
Knysna Forest. Die knorri-
gen, oft mehrere hundert
Jahre alten Gelbholz- und
Stinkholz-Bäume errei-
chen einen Umfang von
bis zu zehn Metern. Das
stark gemaserte Holz ist
sehr haltbar und deshalb
bei Möbelschreinern ge-
fragt (Infos: **Department
of Forestry,** Main Street,
☎ 044-382 5466).

 Wassersport

*Einer der beiden
Heads von Knysna*

Wasserratten treffen sich in der Lagune von Knysna
zum Schwimmen, Wasserskifahren, Windsurfen,
Schnorcheln und Tauchen (Ausrüstung und Kurse bei
Adventure Centre, East Head, ☎ 044-384 0831)
sowie zum Kanu- und Kajakfahren (Boote verleiht
Tait Marine, 6 Long Street, ☎ 044-382 4460). 200
Fischarten sind in der **National Lake Area** heimisch.

Information

Tourist Information, 40 Main Street, ☎ 044-382 5510, 🖷 382 1646, www.knysna-info.co.za; 🕓 Mo–Fr 8.30-18, Sa –13 Uhr.

Hotels

◆ **Knysna Hollow,** 5 Welbedacht Lane, Knysna, ☎ 044-382 5401, 🖷 382 5265. Drei-Sterne-Anlage mit reetgedeckten Häuschen. ○○–○○○

◆ **Knysna River Club,** Sun Valley Drive, Knysna, ☎ 044-382 6483, 🖷 382 6484. Schöne Chalets in Top-Lage an der Lagune. Kanuverleih. ○○

◆ **Gallery Guest House,** 10 Hill Street West, Knysna, ☎ 044-382 2510, 🖷 382 5212. Künstlerhaus, Lagunenblick. ○○

◆ **Beauchamp Place,** 150 Old Cape Road, Knysna, ☎ 044-382 1653, 🖷 382 4425. Gästehaus im viktorianischen Stil. ○

Flohmarkt am Memorial Square in Knysna

Restaurants

◆ **O'Pescador,** Brenton-on-Sea-Road, ☎044-386 0036, 🕓 Mo–Sa 18.30–23 Uhr. Spezialisiert auf portugiesische Fischgerichte, nette Atmosphäre. ○○

◆ **River Club,** Sun Valley Drive, ☎ 044-382 1751, 🕓 tgl. ab 18 Uhr. Restaurant des gleichnamigen Hotels (s. o.) an der Lagune, gute Fisch- und Currygerichte. ○○

◆ **34' South – The Market,** Knysna Quays, Waterfront, ☎ 044-382 7331, 🕓 tgl. 10–17 Uhr. Probieren Sie den frischen Fisch und Prawns. ○

Einkaufen

◆ **Birds of Africa,** Industrial Area, ☎ 044-382 3609, ⊙ Mo–Fr 9–16 Uhr. Besucher können zusehen, wie aus den Hölzern der Region Vogelfiguren geschnitzt werden.

◆ **Deep Forest Crafters Market,** Knysna Quays, Waterfront Drive, ☎ 044-382 0440, 🖷 388 4671, ⊙ Mo–So 9–18 Uhr. Großes Angebot an Kunsthandwerk aus der Region: Keramik, Lederwaren, Holzschnitzereien, Schmuck.

Sport

Der **Outeniqua-Wanderweg** beginnt in Knysna und windet sich 108 km durch herrliche Berglandschaft Richtung Plettenberg Bay. Die Tour dauert acht Tage, die Strecke kann auch verkürzt werden. Es stehen Hütten zur Verfügung – Verpflegung, Schlafsäcke und Kochgeschirr müssen mitgebracht werden. Anmeldungen beim Department of Forestry, ☎ 044-382 5466, 🖷 382 5461.

Wer lieber zu Pferd die Gegend erkunden möchte, kann bei **Forest Horse Rides,** Highway West, ☎ 044-388 4764, einen Ausritt buchen.

Plettenberg Bay ㉒

Der schicke Urlaubsort wird zur Ferienzeit im Dezember und Januar von erholungssuchenden Städtern und Gästen überschwemmt, doch außerhalb der Saison ist »Plett« fast menschenleer. Die langen, weißen Strände und das kristallklare Wasser sind einfach traumhaft.

Die meisten Gäste genießen das Strandleben, sollte dennoch Langeweile aufkommen, reizt die Umgebung zu Ausflügen. Nur 9 km entfernt liegt das **Robberg Nature Reserve** auf einer kleinen Halbinsel,

> **!**
> **D**ie meiste Zeit des Jahres ist das Wasser durchschnittlich 20° C warm.
> Baden ist auch für Kinder gefahrlos.

die sich wie ein schützender Arm um die Bucht legt und den Westwind vom Strand abhält. Das Reservat ist Brutstätte für zahlreiche Wasservögel und Wattlebewesen. Mit etwas Glück kann man in den Fluten des Indischen Ozeans Delphine und Wale entdecken. Drei beschauliche Wanderwege sind markiert, einer führt zu den Nelson's Caves. Diese Höhlen waren einst von den Küsten-Khoisan bewohnt, auch Strandlopers genannt.

Nordöstlich von Plettenberg Bay erstreckt sich das **Keurbooms Nature Reserve** entlang des gleichnamigen Flusses. Empfehlenswert ist eine zweitägige Kanufahrt ins Landesinnere, die Genehmigung erteilt das Nature and Enviromental Conservation Office, 7 Zenon Street, Plettenberg Bay, ☎ 044-533 2125, 🖷 533 0322. Der Strand nahe der Flussmündung ist besonders bei Anglern beliebt.

Im **Whale Shop,** Piesang-Valley Road, kommt man sich vor wie am Strand: Sand auf dem Boden, Wellen an der Wand, Wal- und Delphingeräusche aus dem Lautsprecher, die man auf CD gebannt auch mit nach Hause nehmen kann. Daneben gibt es Duftkerzen in Walform, handgemalte Kissen, Poster und modische Kleidung. ☎ 044-533 3743, E-Mail: whalescc@ iafrica.com, ⏰ Mo–Fr 9–17, Sa 9–13 Uhr.

Hotels

◆ **The Plettenberg,** 40 Church Street, Plettenberg Bay, ☎ 044-533 2030, 🖷 533 2074. Eines der besten Vier-Sterne Hotels an der Küste. Elegante Ausstattung, traumhafte Strandlage. ○○○○

◆ **Hunter's Country House,** Pear Tree Farm, Plettenberg Bay, ☎ 044-532 7818, 🖷 532 7878. Einmalig schönes Hotel im Landhausstil. Gediegenes Ambiente, ausgezeichnete Küche. Ideal zum Reiten und Wandern. ○○○○

◆ **Aventura Keurbooms,** Keurbooms, ☎ 044-535 9309, 🖷 535 9912. Chalets mit Selbstverpflegung an der Mündung des Keurboom River, Kinder willkommen. Verleih von Kanus, Motorbooten und Fahrrädern. ○○

◆ **A Room With A View,** 5 Julia Ave, Plettenberg Bay, ☎ 044-533 1836, 🖷 533 4208, E-Mail: almac@pixie.co.za. Jeder der vier Räume ist individuell und elegant eingerichtet. Nahe zum Zentrum, tolle Aussicht auf den Strand. ○○–○○○

Restaurants

◆ **Moby Dick Seafood,** ☎ 044-533 3682 ⏰ tgl. ab 11 Uhr. In dem Restaurant am Strand kommt jedes Fischgericht in einer großen Pfanne auf den Tisch. ○

◆ **Treillage Garden,** 82 Longships Drive, ☎ 044-533 1280, ⏰ Mo–Fr 7.30–17 Uhr, Sa/So 7.30–12.30 Uhr. Wie wäre es mit Käse, Marmeladen und frischen Kräutern? Die Gärtnerei nutzt ihren schönen Garten, um Frühstück, kleine Snacks und Kuchen zu servieren. ○

◆ **The Lookout Deck** ist eine Strandbar am berühmten Lookout Beach mit Superblick auf die Walküste. Gäste können frische Austern schlürfen und feine Fischgerichte kosten, aber auch einen Cocktail auf dem Sonnendeck genießen. ☎ 044-533 1379, ⏰ Deck 10–21 Uhr, Restaurant 18.30–22 Uhr. ○

Der Strand von Plettenberg Bay scheint endlos

Einkaufen

◆ **Old Nick,** 3 km Richtung Port Elizabeth an der N2, ☎ 044-533 1395, ⏰ tgl. 9–17 Uhr. Webmuseum und Töpferei mit Verkaufsausstellung. Teegarten.

◆ **The African Market,** Lookout Centre, Main Street, ☎ 044-533 2250, ⏰ Mo–Fr 9–16.30 Uhr, Sa 9–12.30 Uhr. Zulu- und Xhosa-Perlenarbeiten, Masken und Schnitzarbeiten.

◆ **Global Craft Village** Piesang Valley, gegenüber vom Country Club, ☎ 044-533 5150, ⏰ 9–16 Uhr. Acht verschiedene Lädchen, in denen traditionelles Kunsthandwerk, Stoffe, Bekleidung und Souvenirs aller Art verkauft werden.

****Tsitsikamma National Park** ㉓

Der **Tsitsikamma National Park** ist Südafrikas ältestes und größtes Schutzgebiet. Das beeindruckende Meeres- und Waldgebiet verläuft auf etwa 100 km Küstenlinie von Nature's Valley bis zum Eerste River. Wegen der ganzjährigen Regenfälle ist die Vegetation im Tsitsikamma Park ausgesprochen üppig – die San gaben diesem bezaubernden Ort den Namen »Platz des vielen Wassers«. Fynbos wuchert auf den Felsen, die steil zum Meer hin abfallen. Süßwasserseen, Lagunen, Dünen, Klippen und Strände mit Korallenriffen zeichnen ein wundervolles Landschaftsszenario.

Zahlreiche Spazierwege und Wanderwege winden sich durch bewaldete Schluchten mit uralten Yellowwood-Bäumen, die sich mit Moosen und Farnen zu einem Dickicht verschlingen. Mehr als 150 Vogelarten zwitschern um die Wette, Buschböcke springen durch das Geäst und gesellen sich zu Grünen Meerkatzen, Klippschliefern und Pavianen. Die Unterkünfte im Park (Wohnwagen-, Campingplätze, Selbstversogerbungalows) können nur bei **South African National Parks,** Pretoria, gebucht werden, ☎ 012-428 9111.

Der wohl höchste Bungee-Sprung der Welt (216 m) wird von der Bloukrans River Brücke bei Coldstream (30 km Richtung Port Elizabeth) angeboten. Reservierung im **Bloukrans Bridge Office** im Forest Village Market oder bei **Face Adrenalin,** ☎ 042-281 1458, www.faceadrenalin.com, E-Mail: extremes@iafrica.com.

 Hotels

◆ **Tsitsikamma Lodge,** Stormsriver, ☎ 042-280 3802, 🖷 280 3702. Komfortable Holzhütten, 15 Min. vom Tsitsikammapark entfernt. ○○
◆ **The Old Village Inn,** Darnell Street, Storms River, ☎ 042-541 1711 🖷 042-541 1669.

Wandern entlang der Küste

Besucher aus aller Welt reisen in die scheinbar unberührte Natur des Tsitsikamma National Park, viele nicht zuletzt, um in fünf Tagen auf dem 42 km langen **Otter Trail** die abenteuerliche Küste zwischen Storms River Mouth und Nature's Valley zu erkunden. Die Kondition muss stimmen, denn der Weg führt über steile Hänge, durch tiefe Schluchten und Flüsse. Übernachtet wird in Hütten, Proviant, Geschirr und Schlafsäcke müssen mitgebracht werden. Anmeldung bis zu einem Jahr im Voraus, ☎ 012-343 1991, 🖷 343 0905. Der 65 km lange **Tsitsikamma Trail** führt durch die Tsitsikamma Mountains und gilt als schöne Alternative. Die Erlaubnis für die fünftägige Wanderung erteilt die Forstbehörde in Pretoria, ☎ 012-481 3615.

Im Kap-Stil gebautes Landhotel mit individuell einge-richteten Cottages. ○○

◆ **Stormsriver Rainbow Lodge,** Darnell St., Storms River Village, ☎ ⌨ 042-281 1530. Günstig gelgenes nettes Gästehaus mit Zimmern und Chalets in schö-nem Garten. ○○

◆ **Kurland Backpackers Farm,** ☎ 044-534 8082, ⌨ 534 8699, E-Mail: dkurland@mweb.co.za. Günstige Übernachtungsmöglichkeit nahe der Blou-krans Bridge. ○

Jeffrey's Bay ㉔

Surfer und Wellenreiter lieben diesen Ferienort aus einem einzigen Grund: Perfekte Wellen brechen sich an den Su-perstränden, besonders im Winter rollen sie gleich-mäßig heran. Im **Billa-bong Shop,** Da Gama Road, Jeffrey's Bay, kann man günstig Surfbretter

ausleihen (☎ 042-293 1101, ○ tgl. 8–17 Uhr). Zwi-schen Cape St. Francis und Cape Recife liegen meh-rere kleine Buchten, ideal zum Schwimmen, Surfen, Tauchen und Fischen.

An der Mündung des Storm River im Tsitsikamma National Park

 Hotels

◆ **Kynaston B&B,** 23 Chestnut Avenue, Wavecrest, Jeffrey's Bay, ☎ 042-293 1845, ⌨ 293 2650. Kleines, nettes Gästehaus mit persönlicher Note und Meer-blick. ○○

◆ **Savoy Hotel,** 16 Da Gama Road, Jeffrey's Bay, ☎ 042-293 1106, ⌨ 293 2445. Drei-Sterne-Hotel 150 Meter vom Strand entfernt. ○○

*Port Elizabeth ㉕

Die viel besuchte Hafenstadt an der Gartenroute trägt viele Namen: Die einen nennen sie die »freundliche«, andere die »windige« Stadt, doch meistens wird sie kurz nur »PE« genannt. Der Küstenort bildet mit der Nachbarstadt Uitenhage ein Industriezentrum, die Produktionsstätten von Volkswagen und Ford und die bedrückenden Townships am Stadtrand sind unübersehbar.

Port Elizabeth hat sich seinen historischen Kern mit einigen viktorianischen Gebäuden bewahrt. Der 5 km lange ***Donkin Heritage Trail** beginnt am Market Square und führt bis zum St. George Park an rund 40 Sehenswürdigkeiten vorbei: Historische Kirchen, ehrwürdige Häuser und auch der Bahnhof zählen zur Denkmaltour. Die alte ***Feather Market Hall** in der Baakens Street, 1885 eröffnet, diente als Börse für den Handel mit Straußenfedern, Wolle, Häuten, Fellen und Früchten – heute treffen sich hier Besucher zum Konzert und Geschäftsleute zu Konferenzen (☎ 041-585 5514). Eines der meist besuchten Gebäude der Stadt ist das ***Opera House and Barn,** White's Road, ein im viktorianischen Stil erbautes Theater, heute prachtvoller Rahmen für aufwändige Shows und Opernaufführungen (☎041-586 2256).

Der 52 m hohe **Campanile** mit 23 Glocken zum Gedenken an die ersten Siedler verspricht einen großartigen Blick über die Stadt – nach 200 Stufen Kletteraktion (🕐 Di–Fr 9–13 Uhr, 14–16.30 Uhr, Sa 10.30–13 Uhr, 14–15 Uhr, So 12–15 Uhr).

Die langen Strände östlich und westlich der Stadt sind ein Mekka für Urlauber. Die Algoa-Bucht – hier gingen die ersten britischen Einwanderer an Land – wird von einem 40 km langen Sandband gesäumt, geradezu wie geschaffen für Wassersportler und Sonnenanbeter.

Echte Abwechslung zum Strandtag bringt ein Besuch im Museumskomplex an der Brooke's Hill

Tauch-Enthusiasten sollten in **Mike's Diving Shop,** 63 Western Road, ☎ 041-585 3367, 🖷 585 1224, E-Mail: mklee@iafrica.com, 🕐 Mo–Fr 8.30 bis 17.30 Uhr, Sa 8.30–14 Uhr, So 9–13 Uhr vorbeischauen. In diesem Laden erhalten Sie Tipps für die besten Tauchstellen und -schulen.

Road. Im ***Oceanarium** führen Delphine und Seehunde Akrobatik vom Feinsten vor (tgl. 10 und
14 Uhr). Im Aquarium ziehen Fische, Haie, Schild-
kröten und Rochen hinter Glas an den Besuchern
vorbei. Im Snake Park winden sich Schlangen,
Echsen und Krokodile. Die bunt gefiederten Vögel
Südafrikas zwitschern im **Tropical House.**

Verkehr
Der Flughafen liegt 4 km außerhalb der Stadt am
Allister Miller Drive. Auskünfte bei **Airports Company
Ltd.,** ☎ 041-507 7348. Anfahrt nur mit dem Taxi, z. B.
Hurters Taxi Cabs, ☎ 041-585 7344, 🖷 585 5500.

Die **Algoa Bus Company** verkehrt zwischen
Strand, Zentrum, St. George's Park und den Einkaufs-
zentren Greenacres und The Bridge Shopping
Complex, Norwich Bus Station, ☎ 041-451 4241.

 Tourist Office,
Donkin Lighthouse
Building, Donkin
Reserve, Belmont
Terrace Central,
☎ 041-585 8884,
🖷 585 2564,
www.ibhayi.com;
🕐 Mo–Fr 8–16.30 Uhr,
Sa und So
9.30–15.30 Uhr.

Hotels
◆ **The Beach Hotel,** Marine Drive, Summerstrand,
Port Elizabeth, ☎ 041-583 2161, 🖷 583 6220. Stein-
wurf von Hobie Beach entfernt. Tauchen, Surfen, Golf
und Tennis. ○○○
◆ **The Edward Hotel,** Belmont Terrace Central,
Port Elizabeth, ☎ 041-586 2056, 🖷 586 4925.
Museumsreifes Hotel aus edwardianischer Zeit im
historischen Donkin-Viertel. ○○
◆ **Margate Place,**
5 Margate Street, Sum-
merstrand, Humewood,
☎ 041-583 5799,
🖷 583 5269. Kleines,
gemütliches Gästehaus
in Strandnähe mit
Swimmingpool. Kinder
sind willkommen.
○–○○

Nostalgische Zugfahrt

Eine Fahrt mit dem **Apple Express** versetzt Touristen in die Zeit, als der alte Dampfzug noch Obst aus
den Anbaugebieten im Hinterland zum Hafen Port
Elizabeth transportierte. Heute schnauft die Bahn
von der Humewood Station nach Thornhill an jedem zweiten Wochenende des Monats. Reservierungen unter ☎ 041-507 2333, 🖷 507 3233.

Restaurants

◆ **Aviemore,** 12 Whitlock Street, ☎ 041-585 1125, 🕐 Di–Fr 12–14.30 Uhr, Mo–Sa 18–23 Uhr. Freundliche Atmosphäre in historischem Haus. Kreative Karte mit hervorragenden Gerichten. ○○

◆ **Blackbeard's Tavern,** Brooke's Hill Drive, Brooke's Pavilion, ☎ 041-585 5567, 🖶 585 1024, 🕐 Mo–Sa 18–23 Uhr. Seit drei Generationen servieren die Franklin-Brüder dicke Steaks, italienische und vegetarische Gerichte und auf Wunsch ein Minibuffet mit verschiedenen Fischarten. ○○

◆ **Sandpiper,** im Humewood Hotel, 37 Beach Road, Humewood, ☎ 041-585 8961, 🕐 Mo–So 18.30 bis 21.30 Uhr. Direkt am Strand. Fisch, Steaks, Hühnchen, Salate – wohl sortiert am abendlichen Buffet. ○

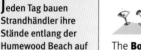

Jeden Tag bauen Strandhändler ihre Stände entlang der Humewood Beach auf und verwandeln die Meile zwischen King's Beach und McArthur's Bath in einen Flohmarkt.

Nightlife

The **Boardwalk** am Marine Drive ist ein beliebter Treffpunkt mit Restaurants, Bars und Diskotheken. In **Barney's Tavern** spielen jeden Abend Bands. Zu Essen gibt es Hamburger und Steaks (☎ 041-583 4500). **Cagneys,** Kine Park Centre, Rink Street (☎ 041-585 2422), ist ein Club mit Restaurant und bietet tgl. Live-Musik mit DJ's.

Einkaufen

◆ **Wezandla Gallery & Crafts Centre,** 27 Baakens Street, ☎ 041-585 1185, 🕐 Mo–Fr 9–17 Uhr, Sa 9–13 Uhr. Afrikanisches Kunsthandwerk: Draht- und Holzskulpturen, Töpfe und Körbe – im Keller ist eine Kunstgalerie untergebracht.

◆ **Wildlife Society Shop,** 2b Lawrence Street, ☎ 041-585 9606, 🕐 Mo–Fr 8.30–17 Uhr, Sa 8–12 Uhr. T-Shirts, Naturbücher und afrikanisches Kunsthandwerk. Ein zweiter Shop befindet sich neben dem Oceanarium.

Sport

◆ **Pro Dive,** Red Windmill, Hobie Beach, ☎ 041-583 5316; Walmer Park, ☎ 041-368 7880, 📠 368 7881, www.prodive.co.za, E-Mail: dive@prodive.co.za, bietet Schnupperkurse an.

◆ **Alternative Reisen Südafrika,** 12 Coy Street, Rowallan Park, ☎ 041-371 4665 oder 082-575 7595, veranstaltet Segelexkursionen in der Algoa Bay sowie längere Touren zur St. Croix Insel – auf diesem Eiland leben Tausende der gefährdeten Brillen-Pinguine.

◆ Golfer sind im **Humewood Golf Club,** Humewood Drive, Summerstrand, ☎ 041-583 1016, willkommen.

*Addo Elephant National Park ㉖

Im eigenen Wagen auf den Spuren der Dickhäuter: Der **Addo Elephant National Park** bietet auf 51 000 ha Lebensraum für die letzten der etwa 200 Elefanten am Kap. 1931 erklärte man diese Region zum Nationalpark, um die Tiere vor der Ausrottung zu bewahren, auch Kap-Büffel wurden wieder angesiedelt, ebenso die seltenen Spitzmaulnashörner. Kudus und andere Antilopen, aber auch zahlreiche Vogelarten sind im niedrigen Buschveld beheimatet. Die meisten Tiere können am besten an Wasserlöchern beobachtet werden, ein besonders guter Beobachtungspunkt liegt direkt beim Restcamp. Es werden auch Nachtfahrten angeboten. Reservierungen für Chalets und Campingplatz nur über South African National Parks in Pretoria, ☎ 012-428 9111, www.parks-sa.co.za.

Erwachsene Elefanten benötigen bis zu 250 kg Nahrung am Tag

*Grahamstown ㉗

Die Stadt ist ein einziges Museum: Herausragende Beispiele gregorianischer und viktorianischer Architektur sind im Ortskern erhalten, die mehr als 40 Kirchen haben den Beinamen »Stadt der Heiligen« geprägt. Grahamstown liegt im »Settlers Country«, einem früher umstrittenen Siedlungsgbiet, Schauplatz vieler Auseinandersetzungen zwischen weißen Siedlern und der einheimischen Xhosa-Bevölkerung.

Die **Kathedrale St. Michael und St. George** beeindruckt durch die hohe Kirchturmspitze, die 50 m weit in den Himmel hineinragt und angeblich die höchste in Südafrika ist. Die Bauzeit für dieses prächtige Gotteshaus zog sich 128 Jahre hin, heute residiert hier der anglikanische Bischof von Grahamstown.

Die Attraktion des außergewöhnlichen **Observatory Museum** in der Bathurst Street befindet sich auf dem Dach des Gebäudes: Die einzige Camera obscura der südlichen Halbkugel. ☎ 046-622 2312, ◷ Mo–Fr 9–13, 14–17 Uhr, Sa 9–13 Uhr.

NATIONAL FESTIVAL OF ARTS

Im Juni/Juli verwandelt sich Grahamstown zur Bühne für eines der größten Festivals des Landes. Mehr als 50 000 Menschen strömen zu Kunstausstellungen über Opernaufführungen bis hin zu Popkonzerten. Wer dabei sein möchte, sollte mindestens ein halbes Jahr vorausbuchen.
☎ 046-603 1103,
🖷 622 3082,
www.nafest.co.za.

 Tourist Office, 63 High Street, Grahamstown, ☎ 046-622 3241, 🖷 622 3266, www.grahamstown. co.za; ◷ Mo–Fr 8.30–17 Uhr, Sa 8.30–12 Uhr.

 Hotels

◆ **Oak Lodge Guesthouse,** 95 Bathurst Street ☎ 046-622 9123, 🖷 046-622 9124. Altes Gebäude neu renoviert, direkt im historischen Stadtkern. ◖◖
◆ **The Hermitage,** 14 Henry Street ☎ 046-636 1503. Englische Villa von 1820, schöner Garten. ◖

 Restaurants

◆ **The Cock House,** 10 Market Street, ☎ 046-636 1287, ◷ Mo–Sa 19–21.30 Uhr. Gute Auswahl an Fleisch- und Fischgerichten und Curries. ◖◖
◆ **Madhatters,** 148 High Street, ☎ 046-622 9411, ◷ Mo–Fr 8.30–17.30 Uhr, Sa 9–15 Uhr. Witzig eingerichtetes Bistro mit kleinen Snacks, Kaffee und Kuchen sowie Tagesgerichten. ◖

Einkaufen

African Musical Instruments, 1 Froude Street,
☎ 046-622 6252, ◷ Mo–Do 8–13 Uhr 14–17 Uhr,
Fr. 8–13 Uhr. Kleine Fabrik, die afrikanische Musikinstrumente herstellt. Schauen Sie bei der Pro-
duktion zu, testen Sie Trommeln und Xylophone,
vielleicht kaufen Sie eine Marimba?

Port Alfred ㉘

Dieser schöne Ferienort
an der Mündung des Ko-
wie River besitzt einen
malerischen Bootshafen
und erstklassige Angel-
möglichkeiten. Kilometer-
lange Sandstrände laden
zu endlosen Spaziergän-
gen ein. Wassersportfans
treffen sich hier zum
Schwimmen, Bootfahren

Port Alfred

und Wasserskilaufen, Taucher – Anfänger wie
Könner – wenden sich in Port Alfred an die **Keryn's
Diving School,** ☎ 046-624 4432.

Hotel

Kowie Grand Hotel, Ecke Grand Street/Princess
Avenue, Kowie West, ☎ 046-624 1150, 🖷624 3769.
Gut geführtes Familien-Hotel auf der Westseite des
Kowie River mit Blick auf's Meer. ◯◯

Sport

The Great Escape, Heritage Mall, Masonic Road,
☎ 046-624 2241, 🖷 046-624 2181, ◷ tgl. 8–18 Uhr,
verleiht Kanus für Touren auf dem Kowie River.

> **!**
>
> **D**er zweitägige Kowie
> Canoe Trail beginnt in
> Port Alfred und führt
> etwa 20 km flussauf-
> wärts. Mit Übernach-
> tungsmöglichkeit
> (☎ 046-624 2230).

Pass-Route in die Karoo

*Die Outeniqua-Bergkette trennt die üppig grüne Küste
entlang der Gartenroute von der trockenen Karoo.
Ein völlig anderes Landschaftsbild taucht hinter den
Bergen auf, von der fruchtbaren, relativ dicht besiedelten Ebene geht es in die einsame, buschbestandene
Halbwüste. Das Klima der Karoo ist extrem, die Temperaturen zwischen Tag und Nacht und den Jahreszeiten schwanken enorm. Und fallen im Frühjahr auch
nur wenige Regentropfen, verwandelt sich die weite,
karge Ebene in ein strahlendes Blütenmeer.*

Zwei Tage sollte
man mindestens
für den Besuch
dieser weitläufigen
Region einplanen.

Das Hinterland ist nicht weniger attraktiv als die
Badeorte am Meer. Die kleinen Ortschaften der Karoo liegen bis zu hundert Kilometer auseinander,
friedliche Fleckchen für Schaffarmer und Pferdezüch-
ter. Die landschaftlich reizvollste Strecke ist die gut
ausgebaute ***Outeniqua-Passstraße,** die sich von
George nach Oudtshoorn durch die Bergwelt windet
und prächtige Ausblicke auf die Täler freigibt.

*Oudtshoorn ㉙

Die »Hauptstadt der Karoo« und der Vogel Strauß
sind in Südafrika Synomyme. Prunkvolle »Feder-
Paläste« – gebaut in den Boomjahren der Straußen-
zucht – sind typisch für die kleine, idyllische Stadt.
   Hauptattraktion jedoch bilden die umliegenden
Straußen-Showfarmen, auf denen man die riesigen
Vögel ganz aus der Nähe betrachten kann und alles
über den Riesenvogel erfährt. Die bekannteste, die
Highgate Ostrich Show Farm, ist seit 1937 in Betrieb
(☎ 044-272 7115, 📠 272 7111, www.highgate.co.za,
🕐 tgl. 7.30–17 Uhr). Alle 20 Min. findet eine Führung
statt, die mit einem kurzen Straußenrennen endet.

!

Die beste Zeit für
einen Besuch auf den
Straußenfarmen ist
der frühe Vormittag,
bevor die Touristen-
busse kommen.

Auf dem Gelände der **Safari Ostrich Farm**
(☎ 044-272 7311, 📠 272 5896) steht noch das
prächtige Wohnhaus der Besitzerfamilie, ein
Gemisch aus Stilelementen und Baumaterialien aller
Art. Während der Führung darf man auch einmal auf
die riesigen Eier der Strauße steigen, wegen der
überaus harten Schale brechen sie aber nicht – dafür
muss man sie schon auf einen spitzen Stein werfen.
Im farmeigenen Laden werden natürlich auch Produkte aus Straußenleder
feilgeboten.

Straußenfarmer mit
Nachwuchs

Die **Cango Ostrich
Show Farm** liegt auf dem
Weg zu den Cango Caves,
ca. 20 km nördlich von
Oudtshoorn (☎ 044-
272 4623, 📠 272 8241,
🕐 tgl. 8.30–16.30 Uhr).

Einen Abstecher lohnen
auch die ***Cango Caves**
nördlich von Oudtshoorn,
ein einzigartiges Tropf-
steinhöhlensystem, das
sich in Jahrmillionen zu
einem Kunstwerk aus
Kalkstein entwickelt hat.

Während die vorderen Hallen völlig problemlos zu
erreichen sind, wird es im hinteren Teil der Höhle
immer enger – hier ist kriechen angesagt. Der Mu-
seumsshop bietet eine gute Auswahl an Kunsthandwerk. ☎ 044-272 7410, 🕐 tgl. 9–16 Uhr, Dez./ Januar, März/April 8–17 Uhr. Führung jede Stunde.

 Hotels

◆ **Hlangana Lodge,** 51 North Street,
☎ 044-272 2299, 📠 279 1271. Viktorianisches
Gästehaus mit 12 stilvoll eingerichteten Zimmern.
Ausritte möglich. ◔◯

ℹ️ **Oudtshoorn
Touristic Bureau,**
Baron van Rheede Str.,
☎ 044-279 2532,
📠 279 8226,
🕐 tgl. 8–18 Uhr.

◆ **Shades of Africa Guest House,** 238 Jan van Riebeeck Road, ☎ 📠 044-272 6430. Fünf komfortable Zimmer, geschmackvoll mit afrikanischen Kunstgegenständen eingerichtet. ○○

◆ **Oakdene Guest House,** 99 Baron van Reede Street, ☎ 044-272 3018, 📠 272 3014. Denkmalgeschützte Mischung aus Karoo- und Kap-Architektur. Freundliche Atmosphäre. ○

Restaurants

◆ **Jemima's,** 94 Baron van Reede Street, ☎ 044-272 0808, 🕔 Di–So 12–14, 18.30–22 Uhr. Große Auswahl an Fleisch- und Fischgerichten. Wie wär's mit einem »Ostrich-Burger«? ○○

◆ **The Godfather,** 61 Voortrekker Road, ☎ 044-272 5404, 🕔 tgl. 18–22 Uhr. Springbock- und Straußensteak zählen zu den Leckerbissen. ○

Ein komischer Vogel

Auf einer Fahrt durch die Karoo wird man immer wieder dem seltsamen Vogel Strauß begegnen, wie er mit großen Schritten stolz über die Ebene läuft oder seinen schlauchartigen Hals neugierig über die Weidezäune streckt. Ein Strauß fliegt nicht, er rennt – und das bis zu 50 km in der Stunde! Denn bei einem Gewicht bis zu 135 kg, verteilt auf eine Größe von etwa zweieinhalb Metern, lässt es sich sicher besser laufen als elegant durch die Lüfte schweben. Zwar lebt der Vogel auf »großem Fuß«, steht dabei allerdings nur auf zwei Zehen.

Oudtshoorn wird als die Welthauptstadt der Strauße gerühmt und blickt auf eine lange Tradition zurück: 450 000 kg Federn pro Jahr wurden während des großen Booms Ende des 19. Jhs. in die Metropolen der Welt exportiert. Die damalige Mode diktierte üppigen Federschmuck für die Dame. Kleider, Boas und Hüte – Hunderttausende der Straußenvögel ließen für den neuen Stil ihre Federn. Südafrikanische Farmer machten ein Vermögen, ihre »Feder-Paläste« sind an einigen Orten noch zu bewundern. Nach dem Ersten Weltkrieg änderte sich der Geschmack, Federn waren »out«, der Markt brach zusammen. Heute leben nur noch rund 100 000 Strauße auf den Farmen. Inzwischen stehen ihr zartes, schmackhaftes Fleisch und das pockennarbige Leder, das zu Geldbörsen, Stiefeln und Gürteln verarbeitet wird, hoch im Kurs.

Einkaufen

Kuriopik, The Ostrich Market, Langenhoven Road/High Street, ☎ 044-272 8970, 🖷 279 2036, 🕔 Mo–Fr 8–17.30 Uhr, Sa 8–13 Uhr, So 9–13 Uhr. Artikel aus Straußen- und Büffelleder.

Über die Swartberge

Die Fahrt von Oudtshoorn über den spektakulären ***Swartbergpass** nach Prince Albert bietet unvergessliche Eindrücke und Aussichten auf die mächtigen Swartberge, die die Kleine Karoo von der noch trockeneren Großen Karoo trennen. Von den Buschmännern wurde sie nicht von ungefähr große Dürre (Karru) genannt. Die ungeteerte Straße, die sich in vielen Haarnadelkurven auf gut 1500 m in die Berge hinaufschraubt, ist wie viele andere auch ein Werk des Engländers Thomas Bain und wurde zum National Monument deklariert. 70 km nach Oudtshoorn erreicht man **Prince Albert ⓷⓪**, eine grüne Oase inmitten karger Landschaft. Historische Häuser im viktorianischen und kapholländischen Stil geben dem Städtchen eine charmante Note.

Im Herzen der Großen Karoo

Inmitten einer reizvollen Ebene taucht **Beaufort West ⓷①** auf, die älteste Stadt (1818) der Region. Im **Barnard Museum** ist die Erfolgsgeschichte des Herzchirurgen Christiaan Barnard, einem Sohn der Stadt, dokumentiert – er wurde mit seiner ersten gelungenen Herztransplantation 1967 weltweit berühmt (87 Donkin Street, ☎ 023-415 2308, 🕔 Mo–Fr 9–12.45 Uhr, 13.45–16.45 Uhr, Sa 9–12 Uhr).

Die Hauptattraktion von Beaufort West liegt 10 km nordwestlich: Der ***Karoo National Park,** der die typische Tier- und Pflanzenwelt der Halbwüste

❗ Die Swartbergstraße kann nach Regen- oder Schneefällen zu einer rutschigen Angelegenheit werden. Fahren Sie langsam; mit dem Wohnmobil sollte man die Strecke meiden.

 De Bergkant Lodge, 5 Church Street, Prince Albert, ☎ 023-541 1088, E-Mail: waterknt@iafrica.com. Schöne, große Zimmer in renoviertem kapholländischen Haus, Pool. ○○

 Gay's Dairy, Prince Albert, Church Street, ☎ 023-541 1538. Käse, Joghurt und Milch frisch aus der Molkerei.

Auf dem dreitägigen **Springbok Hiking Trail** oder dem eintägigen **Fonteintjieskloof Trail** erlebt man die verschiedenen Landschaften des Karoo-Parks (beste Wanderzeit Februar-September). Anmeldungen über South African National Parks, Pretoria, ☎ 012-428 9111, 🖷 343 0905.

schützt. Die grasigen Ebenen und die bizarren, steil aufragenden Tafelberge wurden zur neuen Heimat von Springböcken, Kudus, Wildkatzen, bedrohten Bergzebras und Spitzmaulnashörnern. Der Park bietet zum Übernachten ein stilvolles Restcamp mit reetgedeckten Chalets sowie einen herrlich gelegenen Campingplatz an. 🕓 tgl. 5–22 Uhr. Buchung über das NTB, Pretoria, ☎ 012-343 1991.

 Information

Tourist Information, Beaufort West, 87 Donkin Street, ☎ 023-415 1488, 🕓 Mo–Fr 7.30–13, 14–16.30 Uhr.

 Hotels

◆ **Lemoenfontein Game Lodge,** Beaufort West (von der N1 an der Ausfahrt De Jajers Pass abbiegen), ☎ 023-415 2847, 🖷 415 1044. Landschaftlich schön gelegene Anlage mit Wildpark. ○○

◆ **Matoppo Inn,** 7 Bird Street, Beaufort West, ☎ 023-415 1055, 🖷 415 1080. Freundliches Farmhaus. ○○

◆ **Wagon Wheel Country Lodge,** N2 North End Beaufort West, ☎ 023-414 2145, 🖷 414 2169. Gemütliche Unterkunft im Landhausstil, gutes Restaurant. ○○

 Restaurant

MacYoung, Donkin Street, ☎ 023-414 4068, 🕓 tgl. 6.30–14, 18–22 Uhr. Nettes Restaurant im Zentrum mit guter Auswahl an Steaks und Fischgerichten. ○

Einkaufen

Clyde House, 25 Donkin Street, ☎ 023-414 4083, 🕓 8–17 Uhr, Sa 8–13 Uhr. Geschenkladen mit Galerie von Künstlern aus der Region.

*Graaff-Reinet ㉜

Das Schmuckkästchen der Karoo ziert sich mit vielen architektonischen Perlen. Schlichte Karoo-Häuschen und großzügige kapholländische Villen mit ihren typisch geschwungenen Giebeln fangen die Atmosphäre der vergangenen zwei Jahrhunderte ein. Das ***Reinet House** aus dem Jahre 1812 fällt neben vielen anderen historischen Gebäuden in der Murray Street auf. Eine Ausstellung zeigt Alltagsgegenstände aus dem 17. und 18. Jh. Auch die **Old Residency,** das ehemalige Pfarrhaus, in der Parsonage Street wird heute als Museum genutzt und birgt eine erlesene Möbelsammlung (◷ Mo–Fr 9–12, 14–17 Uhr, Sa 9–12, So 10–12 Uhr).

Dramatische Landschaft im Valley of Desolation

Im *** Old Library Museum,** Ecke Church/Somerset Street, gibt es gleich mehrere Sammlungen, besonders sehenswert sind die über 200 Mio. Jahre alten Fossilienfunde aus der Karoo. Das Museum beherbergt auch die **Tourist Information** (☎ 049-892 4248, ◷ Mo–Fr 8–12.30, 14 bis 17 Uhr, Sa/So 9–12 Uhr).

 Hotel

Andries Stockenström Guesthouse, 100 Cradock Street, Graaff-Reinet, ☎ 049-892 4575. Diese preisgekrönte historische

Unterkunft ist auch bekannt für ihre hervorragende Küche. Köstlich zubereitet werden Straußen- und Lamm-Filets. ○○

Valley of Desolation

Graaff Reinet liegt an den Ausläufern der Sneeuberg-Kette und öffnet sich gleichzeitig zur weiten trockenen Ebene der Karoo-Halbwüste. Das ***Karoo Nature Reserve,** neue Heimat für die seltenen Bergzebras, umrahmt die kleine Stadt. Im westlichen Teil des Naturschutzgebietes, im ***Valley of Desolation** (Tal der Einsamkeit), türmen sich Steinblöcke dramatisch aufeinander. Die Felsen sind zu skurrilen Säulen und eindrucksvollen Formationen verwittert.

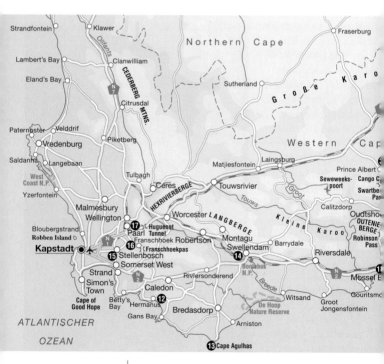

*Mountain Zebra National Park ㉝

In der wunderschönen Bergwelt des Nationalparks mit phantastischen Blicken auf die östliche Karoo leben etwa 200 der scheuen kleinen Bergzebras. Die Gegend mit ihren dramatischen Schluchten und pastellfarbenen Ebenen kann man auf zwei Autorouten (14,5 km und 28 km) erkunden. Unter den vielen Wanderwegen sei der **Long Walk** empfohlen, der beim Swimmingpool beginnt (ca. 1,5 Std.). Drei Tage dauert der abwechslungsreiche **Mountain Zebra Hiking Trail.** Reservierungen für das Rest Camp mit Chalets und Campingplatz nimmt South African National Parks, Pretoria, ☏ 012-428 9111, entgegen.

> **!**
>
> Phantastische Blicke über die Große Karoo und Graaff-Reinet verspricht der 1,5 km lange Rundwanderweg **Valley of Desolation Nature Walk,** der am oberen Parkplatz des Karoo Nature Reserve beginnt.

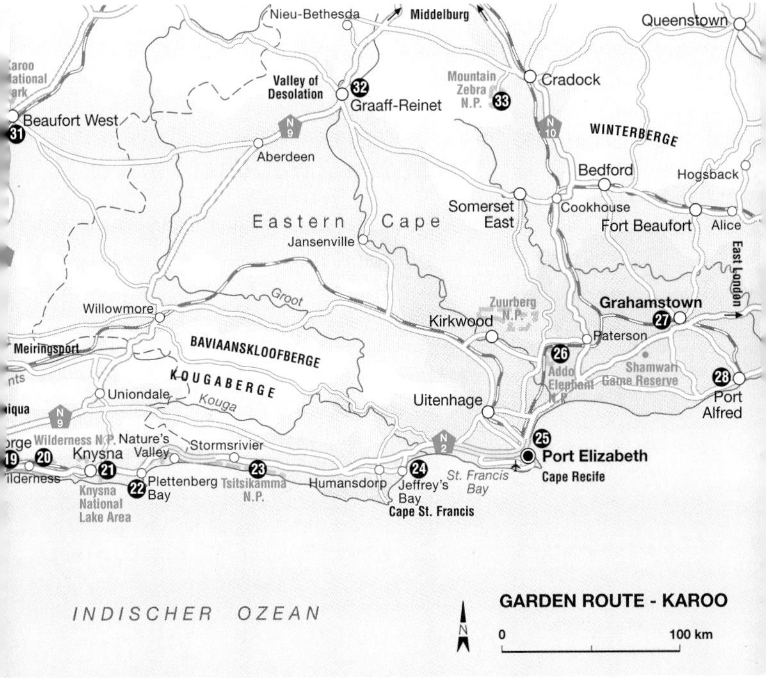
Nieu-Bethesda
Middelburg
Queenstown
Valley of Desolation
32
Graaff-Reinet
Mountain Zebra N.P.
33
Cradock
Beaufort West
31
N 9
Aberdeen
N 10
WINTERBERGE
Bedford
Hogsback
Somerset East
Cookhouse
Fort Beaufort
Alice
Eastern Cape
Jansenville
East London
Groot
Zuurberg N.P.
Grahamstown
27
Willowmore
Kirkwood
Paterson
Meiringspoort
BAVIAANSKLOOFBERGE
26
KOUGABERGE
Addo Elephant N.P.
Shamwari Game Reserve
28
Uniondale
Kouga
Uitenhage
Port Alfred
N 9
Wilderness N.P.
Nature's Valley
Stormsrivier
25
20
Knysna
21
23
N 2
24
Port Elizabeth
Plettenberg Bay
22
Tsitsikamma N.P.
Humansdorp
Jeffrey's Bay
St. Francis Bay
Cape Recife
Knysna National Lake Area
Cape St. Francis
INDISCHER OZEAN
N
GARDEN ROUTE - KAROO
0
100 km

Wasser, Wildblumen und Wüste

Wer von Kapstadt die ganze Westküste bis hinauf in den Kgalagadi Transfrontier Park fahren möchte, sollte dafür mindestens eine Woche einplanen (rund 1200 km einfache Strecke). Zur Zeit der Wildblumenblüte ist es dringend notwendig, Unterkünfte im Voraus zu buchen.

Wasser heißt das Zauberwort an der Westküste. Die ersten Regentropfen der Frühlingsmonate August und September verwandeln das trockene Namaqualand über Nacht in ein betörendes Blütenmeer. Im Norden zieht der Orange River ein saftig grünes Band durch die rote Sandsteinlandschaft, bevor er mit lautem Getöse an den Augrabies Falls in die Tiefe stürzt. Neben der Wildblumenblüte bringt die Langustenfangsaison von November bis April Leben in die sonst ruhigen Orte am Atlantik, während sich für den Kgalagadi Transfrontier Park die Monate März bis September anbieten, bevor sich die Wüste in einen Backofen verwandelt.

*West Coast National Park ❶

Das reizvolle Schutzgebiet an der landschaftlich schönen *Langebaan-Lagune besitzt eine einzigartige Vogelwelt: Kormorane, Kaptölpel und Flamingos leben hier ebenso wie die seltenen Brillenpinguine. Zu den 250 heimischen Arten gesellen sich im Sommer Zugvögel, die im sumpfigen Hinterland der Lagune überwintern. Beobachtungspunkte wurden am kleinen Informationszentrum Gelbek und am nördlichen Parkeingang eingerichtet. Bootstouren durch die Lagune oder zu den nahe gelegenen Brutinseln wie Maljas Island, auf der Tausende von Kaptölpeln leben, starten vom Parkbüro, Main Street, in Langebaan (☎ 022-772 2144, 🖷 772 2607).

Im Frühling überzieht ein farbenprächtiger Blütenteppich diesen südlichen Teil des Namaqualandes – guter Zeitpunkt für einen Besuch der zum Park

!

Die beste Adresse für Windsurfer in Langebaan ist das **Cape Windsurf Centre**, Hoofstraat, ☎ 022-772 1114, 🖷 772 1115. Es verleiht die neuesten Modelle und hilft auch bei der Suche nach einer günstigen Übernachtung.

gehörenden kleinen Halbinsel Postberg, wo auch diverse Antilopenarten anzutreffen sind. Wale zeigen sich an der Küste zwischen Juni und Oktober.

Langebaan ❷

Der Ort liegt die meiste Zeit des Jahres verträumt an seiner schönen Lagune und dient vor allem als Ausgangspunkt für den Besuch des West Coast National Parks. Nur Segler und passionierte Windsurfer sind treue Gäste, da sie hier nahezu perfekte Bedingungen vorfinden.

Die Strandloper, Langebaan, ☎ 022-772 2490. Reservierung notwendig. Open-Air-Restaurant am Strand mit guten Fischgerichten. ○○

🏠🏠 **Hotel**

The Farmhouse, 5 Egret St., Langebaan, ☎ 022-772 2062, 🖷 772 1980. Exklusives Landhaus mit Blick auf die Lagune. ○○○

West Coast Peninsula ❸

Blick vom Postberg auf die Lagune von Langebaan

Die **Saldanha Bay** schließt sich nördlich an die Langebaan-Lagune an. **Saldanha** mit dem größten Naturhafen Südafrikas dient vor allem als Umschlagplatz für Eisenerz, Marinestützpunkt und Sitz der größten Fischindustrie der Region. Ein Stopp bietet sich eigentlich nur zwischen November und April an, um die fangfrischen Langusten (crayfish) zu kosten.

In den malerischen Fischerort **Paternoster,** 30 km nördlich von Saldanha, verirren sich nur wenige Besucher, obgleich man im Frühling im kleinen **Cape Columbine Nature Reserve** herrlich durch die Wildblumenwiesen streifen kann.

!

Alljährlich findet in Saldanha das **Festival of the Sea** statt. Hier werden Fischgerichte bei bunter Folklore serviert. Infos zum genauen Termin unter ☎ 022-714 4152.

Lambert's Bay ❹

Paternoster Hotel, ☎ 022-752 2703, 🖷 752 2750. Einfaches Haus, bekannt für seine gute Fischküche. ○

Vom Hafen des kleinen Ortes reizt ein Spaziergang zur Bird Island. Eine Kolonie von Kaptölpeln und Brillenpinguinen brütet an diesem Landzipfel und ist von einem Aussichtsturm zu beobachten. Richtig was los ist hier eigentlich nur beim Langusten-Festival im März.

Hotel

Lambert's Bay Hotel, Voortrekker Street, Lambert's Bay, ☎ 027-432 1126, 🖷 432 1036. Renovierte historische Unterkunft direkt am Strand. Gute Fisch- und Langustengerichte. ○○

Im Winkel bekommt man so ziemlich alles

Restaurant

Muesbosskerm, Elands Bay Road, 5 km außerhalb am Strand gelegen, ☎ 027-432 1017, 🕓 12–15 Uhr, 18–23 Uhr. So nur Mittagessen. Auf der Speisekarte stehen hauptsächlich Fischgerichte, darunter Hering und eine Meeresfrüchte-Paella. ○

Citrusdal ❺

Wie der Name schon andeutet: In Citrusdal dreht sich (fast) alles um Zitrusfrüchte. Die Besichtigung der **Goede Hoop Citrus Co-op** ist möglich (☎ 022-921 2211), Weininteressenten besuchen vielleicht eher **Gone Valley Wines** (Verkauf: Info ☎ 022-921 2235). Auf der **Modderfontein Farm** können Besucher bei einer Käseplatte die Weine

der umliegenden Güter kosten und auch kaufen. Ein Schild mit der Aufschrift »Craegroyston« auf der N7 (kurz vor Citrusdal) zeigt die Ausfahrt an.
☎ 022-921 2963, ◷ Mo–Sa 9–17 Uhr, So 10–17 Uhr.

Hotel

Cederberg Lodge, 67 Voortrekker Street, Citrusdal, ☎ 022-921 2221, 🖷 921 2704. Gemütliche Lodge mit ländlicher Küche. Guter Ausgangspunkt für Wanderungen und Touren in die Umgebung. ○○

Die Freizeitanlage **The Baths** bietet Erholung in heißen Heilquellen. Sie liegt auf einer Farm an der N7, ca. 18 km südöstlich von Citrusdal.
☎ 022-921 3609, 🖷 921 3988.

*Cederberg Wilderness Area ❻

Etwa 70 000 ha einmalige Berglandschaft zwischen Clanwilliam und Ceres stehen als **Cederberg Wilderness Area** unter Naturschutz. In höheren Lagen findet man noch die Clanwilliam-Zeder, die dem Gebiet ihren Namen gab. An der höchsten Erhebung der zerklüfteten **Cederberg Mountains,** am 2028 m hohen Sneeuberg, wächst die seltene Schnee-Protea, die im März aufblüht. In ganz einsame Regionen hat sich der Kap-Bergleopard zurückgezogen.

Das Gebiet eignet sich bestens für Wanderungen. Auf gut angelegten Wegen gelangt man zu Wasserfällen, eindrucksvollen Felsformationen wie dem »Wolfbergbogen« oder dem »Maltheserkreuz« und zu Überhängen mit Buschmannzeichnungen. Alle Touren müssen in der **Algeria Forest Station** angemeldet werden, ☎ 027-482 2812, 🖷 482-2406. Schön gelegener Campingplatz am Fluss, Selbstverpflegung.

Rooibos

Bekannt ist die Gegend um Clanwilliam für den Anbau des Rotbusch (Rooibos), aus dessen getrockneten Blättern der überaus gesunde Rooibos-Tee hergestellt und in alle Welt exportiert wird. Das Getränk enthält viel Vitamin C, aber kein Tannin. Die Teefabrik **Rooibos Tea Natural Products** in Clanwilliam zeigt werktags ein Informationsvideo, ☎ 027-482 2155/6.

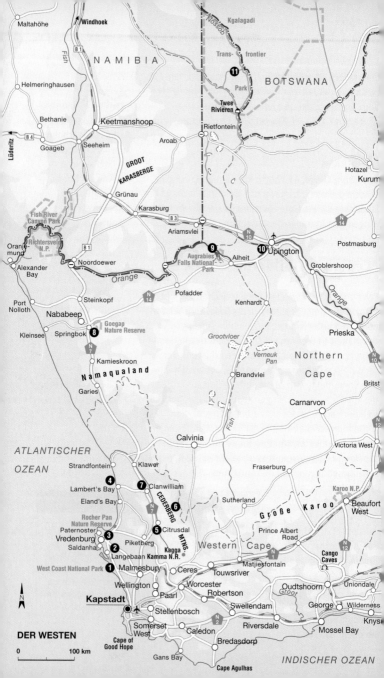

*Clanwilliam ❼

Der Ort gehört zu den ältesten Städten des Landes. Er liegt am Olifants River, der südlich der Stadt zu einem großen See aufgestaut ein überaus beliebtes Ziel für Wassersportler ist: Baden, Angeln und Segeln, Wasserski und vieles mehr gehört zum Freizeitangebot (Bootsverleih, ☎ 027-482 2541). Radfahrer zieht es mit dem Mountainbike in die Berge, deren Wiesen im Frühjahr mit Wildblumen übersät sind.

Reinold's Restaurant, Main Street, Clanwilliam, ☎ 027-482 1101, 🕐 Mo–Sa 19–23 Uhr. À la carte Restaurant, gute Küche. ○

 Hotels

◆ **Strassberger's Hotel Clanwilliam,** Main Street, Clanwilliam, ☎ 027-482 1101, 📠 482 2678. Nettes Zwei-Sterne-Hotel mit Pool und Sauna in der Stadtmitte. ○○

◆ **Saint Du Barrys Country Lodge,** 13 Augsburg Road, Clanwilliam, ☎ 📠 027-482 1537, E-Mail: saintdubarrys@ clanwilliam.co.za. Reetgedecktes altes Haus mit antiker Einrichtung in schöner Berglandschaft. ○○

Wildblumenblüte im Namaqualand

Springbok und *Goegap Nature Reserve ❽

Der Kupfer-Boom im Jahre 1850 zog viele Menschen in diese einsame nordwestliche Ecke Südafrikas, in der bis heute wertvolle Mineralien an die Oberfläche befördert werden. Ein anderer überaus reicher Schatz der Natur schlummert für die meiste Zeit des Jahres in der hügeligen Halbwüste, bis der erste Winterregen ihn hervorzaubert: Ein bunter Blütenteppich, der bis

🛈 **Tourist Information Centre,** Voortrekker Street, Springbok, ☎ 027-718 2985, www.northerncape. org.za, 🕐 Mo–Fr 7.30–16.15 Uhr.

zum Horizont reicht. **Springbok,** Hauptstadt des Namaqualandes, ist das Zentrum des Wildblumengebiets.
Im nahen ***Goegap Nature Reserve** überziehen Sukkulenten, Sträucher und Köcherbäume, die typische
Vegetation dieses Landstriches, den staubigen
Boden. Antilopen, Bergzebras und zahlreiche Vogelarten sind mit etwas Glück zu beobachten.
☎ 027-712 1880, ◔ in der Blütezeit tgl. 8–16 Uhr.

 Hotel

Naries Guesthouse, Klein Zee Road, Springbok,
☎ 🖷 027-712 2462. Großes Farmgelände auf einem
Berg gelegen, ideal zum Wandern und Spazieren-
gehen. Abendessen im Preis inbegriffen. ◯◯

Restaurants

◆ **Springbok Lodge und Restaurant,** Voortrekker
Road, Springbok, ☎ 027-712 1321, ◔ tgl. 7–22 Uhr.
Treffpunkt für Globetrotter. Umfangreiche Speise-
karte mit vielen Fleischgerichten. ◯
◆ **Bj's Steak Ranch,** 1 Hospital Street, Springbok,
☎ 027-712 2701, ◔ Mo–Sa 12–15, 19–23 Uhr.
Probieren Sie ein zartes Lamm-Steak, oder wählen
Sie eines der zahlreichen Fischgerichte. ◯

****Augrabies Falls ❾**

»Ort des großen Lärms« nannten die Buschmänner
die spektakulären Wasserfälle, die im **Augrabies
Falls National Park** ein natürliches Schauspiel insze-
nieren. Der mächtige, gemächlich durch eine felsige
Mondlandschaft fließende Orange River stürzt hier
plötzlich mit großem Getöse in eine 150 Meter tiefe
Granitschlucht. Zu den Bewohnern des Parks zählen
neben Gazellen, Meerkatzen und Pavianen auch die
seltenen Klippspringer, nach denen der schönste

Die Blütenpracht im
Namaqualand hängt
von den Regenfällen
ab – vor einem Besuch
sollte man sich nach
den besten Plätzen
erkundigen: Cape
Town Tourism,
☎ 021-426 4260.

Exkursionen
in den sonst unzu-
gänglichen nördli-
chen Teil des Augra-
bies Falls National
Park bietet das **Kala-
hari Adventure Centre**
an, ebenso Kanu-
fahrten auf dem
Orange River,
☎ 054-451 0177.

Wanderweg benannt ist (die Spitzmaulnashörner sind in den Addo Elephant Park transportiert worden). Der Park bietet komfortable Chalets, einen Camping-platz, Restaurants, Pool; Anmeldung: South African National Parks, ☎ 012-343 1991, 🖨 343 0905.

Upington ⑩

Beinahe unwirklich erscheint das Grün am Ufer des Orange River, das **Upington** am Rande der Kalahari in eine fruchtbare, landwirt-schaftliche Oase verwandelt. Das kleine Städtchen ist Handels- und Landwirt-schaftszentrum der Region. Baumwolle, Datteln und vor allem Trauben werden hier angebaut, die ***Orange River Wine Cellars** sind die größte Winzergenossenschaft des Landes (Führungen und Weinproben: ☎ 054-332 4651).

150 m tief stürzt der Orange River bei den Augrabies Falls in eine Schlucht

Der 40 km lange **Klipspringer Trail** ist wegen der großen Hitze nur von April bis Oktober begehbar. Er führt durch atemberauben-de Felslandschaften am Südufer des Orange River entlang.

🛈 **Information**
Tourist Office Upington,
Schröder Street,
☎ 054-332 6064,
🕐 Mo–Fr 8–18.30 Uhr,
Sa 9–12 Uhr.

Verkehr

Der Flughafen liegt 6 km westlich der Stadt, ☎ 054-337 7900. Flüge nach Johannesburg und Kapstadt. Autovermietung.

Hotels

◆ **Upington Protea,** 24 Schröder Street,
☎ 📠 054-337 8400, 📠 337 8499. Modernes Drei-
Sterne-Hotel an der Haupststraße. ○○
◆ **River City Inn,** Scott/Parks Street,
☎ 📠 054-331 1971. Neues Hotel im Zentrum mit
komfortablen Räumen, familienfreundlich. ○○

 Hotel-Restaurant

Le Must, 11 Schröder Street, ☎ 054-332 3971,
🕐 12–15 Uhr, 19–23 Uhr, Sa nur abends. Ungewöhnlich gutes Restaurant mit viel Atmosphäre. Erlesene
Speisekarte, gute Weine. Reservierung sinnvoll.
Auch hervorragende Unterkunft. ○○

> **!**
>
> In der **SA Fruit Coope-
> rative** in Upington,
> ☎ 054-337 2300,
> Groblershoop Street,
> werden täglich etwa
> 250 t Sultaninen für
> den Export verarbei-
> tet. Führungen Mo–Do
> 9.45 und 14 Uhr,
> Fr 9.45 Uhr.

****Kgalagadi Transfrontier Park** ⑪

> **!**
>
> ● Zum Schutz vor
> Skorpionen sollte
> man immer Schuhe
> tragen. Nehmen Sie
> stets einige Liter
> Wasser im Wagen mit
> und starten Sie früh
> bei Erkundungsfahr-
> ten, um noch vor der
> Dunkelheit am Zielort
> einzutreffen.

Wellenförmig ergießt sich ein von Eisenoxid gefärb-
tes rotes Sandmeer über eine Mio. km² vom Äquator
bis zum Orange River und von Angola bis Zimbabwe – es ist weltweit das größte Sandbecken. Hier
liegt eines der letzten Naturparadiese der Erde, der
Kgalagadi Transfrontier Park, der zu den größten
Wildschutzgebieten Afrikas zählt. Schon 1931 fiel die
Entscheidung, der Jagd erbarmungsloser Wilderer
ein Ende zu setzen und riesige Gazellenherden vor
dem Aussterben zu bewahren (☎ 054-561 2000,
🕐 im Sommer 6–19.30 Uhr, im Winter 7–18 Uhr).

Die Flussbette des **Auob** und **Nossob River,** die
den Park durchziehen, sind meist ausgetrocknet.
Pflanzen und Tiere haben sich den extremen Klima-
bedingungen angepasst. Auf den roten Sanddünen
sprießen vereinzelt Kameldornbäume und Schirm-
akazien. Im Sommer sammelt sich in den relativ
kühlen Nächten viel Feuchtigkeit in der Luft, ein Se-
gen für die niedrigen Sträucher, Gräser und Sukkulenten. Zwei Wildfruchtarten zählen zu den eigenar-

tigsten Pflanzen in der Kalahari: Die Tsamma-Melonen und Gemsbok-Gurken, die bis zu 95 % aus Wasser bestehen und ein Flüssigkeitsreservoir für Tiere, aber auch für Menschen darstellen.

9600 km² des riesigen Wüstenparks liegen am nördlichsten Zipfel Südafrikas. Die neue Partnerschaft mit dem angrenzenden National Park in Botswana lassen seine Ausmaße jetzt auf insgesamt 36 000 km² anwachsen.Tierwanderungen, bedingt durch wechselnde Jahreszeiten, Regenfälle und Nahrungsquellen, sind in dieser Region noch möglich. So ziehen Gnus und Oryxantilopen (Gemsböcke) in großen Herden durch das Land, Springböcke, Südafrikanische Kuhantilopen und Elenantilopen galoppieren durch die Wildnis. Der Kalahrilöwe ist der König der Raubtiere, aber auch Leoparden, Geparden, Schakale und Wildkatzen streifen durch dieses natürliche Schutzgebiet. Unter den 200 heimischen Vogelarten gibt es allein 50 verschiedene Greifvögel, die am Himmel über der Kalahari kreisen. Beste Zeit zur Beobachtung der vielfältigen Tierwelt sind die Monate Februar bis Mai.

Auob und Nossob führen nur selten Wasser. Nach einem heftigem Gewittersturm aber sind oft alle Straßen des Parks unpassierbar. Meistens ist der Himmel klar, die Temperaturen steigen auf 40 °C, in Winternächten fallen sie rapide auf minus 10 °C ab.

 Anreise

Der Kgalagadi Transfrontier Park liegt etwa 1000 km von Johannesburg und Kapstadt entfernt. Bequemste Anreisemöglichkeit: Per Flugzeug nach Upington und von dort mit dem Mietwagen 250 km zum Parkeingang beim Hauptcamp Twee Rivieren.

 Übernachtung

Es gibt drei Camps mit guten Übernachtungs- und Einkaufsmöglichkeiten: **Twee Rivieren** am Südende mit Restaurant und Swimmingpool, **Mata Mata** im Westen an der Grenze zu Namibia und das **Nossob Camp** im Nordosten. Rechtzeitige Buchungen über South African National Parks, ☎ 012-428 9111.

 Die **Molopo Kalahari Lodge** in Askham, etwa 60 km vom Parkeingang Twee Rivieren entfernt, ist nicht nur eine komfortable Übernachtungsmöglichkeit, sondern auch ein günstiger Ausgangspunkt für Exkursionen, ☎ 054-511 0008 bzw. 511 0009.

Von der Küste zu den Drakensbergen

KwaZulu-Natal zählt zu den beliebtesten Urlaubsgebieten Südafrikas. Kein Wunder: Wo kann man schon an einem Tag am Strand faulenzen, am nächsten in atemberaubenden Höhen der Drakensberge klettern und anschließend auf einer Walk-Safari in der weiten Ebene des Bushvelds Breitmaulnashörner aufspüren?

Das subtropische Küstenklima sorgt das ganze Jahr für angenehme Temperaturen an den Stränden von Port Edward bis hinauf nach Kosi Bay. In den Drakensbergen muss man im Winter mit Schnee und Frost rechnen. Empfohlene Reisedauer mit dem Mietwagen: 10 Tage.

Durban ❶

In der modernen Küstenmetropole und größten Hafenstadt Südafrikas vereinen sich asiatische, afrikanische und europäische Atmosphäre: Frauen in schimmernden Saris, schwarze Straßenhändler und sonnengebräunte Surfer bestimmen das Straßenbild. Durban ist das Freizeitparadies Südafrikas. Hier trifft sich in den Ferien die Jugend, Familien mit Kindern nutzen das große Sportangebot, und Rentner haben die Stadt zu ihrem »Winterdomizil« erkoren.

Hauch des Orients

Im indischen Viertel schallen zur Gebetszeit die Rufe der Muezzine durch die Straßen und der Geruch von Räucherstäbchen dringt aus den kleinen Läden entlang der Grey Street. Die prächtige ***Jumah-Moschee ❹**,

Kavadi-Festival

Das Kavadi-Festival, das heiligste Fest der Hindus, ist eine farbenfrohe Zeremonie, die zweimal im Jahr (Januar/Februar und April/Mai) stattfindet. Riesige Blumenarragements werden dabei von den Gläubigen durch die Straßen der Stadt zu den geschmückten Tempeln getragen. Viele Hindus sind in tiefer Trance und haben zum Zeichen ihrer Ergebenheit Körper, Zunge und Stirn mit Nadeln und Haken durchbohrt. Geopfert wird Muruga, dem Gott der Heilung und des Glücks und der Göttin Draupardi, der zu Ehren am Ende der Prozession traditionelle Feuerläufe veranstaltet werden.

Ecke Queen Street, mit ihren gold glänzenden Kuppeln, ist das größte islamische Gebetshaus im südlichen Afrika (tgl. Führungen, ☎ 031-304 1518).

Nur einige Gehminuten entfernt liegt der **Indian Street Market ❸** an der Queen und Victoria Street. Die Palette des Angebots der bunten Stände reicht von afrikanischen Holzschnitzereien und Schmuck über Haushaltswaren und Kleidung bis hin zu exotischen Gewürzmischungen für indische Speisen. Vorsicht ist vor Dieben geboten! ◷ Mo–Fr 8–17 Uhr, Sa 8–14 Uhr, So 9–14 Uhr.

Am Strand entlang

Zwischen dem Umgeni River im Norden und The Point im Süden erstreckt sich der lange Strand Durbans. Im Zentrum liegt die ***Golden Mile ❹**, ein Palmen-Boulevard mit Hotelklötzen, Geschäften, Restaurants und Vergnügungszentren. Ende 2002 öffnet das Sun Coast Casino am Battery Beach seine Pforten. Tagsüber verwandelt sich der Bürgersteig in einen Flohmarkt, Kinder vergnügen sich auf den Karussells von **Minitown** oder plantschen in den Becken des **Water Wonderland.** Tropische Blumen und kleine Teiche findet man in den **Amphitheatre Gardens.**

Die Jumah-Moschee – Wahrzeichen des indischen Viertels

Die **Bay of Plenty** besitzt stets eine angenehme Wassertemperatur. Baden an den gekennzeichneten Abschnitten ist ungefährlich – Hai-Netze und Rettungsschwimmer sichern die Küste. Vor allem aber ist sie ein Surferparadies. Treffpunkt der Szene: **Joe Kool's Bar & Grill,** 137 Lower Marine Parade, ☎ 031-332 9697, ◷ Mo–Fr 10.30–2 Uhr, Sa/So 8–3 Uhr.

*Sea World Aquarium ❶

Surf Zone,
Ocean Sport Centre,
Lower Marine Parade,
☎ 031-368 5818,
🖷 368 5817,
🕐 Mo–So
8–17.30 Uhr, verleiht
Surfbretter.

Das Aquarium an der Lower Marine Parade bietet eine Wunderwelt unter Wasser. An die 1000 Fischarten und Meerestiere kann man durch die riesigen Glasscheiben beobachten, darunter sogar Haie. Taucher füttern um 15 Uhr diese gefährlichen Tiere. Delphine, Seehunde und Pinguine haben um 12 Uhr ihren Auftritt. 🕐 tgl. 9–18 Uhr, ☎ 031-337 3536.

Vor dem Aquarium haben sich die schwarzen Rikschafahrer in bunter, phantasievoller Aufmachung postiert. Eine »Stadtrundfahrt« mit ihnen dauert ca. sieben Minuten, für ein Foto wird extra kassiert!

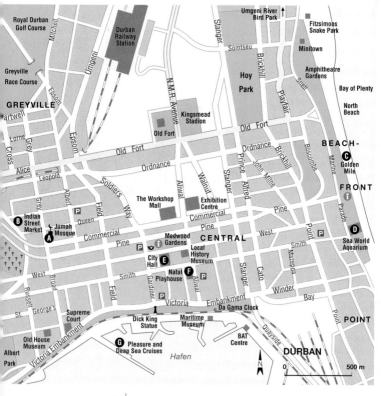

City Hall ➍

Die imposante City Hall in der Smith Street wurde
1910 nach dem Vorbild des Rathauses von Belfast
(Nordirland) gebaut. Ein Besuch lohnt sich, denn hier
ist nicht nur die **Durban Art Gallery** mit einer aus-
gezeichneten Sammlung südafrikanischer und internationaler Kunst untergebracht, sondern auch das
Natural Sciene Museum mit dem Schwerpunkt
auf Wildtieren und Reptilien . ◷ Mo–Fr 8–16 Uhr,
Sa 8.30–16 Uhr, So 11–16 Uhr, ☎ 031-311 1111.

Haipolizei in Aktion

Von den weltweit etwa 300 Haiarten
schwimmen hundert in den Gewässern
vor der südafrikanischen Küste. Zu den
gefährlichsten Arten zählen der Weiße
Hai, der extrem aggressive Tigerhai
und der Zambezi-Hai. Die Säugetiere
besitzen einen ausgeprägten Geruchs-
sinn und reagieren auf kleinste Partikel
Blut im Wasser mit aggressivem Verhalten. Viele von ihnen ernähren sich
von Kleinstlebewesen und Plankton,
andere von Fischen, Seevögeln, Schild-
kröten und kleinen Delphinen. Haian-
griffe auf Menschen werden häufig auf
sog. Missverständnisse zurückgeführt:
Bei schlechter Sicht können sie einen
Surfer auf seinem Brett mit einer Rie-
senschildkröte und oder einem See-
hund verwechseln.

Zwischen 1957 und 1958 kostete
eine Serie von Haiangriffen 107 Menschen das Leben. Eine Hysterie breitete
sich unter den Urlaubern aus – die Tou-
ristenindustrie an der Küste Natals
brach zusammen. 1964 wurde das **Natal Sharks Board** (NSB) gegründet,
heute kontrollieren 180 Mitarbeiter 40
Netzkilometer auf 24 Booten. Die Net-
ze sind bis zu 6 m tief und 214 m lang.
Im Durchschnitt verfangen sich 1400
Haie pro Jahr in den Barrieren, besonders, wenn sie Sardinenschwärmen
nachjagen. Von jedem gefangenen Tier
werden Daten aufgezeichnet und aus-
gewertet.

Zu den neuesten Forschungserfol-
gen gehört eine elektronische Hai-Ab-
wehr. Der Shark POD (Protective Ocea-
nic Device) ist ein batteriebetriebenes
kleines Gerät, das ein elektromagneti-
sches Feld erzeugt, schwach genug,
um Menschen nicht zu verletzen, aber
ausreichend wirkungsvoll, um Haie
fern zu halten.

Das Hauptbüro des NSB befindet
sich in Umhlanga Rocks, 15 km nördlich
von Durban, Ecke Umhlanga Rocks
Drive/Hickory Drive, ☎ 031-566 0400,
🖷 566 0499, ◷ Mo–Fr 8–16 Uhr, So
13–16 Uhr. Dort wird eine Multimedia-
schau gezeigt (Di, Mi, Do 9 Uhr und
14 Uhr, So 14 Uhr), man kann auch bei
der Sezierung eines Hais zuschauen.
Interessant sind Bootstrips zu den Hainetzen vor Durbans Golden Mile. Buchung notwendig, ☎ 031-566 0400.

Natal Playhouse ❻

Auf fünf Bühnen wartet im Natal Playhouse ein viel-
fältiges Programm aus Dramen, Schauspielen,
Opern, Musicals, Jazzveranstaltungen und Kabaretts
auf Theaterfreunde – das Management gilt als sehr
experimentierfreudig. Einer der künstlerischen Direk-
toren ist Mbongeni Ngema, der der Townshipmusik
mit dem Musical »Sarafina« 1987 zu Weltruhm verhalf. ☎ 031-369 9555.

ℹ️ Information

Tourist Junction, 22 Pine/Gardiner Street, Old Sta-
tion Building, ☎ 031-304 4934, 🖷 304 3868,
🕐 Mo–Fr 8–17 Uhr, Sa 8 –14 Uhr; www.durbs.de.
Das Büro der **KwaZulu-Natal Nature Conservation**
Service finden Sie im ersten Stock.

Beach Office, Joe Kool's Centre, Lower Marine
Parade, ☎ 031-332 2595, 🖷 332 2608, 🕐 Mo–Fr
8–17 Uhr, Sa 8.30–16.30 Uhr, So 9–16 Uhr.

Verkehrsmittel

Ein Bus verkehrt von der Ecke Smith/Aliwal Street
direkt zum 15 km entfernten International Airport.

Stadtrundfahrten im Doppeldeckerbus mit ver-
schiedenen Zu- und Ausstiegsmöglichkeiten bietet
Ricksha Bus, ☎ 082-809 3530. Mynah-Busse fahren
von North Beach und South Beach ins Stadtzentrum.
Tuk-Tuks, motorisierte Dreiräder, sind ideal für kurze
Strecken zwischen Strand und Stadtzentrum.

Fahrradverleihe finden Sie am Südstrand vor dem
Addington Hospital und am Nordstrand in Höhe des
Crown Plaza Hotels.

Schiffe für Kreuzfahrten und Vergnügungstrips
legen im Hafen vom **Pleasure Cruise Terminal ❽**
am Victoria Embankment ab. Hafenrundfahrten und
einstündige Hochseetouren veranstaltet Sarie
Marais, Victoria Embankment, ☎ 🖷 031-305 4022.

> **❗ SICHERHEIT**
> Es ist nicht ratsam,
> sich nach Geschäfts-
> schluss (ab 17 Uhr) zu
> Fuß in der Innenstadt
> oder an der Strandpro-
> menade aufzuhalten.
> Fahren Sie mit dem
> Auto zu Restaurants
> und Veranstaltungen!

Hotels

◆ **The Edward,** Marine Parade, ☎ 031-337 3681,
🖷 332 1692, www.proteahotel.com. Das schönste
Fünf-Sterne-Strandhotel Durbans. ○○○○

◆ **The Royal,** 267 Smith Street, ☎ 031-333 6000,
🖷 333 6002, www.theroyal.co.za. Bestes Stadthotel
der Luxusklasse. 150jährige Tradition. Sieben Restaurants und vier Cocktailbars. ○○○○

◆ **Essenwood,** 717 Essenwood Road, Durban/Berea,
☎ 🖷 031-207 4547, www.essenwoodhouse.co.za.
Kleines, renoviertes Gästehaus im Vorort Berea mit
Blick auf Durban und das
Meer, umgeben von einem
tropischen Garten. Nah zu
Geschäften und Restau-
rants. ○○

◆ **The Pavilion Hotel,**
4045 Marine Parade,
☎ 031-337 7366,
🖷 332 1730. Schönes
Art-Deco-Gebäude (nahe
Strand), nicht alle Zimmer
mit WC/Bad. ○

*Mehr Geld für
Fotos als fürs Laufen:
Rikschafahrer*

Restaurants

◆ **Daruma,** 63 Snell Parade, ☎ 031-362 1300,
🕒 tgl. 12–23.30 Uhr. Tolle japanische Küche, exzellente Sushi. ○○

◆ **Jewel of India,** Snell Parade, Holiday Inn Crowne
Plaza, ☎ 031-337 1321, 🕒 tgl. 11–15, 18–24 Uhr. Schönes Lokal mit hervorragender indischer Küche. ○○

◆ **The Famous Fish Company,** 3–9 King's Battery,
Point Yacht Club, ☎ 031-368 1060, 🕒 tgl. 12–15,
18–22 Uhr. Schöner Blick auf den Hafen. Art-déco-
Einrichtung. Gute Fischgerichte. ○○

◆ **La Dolce Vita,** 4 Durban Club Place (1. St.),
☎ 031-301 8161, 🕒 So gschl. Die besten italienischen Gerichte in Durban. ○○

! GANZ SCHÖN SCHARF
Im indischen Viertel
sollten Sie sich die
leckeren Gerichte der
kleinen Garküchen auf
Rädern nicht entgehen
lassen. Empfehlens-
wert sind die gefüllten
Pfannkuchen.

◆ **Bat Café,** 45 Maritime Place, BAT Centre,
☎ 031- 368 2029, ◷ Di–So 10–24 Uhr. Afrikanische
Küche in traditionell eingerichtetem Café. ○ Im BAT
Centre gibt es auch Kunsthandwerk und Live-Musik.

Nightlife

◆ **Jus! Jazzin,** 14 Shearer Road, South Beach,
☎ 031-368 7727, ◷ Mi–Sa 18 Uhr bis in die frühen
Morgenstunden. Jazz und Cigar Lounge. Restaurant
mit Bar, Sitze in Gitarrenform! Do–Sa Live-Musik.

Junge Zulu-Frau

Einkaufen

◆ **African Art Centre,**
8 Guildhall Arcade,
☎ 031-304 7915,
◷ Mo–Fr 9–17 Uhr, Sa
9–13 Uhr. Arbeiten zeit-
genössischer Künstler,
darunter Skulpturen und
Perlenkunst.
◆ **African Elegance,**
Gillespie Street, Wheel
Shopping Centre,
☎ 031-337 9665,
◷ Mo–Fr 9–18 Uhr, Sa
9–17.30 Uhr, So 10–17 Uhr.
Große Auswahl an Kunst-
handwerk, Stein-und
Holzskulpturen, Leder-
taschen und afrikani-
schem Schmuck.
◆ **Flohmärkte** finden
jeden Sonntag in den
Amphitheatre Gardens,
Snell Parade (9–16 Uhr),
und im Exhibition Centre
statt.

Unterwegs im Zululand

Im Hinterland nordöstlich von **Durban ❶** liegt eingebettet in eine grüne Hügellandschaft das traditionelle Zululand, einst Zentrum des Herrschaftsgebietes des legendären Zulukönigs Shaka, der zu Beginn des 19. Jhs. versprengte Zulustämme zu einer straff organisierten Militärmacht vereinte. Er galt als »Napoleon Afrikas«, dessen Machthunger die Region mit blutigen Kriegen überzog. Letztendlich verfiel er dem Wahnsinn und wurde von seinen Halbbrüdern Dingane und Mhlangane 1828 ermordet. Von dem Glanz des einst so stolzen Kriegervolkes der Zulu ist nicht mehr viel übrig geblieben. Auf den ersten Blick mögen die traditionellen Rundhüttendörfer inmitten der großen Zuckerrohrplantagen zwischen **Eshowe** und **Empangeni** recht idyllisch wirken, doch die Bevölkerung ist bitterarm.

Shakaland ❷, 15 km nördlich von Eshowe, entstand 1986 als Kulisse für die amerikanische TV-Serie »Shaka Zulu«. Im Dorf mit den typischen Bienenkorbhütten sehen Besucher traditionelle Tänze und erfahren etwas über die Kultur dieses Volkes. Man kann auch in den Hütten übernachten, ☎ 035-460 0912, 🖷 460 0824, www.shakaland.com. Ein weiteres Zuludorf ist **Stewart's Farm** bei Eshowe, ☎ 035-460 0644, 🖷 460 0867.

Reed-Dance-Festival

Zwei Wochen vor Shaka's Day am 24. September findet jedes Jahr in der Nähe von Enyokeni die traditionelle Reed-Dance-Zeremonie der Zulu statt. Tausende von geprüften Jungfrauen versammeln sich zu einer Prozession, wobei sie lediglich mit perlenbestickten Röcken oder Schurz bekleidet sind. Setzt sich der Zug mit viel Gesang in Bewegung, tragen die jungen Mädchen lange Bambusstangen zum Königshaus – symbolisch ein Zeichen der Sicherheit, denn die Stangen umzäunen später den Palast. Dort veranstaltet der amtierende **König Goodwill Zwelithini** zusammen mit seinen Zulukriegern einen traditionellen Tanz und erläutert den Mädchen ihr Verhalten als verantwortliche Frauen und »Mütter der Zulu-Nation«.

Die Zeremonie ist sehr umstritten. Traditionalisten befürworten sie mit dem Argument, sie sei ein wichtiges Element im Kampf gegen Aids. Gegner sehen in der Prüfung der Jungfrauenschaft durch ältere, weibliche Gemeindemitglieder eine unrechtmäßige Verletzung der Rechte der Mädchen.

Hluhluwe/ Umfolozi Game Reserve ❸

Die beiden 1989 zusammengefassten Tierreservate **Hluhluwe** und **Umfolozi** (sprich: Schluschluwe/Umfolosi) zählen zu den ältesten des Landes und sind durch einen Korridor verbunden, der einen freien Wildwechsel ermöglicht. Auf 96 000 ha leben Löwen, Elefanten, Leoparden, Büffel, Flusspferde, Giraffen und viele Antilopen. Eine besondere Attraktion sind die Nashörner. Waren sie vor einigen Jahren noch vom Aussterben bedroht, trampeln inzwischen wieder an die 2000 Breit- und Spitzmaulnashörner durch die Landschaft.

> **D**as Spitzmaulnashorn wird auch Schwarzes Nashorn (Black Rhino), das Breitmaulnashorn Weißes Nashorn (White Rhino) genannt.

Auf 100 km Piste können Besucher das Naturschutzgebiet mit dem Auto erkunden. Die wunderschöne hügelige Landschaft mit dicht bewaldeten Flussufern und savannenartigen Ebenen hat ihren besonderen Reiz. Zweimal täglich werden geführte Wanderungen in Begleitung von bewaffneten Rangern angeboten. Mehrtägige Wilderness Trails kann man zwischen März und Nov. bei KwaZulu-Natal Nature Conservation Service, ☎ 033-845 1000, 🖷 845 1086 buchen.

Idealer Ausgangspunkt für Safari-Trips ist das **Hilltop Camp,** Bushveld, Hluhluwe Reserve, ☎ 035-562 0255, 🖷 562 0113, ○○. Rechtzeitig reservieren.

Schildkröten

Das Meereschutzgebiet von Cape Vidal bis hinauf nach Sodwana Bay ist das Revier zweier nachtaktiver Schildkrötenarten. Etwa 100 **Lederschildkröten** und 500 **Unechte Karettschildkröten** zieht es von Mitte Oktober bis März nachts an den Strand, um im Sand je etwa 80 bis 100 Eier abzulegen. Etwa 60 Tage später schlüpfen – ebenfalls nachts – die Jungen, die instinktiv sofort versuchen, das Meer zu erreichen.

Nächtliche Touren zur Beobachtung dieses einmaligen Naturschauspiels werden von der Verwaltung des Sodwana Bay National Park organisiert, ☎ 035-571 0051/2. Direkt buchen kann man bei Coral Divers, ☎ 035-571 0290 oder 571 0050 sowie bei Amoray Diving, ☎ 035-571 0284.

 Hotel

Hluhluwe Inn, 104 Bush Road, Hluhluwe, ☎ 🖷 035-562 0251. Komfortables Hotel, einige Minuten vom Reservat entfernt. ○○

Restaurant
Savannah, Itala Weavers, Hluhluwe,
☎ 035-562 0836, ⏰ tgl. 10–22 Uhr. Fischgerichte,
Pasta und Steaks. ◐◯

****St. Lucia Wetland Park ❹**

Top-Reiseziel ist das Feuchtgebiet um den St. Lucia
Lake an der Nordküste KwaZulu-Natals. Das Reservat
umfasst kleine Seen, be-
waldete Dünen, Sümpfe,
Palmenhaine und wunder-
schöne Strände.

Der 60 km lange Bin-
nensee erstreckt sich
parallel zur Küste, wird
jedoch durch einen bewal-
deten Dünengürtel vom
Meer getrennt. Ein Kanal
schafft eine Verbindung
mit dem Indischen Ozean,
Süß- und Salzwasser
mischen sich und bieten
ideale Voraussetzungen
für eine großartige Vogelwelt. Im seichten Wasser
leben Tausende von Fla-
mingos und Pelikanen.
Der größte geschützte
Bestand Südafrikas an Krokodilen und Flusspferden
ist hier anzutreffen, auch Nilwarane und die Big Five
(s. S. 19) sind im Reservat beheimatet.

Bitte Vorfahrt achten!

An der Küste vergraben die Meeresschildkröten
jedes Jahr ihre Eier im Sand, es ist eines der wichtigsten Brutgebiete Afrikas für die bedrohten Reptilien.
Dank der umfangreichen Schutzmaßnahmen stieg
die Anzahl der Lederschildkröten wieder an.

Das Feuchtgebiet ist ein Paradies für Angler.
Die Korallenriffe des Marine Reserve schillern in den
schönsten Farben, sie sind ideal zum Schnorcheln
und Tauchen. Bootsfahrten, Vogelbeobachtungen,
Wanderungen durch Wälder und Mangrovensümpfe
oder Wildbeobachtungen werden von der Parkver-
waltung angeboten.

! Für den Besuch
der unwegsamen
Kosi Bay und **Ndumu
Game Reserves** an der
Grenze zu Moçam-
bique empfiehlt sich
ein Allradfahrzeug.
Infos bei KwaZulu-
Natal Conservation
Service,
☎ 033-845 1000,
📠 845 1001,
www.kznwildlife.com.

 Information

Tourist Office, St. Lucia, ☎ 035-590 1075,
📠 590 1467, vermittelt Unterkünfte aller Kategorien.
Die Region ist Malariagebiet, Schutzmaßnahmen
sind angeraten; Auskünfte zu Medikamenten gibt die
Travelsafe Clinic, ☎ 011-807 5534.

🏠🏠 **Hotels**

◆ **Falaza Game Park,** Hluhluwe, ☎ 035-562 0319,
📠 562 0739. Privater Wildpark in einem schönen
sandigen Wald. Strohgedeckte Chalets sind im Safa-
ri-Stil eingerichtet, die Besitzer organisieren Boots-
und Reitausflüge, Tauchen in Sodwana Bay und Wild-
safaris. ○○○
◆ **Lalapanzi Lodge,** 7 Sandpiper Street, St. Lucia,
☎ 📠 035-590 1167. Komfortable Unterkunft
im Wildpark. Organisierte Bootsausflüge auf dem
See. ○○
◆ **St. Lucia Lodge,** 30 Pelican Street, St. Lucia,
☎ 035-590 1151, 📠 590 1966, E-Mail: rika@santa-
lucia.co.za. Deutschsprachige Besitzer führen ein
nettes Gästehaus und organisieren kleine Ausflüge
in die Umgebung. ○○

 Restaurant

Lakeview Restaurant, McKenzie Street, St. Lucia,
☎ 035-590 1150, 🕐 Mo–Fr 11–22 Uhr. Italienische
Küche. ○○

*Sodwana Bay National Park ❺

Das Meeresschutzgebiet gilt unter Anglern als eines der weltweit besten Plätze für Marlin, Barrakudas und Königsmakrelen. Im Sommer säumen Hunderte von Geländewagen die langen Strände, vor der Küste schippern ebenso viele Motorboote. Auch Taucher und Schnorchler sind von der weitgehend unberührten Unterwasserwelt der Sodwana Bay begeistert. Tauchunterricht und -ausflüge organisiert **Coral Divers,** ☎ 035-571 0290, 🖷 571 0287, www.coraldivers.co.za.

Wilde Feigenbäume gedeihen im Sumpfgürtel des Parks, viele Schlangenarten winden sich durch den dichten Pflanzenwuchs. Der Park ist insbesondere nach Regenfällen mit einem normalen Pkw nur schwer zu befahren. Übernachtungen in Chalets und auf dem Campingplatz, ☎ 035-571 0051.

Im zweiten Burenkrieg (1899–1902) werden die Buren von den Briten geschlagen

Die Battlefield Route ❻

Die Midlands, eine liebliche Weidelandschaft zwischen der Küste und den majestätischen Drakensbergen, sind geschichtsträchtiger Boden. Hier liegen die historischen Schauplätze der bedeutenden Kriege zwischen Zulus, Buren und Briten, die das Schicksal der ganzen Nation geprägt haben – ausgewiesen als Battlefield Route.

Vryheid war 1884 zur Hauptstadt der »Nieuwe Republiek« der Buren gekürt worden, doch drei Jahre später musste es der ZAR, der Südafrikanischen Republik, beitreten. Nach dem Burenkrieg 1899 schlugen es die Briten ihrer Provinz Natal zu, aber Vryheid blieb im Mittelpunkt burischen Widerstands.

Das ausgezeichnete ***Talana Museum** am Stadtrand von **Dundee** dokumentiert ausführlich die erbitterten Schlachten in der Region (☎ 034-212 2121, 🖷 212 2376, ◔ Mo–Fr 8–16.15 Uhr, Sa/So 10 bis 16.15 Uhr). Der Verlauf des Vormarsches der britischen Truppen lässt sich auf dem Talana Trail nachvollziehen, der Weg beginnt beim Museum und endet bei den beiden britischen Forts.

Rund 50 km östlich von Dundee zweigt eine kleine Straße zum **Blood River Monument** ab, Denkmal der Buren für ihre denkwürdigste Schlacht gegen die Zulu. 1838 standen genau 464 Voortrekker im Schutze ihrer Wagenburg einer Übermacht von 12 000 schwarzen Kriegern gegenüber. Die Buren siegten, mehr als 3000 Zulus starben am Blood River. ◔ Mo–So 8–17 Uhr.

Auf den Hügeln bei **Rorke's Drift** gewannen 1879 britische Soldaten einen Kampf gegen eine Zulu-Armee, im gleichen Jahr besiegten die Zulu ein britisches Regiment auf dem Schlachtfeld von **Isandlwana,** etwa 70 km südöstlich von Dundee.

Während des Burenkrieges 1899 wurde **Ladysmith** 120 Tage lang von burischen Truppen belagert, das **Siege Museum** neben dem Rathaus widmet sich diesem Abschnitt der Geschichte.

Geführte **Battlefieldtouren** bieten das Talana Museum in Dundee,
☎ 034-212 2121, und die Northern KwaZulu-Natal Battlefields Route Association,
☎ 082-802 1643,
🖷 034-981 0176,
www.battlefields.kzn.org.za, E-Mail: route@battlefields.org.za, an.

🏠🏠 **Hotels**

◆ **Isibindi Lodge,** Elandskraal Road, 8 km von Rorke's Drift, ☎ 035-474 1504, 🖷 474 1490, E-Mail: isibindi @iafrica.com. Luxuriöse Lodge im afrikanischen Stil, tolle Lage in einem 1100 ha großen Naturreservat. Touren zu den historischen Stätten Isandlwana und Rorke's Drift mit hoteleigenem Geschichtsführer. ○○○○

◆ **Balbrogie Farm,** an der N11 zwischen Newcastle und Ladysmith, ☎ 🖷 034-651 1352. Komfortable Unterkunft auf einer Schaffarm. ○○

◆ **Stilwater Protea Hotel,** Dundee Road, Vryheid, ☎ 🖷 0381-6181. Gemütliches Hotel mit schönem Garten. Günstiger Ausgangspunkt, um die historischen Schlachtstätten Blood River und Rorke's Drift zu erkunden. ○ ○○

Restaurants

◆ **Miner's Rest,** Vryheid Road, 3 km von Dundee, ☎ 034-212 2121, ◷ tgl. 8–15.30 Uhr, Fr und Sa länger. Urige, historische Bergarbeiterhütte. Ausgewählte Gerichte, z. B. Cordon Bleu, Lamm, Seezunge. ○

◆ **Edward's Restaurant,** Beaconfield/Bandery Road, Dundee, ☎ 034-212 2585, ◷ Mo–Fr 11–14.30 Uhr, 18–22 Uhr, Sa 18–22 Uhr. T-Bone-Steaks, Kalamari, Chickencurry. ○

◆ **Crown & Cannon,** 90 Murchison Street, Ladysmith, ☎ 031-637 2266, ◷ Mo–Do 12–22 Uhr, Fr–Sa 12–23 Uhr, So 12–21 Uhr. Hotelrestaurant im Stadtzentrum mit Auswahl an Steaks, vegetarischen Gerichten und Salaten. ○

Einkaufen

Das **Arts and Crafts Centre,** Evangelical Lutheran Church, Rorke's Drift, ☎ 🖷 034-642 1627, ◷ Mo–Fr 9–16.30 Uhr, Sa/So 10–15 Uhr. Ein Kunsthandwerkszentrum, das sich auf Teppichweben, Töpferarbeiten und Seidenmalerei spezialisiert hat.

❗ ● Ein Abstecher lohnt die noch wenig besuchte **Itala Game Reserve** nordöstlich von Vryheid. Hier kann man die Tiere in Ruhe zwischen eindrucksvollen Klippen oder im weiten Grasland beobachten und sogar ein Bad in den Flüssen nehmen. Reservierung über KwaZulu-Natal Nature Conservation Service, ☎ 033-845 1000, 🖷 845 1001, www.kznwildlife.com.

Die **Drakensberge

Majestätisch ragen die Gipfel der Drakensberge in die Höhe, eine traumhafte Landschaft mit atemberaubender Naturkulisse erwartet den Besucher. Jahrtausende extremer Verwitterung haben schmale Spalten und tiefe Schluchten in die steilen Hänge dieser gigantischen Gebirgskette gewaschen. Die

ersten Voortrekker nannten sie Drachenberge – der gezackte Kamm erinnerte sie an den Rücken dieses Fabelwesens. Die Zulu bezeichnen die Bergkette an der Grenze zu Lesotho als Quathlamba, Wall der erhobenen Speere. Mehrere Naturreservate schützen die bizarre Bergwelt, die von Wanderwegen und Klettersteigen durchzogen ist.

*Royal Natal National Park ❼

Blickfang des Nationalparks ist das beeindruckende ****Amphitheatre,** eine 5 km lange, steil abfallende Basaltfelswand, die sich halbkreisförmig in der Landschaft präsentiert und über die der Tugela River in mehreren Stufen 800 m tief ins Tal stürzt. Im Winter bleibt von den Wassermassen manchmal allerdings nur ein Rinnsal über. Zur Tugela-Schlucht unterhalb des Wasserfalls führt eine herrliche, einfache Tageswanderung (Informationen im Besuchszentrum des Parks, ☎ 038-438 6200).

Überragt wird die dramatische Berglandschaft vom **Mont-aux-Sources** (3282 m) an der Grenze zu Lesotho, er bildet die kontinentale Wasserscheide. Im Mahai-Camp, dem Hauptcamp des Nationalparks (☎ 036-438 6230), kann man eine geführte Tour zum Gipfel buchen. Für die 25 km lange, steile Strecke muss man einfach neun Stunden veranschlagen, übernachtet wird auf dem Gipfel im Zelt. Reitausflüge führen vom Camp Rugged Glen (☎ 036-438 6422) in den nördlichen Parkteil.

Nicht weniger majestätisch wirkt der weiter südlich liegende ***Cathedral Peak** (3004 m). Die anstrengende Besteigung (hin und zurück ein Tag) wird mit einem atemberaubenden Panorama belohnt. Der Wanderweg beginnt direkt am Cathedral Peak Hotel, das wunderschön im Mlambonja-Tal liegt (s. S. 179).

Nach Süden schließen sich die nächsten Dreitausender an, der **Cathkin Peak** (3181 m) und der **Campagne Castle** (3377 m), einer der höchsten Gipfel der Drakensberge.

❗

Der **Natal Drakensberg Park** umfasst die Naturschutzgebiete vom Royal Natal National Park im Norden bis zum Coleford Nature Reserve im Süden. Auskünfte zu Wanderwegen und Übernachtungsmöglichkeiten erteilt KwaZulu-Natal Nature Conservation Service, Pietermaritzburg, ☎ 033-845 1000, 🖷 845 1001.

◄◄ *Spektakuläre Szenerie im Royal Natal National Park*

****Giant's Castle Game Reserve ❽**

Das Reservat wird von der imposanten Basaltwand des gleichnamigen Berges beherrscht. Hier trifft man auf Antilopen, Schakale und Wüstenluchse, in den Lüften kreisen Kap- und Bartgeier, Falken und Adler. Besonderer Anziehungspunkt sind mehr als 5000 Buschmann-Zeichnungen, die an den Wänden von über 50 Höhlen gefunden wurden. Allein rund 500 Zeichnungen birgt eine Höhle, die vom Hauptcamp in 2 km Fußmarsch bequem erreichbar ist.

***Sani Pass ❾**

Die spektakuläre Schotterpiste ist die einzige Verbindungsstraße zwischen KwaZulu-Natal und dem Königreich Lesotho. Sie windet sich hinauf auf den mit 2895 m höchsten Pass Südafrikas (Allradfahrzeug notwendig, Reisepass nicht vergessen). Bei der Schutzhütte auf der Passhöhe beginnt der anstrengende Marsch auf den Thabana Ntlenyana (3482 m), den höchsten Berg auf dem Kontinent südlich des Kilimanjaro. Touren bieten **Sani Pass Tours,** ☎ 🖷 033-701 1064, www.sanipasstours.com, an.

 Der fünftägige ***Giant's Cup Hiking Trail** (60 km) ist einer der schönsten Hütten-Wanderwege in Südafrika. Er erfordert zwar Kondition, weist aber keine bemerkenswerten Schwierigkeiten auf. Informationen und Buchungen für alle Wanderwege beim **KwaZulu-Natal Nature Conservation Service,** ☎ 033-845 1000, 🖷 845 1001.

 Hotels

◆ **Sandford Park Lodge,** an der R616, Bergville, ☎ 036-448 1001, 🖷 448 1047. Altes, renoviertes Farmhaus mit Sicht auf die Berge. ○○○

◆ **Tendele Camp,** Royal Natal National Park, ☎ 🖷 036-438 6411. Unterhalb des Amphitheaters, Chalets und Campingplatz. Fischen, Reiten. ○○

◆ **Cathedral Peak Hotel,** 38 km westlich von Winterton, ☎ 🖷 036-488 1888, www.cathedralpeak.co.za. Großartige Lage mit Blick zum Cathedral Peak. Tennis, Schwimmen, Golf, Reiten und Angeln. ○○

◆ **Sani Pass Hotel,** Sani Pass Road, Himeville, ☎ 033-702 1320, 🖷 702 0220, www.sanipasshotel.co.za. Am Fuße des Passes gelegenes Hotel in traumhafter Landschaft. ○○

 The Trout House, Arbuckle Street, Himeville, ☎ 033-702 1305, 🖷 702 1302, 🕐 tgl. ab 18 Uhr. Frische Forellen, Langusten und Steaks. ○

◆ **Giant's Castle Camp,** Reservierung über Kwa-Zulu Natal Nature Conservation Service, ☎ 033-845 1000, ☎ 845 1086. Chalets in traumhafter Bergland-schaft. ○○

Pietermaritzburg ⑩

Die Provinzhauptstadt Pietermaritzburg wurde zu Ehren der Voortrekker Piet Retief und Gerrit Maritz benannt. Und obwohl die Buren die Stadtgründer sind, steht der Ort ganz im Zeichen des britischen Kolonialstils. Viktorianische Gebäude, teure Elite-Internate, rote Backsteinvillen, gepflegte Parkanlagen und Gärten sowie enge Gassen prägen das Stadtbild.

Imposantes Beispiel des britischen Zeitgeistes ist die ***City Hall,** Ecke Church Street/ Commercial Street, ein viktorianischer Backsteinbau mit vielen Stuckelementen. Im nahe gelegenen **Old Supreme Court** ist die **Tatham Gallery** untergebracht, die neben Werken von südafrikanischen und europäischen Künstlern aus dem 19./20. Jh. auch eine schöne Sammlung an Glas, Keramik und Porzellan ausstellt. ☎ 033-342 1804, ○ Mo–Fr 9–17 Uhr, Sa 9–12 Uhr. Mit dem Bau der **Church of Vow** wurde dem Sieg der Buren über die mächtige Überzahl der Zulu am Blood River gedacht. ⏲ Mo–Fr 9–17 Uhr, Sa 9–12 Uhr.

 Hotels

◆ **Redlands,** 1 George McFarlane Lane, Wembley, ☎ 033-394 3333, 🖷 394 3338. Exklusives modernes Hotel mit antiker Einrichtung in ruhiger Lage. Im Blue Room wird exzellente Küche serviert. ○○○

◆ **Imperial Hotel,** 224 Loop Street, Pietermaritzburg, ☎ 033-342 6551, 🖷 342 9796. Drei-Sterne-Hotel im Stadtzentrum. ○○

◆ **Hilton Hotel,** 1 Hilton Road, Hilton, ☎ 033-343 3311, 🖷 343 3722. Charmantes Landhotel im Fachwerkhausstil, einige Minuten außerhalb der Stadt. ○○

 Restaurants

◆ **Davinci,** 117 Commercial Road, ☎ 033-345 6632, ⏲ tgl. 12–14.30 Uhr, 18–22.30 Uhr. Einfallsreiche italienische Küche und frischer Fisch. ○○

◆ **Turtle Bay,** 7 Wembley Terrace, ☎ 033-394 5390, ⏲ Mo–Fr 12–14 Uhr, Mo–Sa 18.30–23 Uhr. Gutes Restaurant mit exzellenter Auswahl an Fischgerichten, Pasta und Steaks. Probieren Sie Lobster in Senf-Sahne. ○○

◆ **The Keg & Elefant,** Berg/Commercial Road, ☎ 033-394 1357, ⏲ 12–23.30 Uhr, So 12–22.30 Uhr. Kneipen-Restaurant im Stadtzentrum, kleine Snacks, Do oder Fr Live-Musik. ○

🛈 **Pietermaritz-burg Publicity Association,**
177 Commercial Road, ☎ 033-345 1348, 🖷 394 3535, ⏲ Mo–Fr 8–17 Uhr, Sa 8–15, So 9–15 Uhr. Hier wird auch Kunsthandwerk verkauft, darunter Skulpturen, handgewebte Teppiche und Decken, Batik und Schmuck.

Die Südküste

Ein Band kleiner moderner Ferienorte zieht sich von Durban nach Süden bis nach Mtwalume, das warme Wasser des Ozeans schwappt auf die seichten goldenen Sandstrände. Das angenehme Klima und die täglich strahlende Sonne verliehen diesem Küstenabschnitt den Namen **Sunshine Coast.** Strände und Lagunen sind mit Hainetzen gesichert. Das kleine Örtchen **Amanzimtoti ⓫** hat sich zu einem regen Urlaubsort entwickelt – der 7 km lange Sandstrand lädt zum Baden ein, ebenso lockt das Meerwasserschwimmbad Nyoni Rocks. In der Umdoni Road liegt das von Palmen umsäumte ***Bird Sanctuary,** in dem zahlreiche exotische Vögel herumschwirren.

Über Umkomaas gelangen Sie an die felsige Küste von **Scottburgh** – ein beliebter Platz für Sportangler, insbesondere ab Ende Juni, wenn riesige Sardinenschwärme vom Western Cape in die Laichgründe des warmen Indischen Ozeans ziehen.

Die Südküste – Eldorado für Surfer

Dann bricht das »Sardinenfieber« aus. Menschen strömen scharenweise an die Strände und werfen sich in die flachen Wellen, um die Sardinen mit Eimern aus dem Meer zu schöpfen. Im Gefolge der Sardinen schwimmen Raubfische – beste Gelegenheit für Angler, fette Beute einzuholen. Golffreunde schätzen die anspruchsvollen Fairways.

Big Norms, 5 Cordiner Street, Scottburgh, ☎ 039-976 1695, ◷ Di–So 12–14.30, 18–21.30 Uhr. Interessante Fisch- und Fleischkombinationen, Pasta und Currys. ◯

 Hotels

◆ **The Blue Marlin,** 180 Scott Street, Scottburgh, ☎ 039-978 3361, 🖷 976 0971. Renoviertes Hotel mit 120 Räumen im Zentrum, fünf Minuten vom Strand entfernt. Unterhaltungsprogramm am Wochenende. ◯◯

◆ **Cutty Sark,** Old Main Road, Scottburgh, ☎ 039-976 1230, 🖷 976 2197. Altbewährtes Familienhotel in Strandnähe. ◯◯

*Hibiscus Coast

Als Ferienparadies mit schönen Badestränden gilt die Hibiscus Coast von Hibberdine bis Port Edward. Uvongo, Margate, Ramsgate, Southbroom – so lauten die Namen, die besonders in den südafrikanischen Sommerferien im Dezember die Wellenreiter, Segler, Angler und Sonnenanbeter anziehen.

Die Paraden des **Hibiscusfestes** von **Port Shepstone** ⑫ begeistern jedes Jahr im Juli viele Zuschauer. Die gemütliche Hafenstadt ist der größte Ort an der Küste. Donnerstags und samstags dampft der *Banana-Express** landeinwärts durch Bananen- und Zuckerrohrplantagen nach Paddock (Buchung erforderlich, ☎ 039-682 4821).

Ein reizvolles Ausflugsziel ist das ***Oribi Gorge Nature Reserve,** das Leoparden, Paviane, kleine Antilopen und viele Vogelarten beheimatet. Der Umzimkulwana-Fluss hat sich hier stellenweise bis zu 400 m tief in die Sandsteinschichten eingegraben, dichte Wälder säumen die tiefe Schlucht. Unterkunft bietet ein Camp mit kleinen Hütten, ☎ 039-679 1644.

 Das Hotel **Wild Coast Sun** außerhalb von Port Edward an der tropischen Hibiskusküste bietet Luxus pur, fünf Restaurants, einen Vergnügungspark und ein Kasino. ☎ 039-305 9111, 🖷 305 2778. ○○○

 Hotels

◆ **San Lameer Estate Hotel,** Main Road, Southbroom, ☎ 039-313 0011, 🖷 313 0157. Luxusanlage in tropischer Umgebung mit Golfplatz. ○○○○
◆ **Beach Lodge Hotel,** Marine Drive, Margate, ☎ 039-312 0372, 🖷 317 1232. Komfortable Unterkunft in Strandnähe in schönem Garten mit Pool gelegen. Gutes Restaurant. ○○

 Restaurant

◆ **The Bistro,** 1300 Marine Drive, Ramsgate, ☎ 039-314 4128, ◷ Mo–Sa 12–13.30, 18–23 Uhr. Erlesene Speisekarte mit fangfrischen Fischen, Langusten, Prawns und Kalamari. ○○

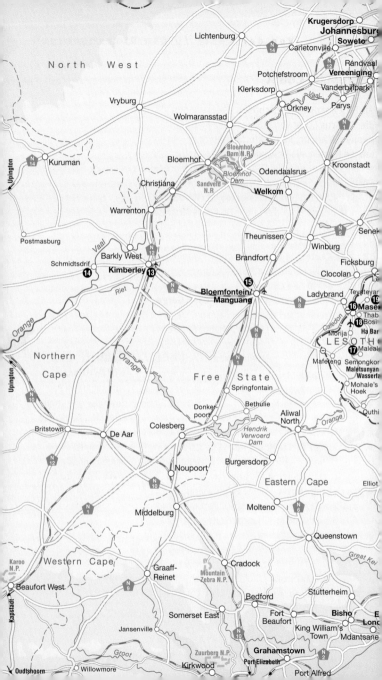

DER SÜDOSTEN

0   100 km

Glitzernde Steine, endlose Felder

Der Nordwesten zwischen Johannesburg, Kimberley und Bloemfontein ist ein dünn besiedeltes Gebiet. Riesige Sonnenblumen-, Mais- und Weizenfelder ziehen sich bis zum Horizont hin. In Kimberley brach im 19. Jh. das größte Diamantenfieber aus, das die Welt je ergriffen hat – ein wenig ist noch heute davon zu spüren.

Die Strecke von Johannesburg nach Kimberley beträgt 470 km, zurück über Bloemfontein ca. 600 km. Eine Rundtour mit Mietwagen oder Bus dauert drei Tage.

Diamantenmetropole Kimberley ⑬

Die Stadt ist ein beliebter Zwischenstopp auf der Strecke Kapstadt – Johannesburg. Manches erinnert noch an die Zeiten des Diamantenfiebers, so das ***Big Hole** – mit 800 m Tiefe und einem Durchmesser von 500 m das größte von Menschenhand gegrabene Loch. 22,6 t Kimberlit sind hier zwischen 1871 und 1914 abgetragen worden. Die Ausbeute: Diamanten mit mehr als 14,5 Mio. Karat. 1914 wurde die Mine geschlossen – eine bedeutende Ära ging zu Ende.

Die ehemalige Kimberley Mine in der Tucker Street ist mit einer historischen Straßenbahn zu erreichen. Ein 1914 restauriertes Modell pendelt zwischen der City Hall und dem Big Hole tgl. zwischen 9 und 16 Uhr hin und her.

Spaziergang durch die Vergangenheit

Wie Kimberley in seinen Glanzzeiten aussah, lässt sich im ***Kimberley Mine Museum** neben dem Big Hole bestens nachvollziehen. Zu den 48 Gebäuden des Freilichtmuseums gehören die erste Kirche des Ortes, die German Lutheran Church of St. Martini, die alte Kneipe »Diggers Rest«, Barney Barnatos Boxing Academy und der private Eisenbahnwagen des Direktors der De Beers Minengesellschaft. Viele der Häuser und Geschäfte besitzen noch die Originalmöbel. In der De Beers Hall strahlt der betörende »Eureka«, der erste in Südafrika gefundene Diamant und der »616«, der mit 616 Karat größte ungeschliffene Stein der Welt. ◷ tgl. 8–18 Uhr, ☎ 053-833 1557.

Der Rundgang durch den ***McGregor Museums-komplex** (☎ 053-842 0099, 🖷 842 1433, ◷ Mo–Sa 9–17 Uhr, So 14–17 Uhr, Kartenmaterial erhält man im Tourist Office) beginnt beim **Old Museum,** Egerton Street, das die Geschichte Kimberleys beleuchtet. Das elegante Haus wurde 1897 als Sanatorium erbaut und später von dem Minenmagnat und Staatsmann *Cecil Rhodes* als Hauptquartier genutzt.

Ein hervorragendes Beispiel spätviktorianischer Architektur ist die ***Dunluce-Villa** (1897), Lodge Street, in dem wunderschönen Wohnviertel ***Belgra-via** (Besichtigung nach Absprache mit Museum).

Kunst von Rang

Von unschätzbarem Wert sind die rund 8000 Fotografien, die in der ***Duggan Cronin Gallery** hängen (Egerton Road, ☎ 053-842 0099, ◷ Mo–Sa 9–17 Uhr, So 14–17 Uhr). Der Ire Alfred Duggan-

Der Traum vom großen Glück

Für die in großer Abgeschiedenheit lebenden, streng gläubigen Buren Johannes und Diederik De Beers war es eher störend, dass man auf ihrer Farm Voouritzicht auf einem Hügel namens **Colesberg Kopje** 1871 und 1872 Diamanten fand, denn für Glücksritter und Goldgräber gab es nun kein Halten mehr: Innerhalb von zwei Jahren schossen Zelte und Blechhütten aus dem Boden, mehr als 50 000 Schürfer vegetierten in der primitiven Siedlung, getrieben von der Jagd nach den funkelnden Steinen. Diejenigen, die nicht den ausbrechenden Seuchen und Krankheiten zum Opfer fielen, verloren den gewonnenen Reichtum in Spielhöllen,

nur wenige sind über Nacht zum Millionär geworden. Den Brüdern De Beers war der Rummel zu viel. Für 6000 britische Pfund verkauften sie ihr Land an Barny Barnato und Cecil Rhodes, der 1889 die De-Beers-Minengesellschaft allein übernahm und so zum mächtigsten Mann Südafrikas aufstieg. Als um 1900 Johannesburg gerade gegründet wurde, war Kimberley bereits eine blühende Stadt mit fünf ertragreichen Diamantenminen, einer Straßenbahn und eleganten Villen. Die älteren Minen sind heute alle bereits ausgeschöpft, noch in Betrieb sind jedoch die Anlagen Du Toitspan, Wesselton und Bultfontein.

Cronin, bei De Beers als Manager und später als Hausfotograf angestellt, hat diese Kollektion in den Jahren 1919 bis 1939 zusammengetragen. Die Aufnahmen der verschiedensten Volksgruppen des Landes galten als einzigartig, viele der festgehaltenen Stammesriten sind heute längst Vergangenheit.

Eine repräsentative Sammlung südafrikanischer Gemälde und Werke niederländischer, flämischer und englischer Meister zeigt die ***William Humphreys Art Gallery,** Civic Centre, Cullinan Crescent, ☎ 053-831 1724, ◷ Mo–Sa 10–13 Uhr, 14–17 Uhr, So 14–17 Uhr. Die Kunstgalerie zählt zu den besten des Landes und besitzt auch Werke von südafrikanischen Künstlern wie Franz Oerder, Jacob Hendrik Pierneef und Peter Wenneng sowie Arbeiten des Bildhauers Anton van Wouw.

 Information

Tourism Kimberley, Bultfontein Road, ☎ 053-832 7298, 🖨 832 7211, www.kimberley.co.za.

Der **Ghost Trail** ist eine unterhaltsame Tour, in der die Geister der verstorbenen Glücksritter und skurile Figuren der Legenden wieder aufleben. **De Beers Tours,** ☎ 053-842 1321, organisiert Touren zu Diamantenminen.

 Verkehr

Zum 8 km entfernten **Flughafen** verkehrt nur ein Taxi. Die wichtigsten Autovermieter sind dort vertreten.

🏠🏠 **Hotels**

◆ **Edgerton House,** 5 Egerton Road, Belgravia, ☎ 🖨 053-831 1150. Im historischen Vorort Belgravia gegenüber vom McGregor Museum. Sehr komfortable Einrichtung mit historischem Ambiente (Nationaldenkmal). Organisiert Stadttouren. ◯◯–◯◯◯

HINWEIS
Grundsätzlich wird beim Kauf von Schmuck, Diamanten etc. Mehrwertsteuer erhoben. Lassen Sie sich die entsprechenden Formulare geben, damit Sie den Betrag am Flughafen bei der Ausreise zurückerstattet bekommen (s. S. 231).

◆ **Milner House,** 31 Milner Street, Kimberley, ☎ 🖶 053-831 6405. Charmantes Haus in ruhiger Gegend mit Pool. ○–○○

Restaurants

◆ **Mario's,** 159 Du Toitspan, Kimberley, ☎ 053-831 1738, 🕐 Mo–Fr 11.30–14 , 18–22.30 Uhr, Sa 18–22.30 Uhr. Mediterrane Küche in schönem Restaurant mit Malereien aus Venedig, Masken und Souvenirs aus aller Welt. ○○.

◆ **Gugulethu,** 75 Du Toitspan Road, Kimberley, ☎ 053-831 5856, 🕐 Mo–Fr 7.30–17, Sa 8–13 Uhr. Traditionelle afrikanische Küche. ○–○○.

◆ **Star of the West,** North Circular/Barkly Street, ☎ 053-832 6463, 🕐 Mo–Sa 10–02 Uhr. Südafrikas älteste Kneipe aus den 70er Jahren des 19. Jhs. Sorgfältig restauriert, erklärte man sie 1990 zum Nationaldenkmal. Bestes Stück: Ein Barhocker, der eigens für Cecil Rhodes angefertigt wurde. ○

Die Dunluce-Villa zeugt von den Glanzzeiten Kimberleys

Einkaufen

◆ **Jewel Box,** 18 West Circular, gegenüber dem Kimberley Mine Museum, ☎ 053-832 1731, 🕐 Mo–Fr 8.30–13 Uhr, 14–16.45 Uhr, Sa 9–12 Uhr. Besucher können Diamantenschleifern und Goldschmieden bei der Arbeit zusehen und Steine und Schmuck auch erwerben.

◆ **Kimberley Flea Market,** 🕐 tgl. 9–17 Uhr.

Bloemfontein ⑮

Die in der weiten Ebene des Free State gelegene Provinzhauptstadt und Gerichtshauptstadt Südafrikas trägt bei den Tswana den Namen Mangawung – Ort der Geparden – in Erinnerung an die Wildnis in grauer Vorzeit, lange bevor weiße Farmer begannen, ihre Felder zu bestellen. Lange blieb die Stadt eine ruhige landwirtschaftliche Siedlung, erst in den vergangenen Jahren hat sie sich zu einer wohlhabenden Handels- und Industriestadt entwickelt.

ℹ Bloemfontein Publicity Association, 60 Park Road, Willows, ☎ 051-405 8111, ◷ Mo–Fr 8–16.15, Sa 8–12 Uhr.

Den Streifzug durch die Stadt beginnt man am besten im ***National Museum,** Charles Aliwal Street, ☎ 051-447 9609, ◷ Mo–Fr 8–17 Uhr, Sa 10–17 Uhr, So 12–17 Uhr. Weit zurück in die Geschichte reichen die Fossilienfunde und archäologischen Ausstellungsstücke. Glanzstück der Sammlung: Der Florisbad-Schädel, der in den 1930er Jahren etwa 50 km

Auf den Spuren der Buschmänner

Einen lebensnahen Einblick in die reiche Kultur der Buschmänner erhalten Sie bei einem Besuch der !Xu- und Khwe-San-Gemeinden in **Schmidtsdrift** ⑭. Als sich die South African Defence Force (SADF) 1990 aus dem Nachbarstaat Namibia zurückzog, entschlossen sich 370 San, die bislang als Fährtenleser gearbeitet hatten, mit ihren Familien nach Südafrika zu emigrieren. Die Armee errichtete zwar ein Lager, doch nur die wenigsten fanden auf den umliegenden Farmen Arbeit. So begann man 1993 mit einem besonderen ***Cultural Project,** in dem das traditionelle, handwerkliche Können der San wieder zum Leben erweckt wird: Auf althergebrachte Weise stellen sie Pfeil und Bogen, Äxte, Schüsseln und

Löffel her, daneben auch aus Holz geschnitzte Tiere, Vasen und Keramiktöpfe. In ihren oft seltsam naiv wirkenden Motiven auf Linolschnitten und bedruckten Textilien kommen ihre Wünsche und Träume zum Ausdruck. Für einen Besuch im Schmidtsdrift sollten Sie den Vorsitzenden der Gemeinde, Mario Mahongo, vorher anrufen, ☎ 053-298 1931 oder 082–822 1586.

Das Projekt wurde 1997 zum Teil auf die **Platfontein Farm,** ca. 20 km von Kimberley (Barkley West Road) umgesiedelt. Etwa zwanzig Künstler leben im Wildebeestkuil Rock Art Centre, in einem Laden werden ihre Produkte verkauft. Für einen Besuch melden Sie sich unter ☎ 053-833 7069 oder bei Peter Mierke, ☎ 072-172 8914, an.

nördlich der Stadt gefunden worden ist. Der Floris-
bad-Mann gilt als ein Vorfahre der Buschmänner und
soll vor etwa 35 000–50 000 Jahren gelebt haben.

Ein Bummel durch die ***President Brand Street**
entlang einiger sehenswerter historischer Gebäude
ist gleichzeitig ein Ausflug in die burische Geschichte. Die kleine Stadt, in der sich 1836 die ersten Voortrekker niederließen, entwickelte sich mit der Gründung des Oranje-Freistaates 1854 zum politischen
Zentrum der Buren. Wahrzeichen ist die **City Hall,**
1935 erbaut und mit italienischem Marmor und bur-
mesischem Teakholz vertäfelt. Der Renaissance-Bau
des 1893 eröffneten Parlamentsgebäudes, der
*Fourth Raadsaal, wirkt mit seiner hohen Kuppel
und dem dorischen Säulenvorbau recht markant.
Hier tagte der burische Volksrat 1900 zum letzten
Mal, als die Briten die Stadt besetzten.

Das Old Government Building neben dem Court of
Appeal beherbergt das ***National Afrikaans Literary
Museum,** eine Fundgrube für Werke prominenter
afrikaanser Autoren sowie für Manuskripte und Fotos. ○ Mo–Fr 8–12.15, 13–16 Uhr, Sa 9–12 Uhr.

Von der **Old Presidency,** 1885 im viktorianischen
Stil errichtet, regierten drei Präsidenten, heute ist
das Museum gleichzeitig Kulturzentrum für Ausstellungen, Theater- und Musikproduktionen,
☎ 051-448 0949. Der ***First Raadsaal** in der St.
George Street aus dem Jahre 1849 ist mit nur einem
bescheidenen Raum das älteste Gebäude der Stadt,
strohgedeckt und im Originalzustand erhalten.
☎ 051-447 9610, ○ Mo–Fr 10–13 Uhr, Sa–So
14–17 Uhr.

 Hotel

Hobbit House, 19 President Steyn Avenue, Westdene,
☎ 🖶 051-447 0663. 1996 als bestes Gästehaus
Südafrikas ausgezeichnet. Viktorianisches Gebäude
mit schönen Zimmern. Kleine Bar im Haus. ○○

 **Beef
Baron,** 22 Second Av.,
Bloemfontein,
☎ 051-447 4290,
○ Mo–Fr 12–14,
18.30–22 Uhr,
Sa 18.30–22 Uhr,
So 12–14 Uhr. Gute
Fleisch- und Fischge-
richte, serviert in
netter Atmosphäre. ○

Lesotho

Das kleinste und ärmste Königreich der Welt bezaubert durch seine faszinierende Bergwelt. Im Frühling bedecken pinkfarbene und weiße Cosmosblüten die grünen Täler, der Sommer ist sehr heiß, der Herbst ideal für Wandertouren, der Winter präsentiert sich mit großer Kälte und schneebedeckten Gipfeln.
Die freundlichen Basothos, die Einwohner des Landes, leben in großer Armut, denn das Land besitzt nur einen einzigen Reichtum: Wasser.

Ein Abstecher von drei Tagen bietet einen guten Einblick in das Land. Die Hauptverkehrsstraßen sind asphaltiert, auf Nebenstrecken ist Vierradantrieb notwendig. In der Regenzeit sind manche Strecken nicht passierbar.

Maseru ⑯

Die Hauptstadt Lesothos, die die Briten 1869 zum Verwaltungssitz des damaligen Protektorats Basotholand erklärten, ist das einzige größere Zentrum des Landes. Von touristischer Bedeutung sind vor allem die Einkaufsmöglichkeiten, z. B. am Markt. Maseru, Mafeteng und Mohale's Hoek wurden jedoch während des Einmarsches südafrikanischer Truppen 1998 teilweise zerstört. Der Wiederaufbau wird Jahre dauern.

 Information

Lesotho Tourist Board, Kingsway Street (am Victoria Hotel), Maseru, ☎ 09266-31 9485, 🖷 31 0108, www.lesotho.gov.ls, E-Mail: ltbhq@ltb.org.ls, ⏱ Mo–Fr. 8–16.30 Uhr, Sa 8.30–13 Uhr. Hier können Sie auch organisierte Touren buchen sowie hilfreiche Straßenkarten und Broschüren erhalten.
SAA fliegt tgl. von Johannesburg nach Maseru. Inlandsflüge nach Thaba-Tseka, Qacha's Nek, Mokhotlong und Sehonghong sind sehr preiswert. Moshoeshoe Airport, ☎ 09266-35 0418.

Meherere Grenzübergänge ermöglichen die **Einreise** mit dem Auto von Südafrika (s. S. 230), eine Bescheinigung des Autovermieters ist mitzuführen.

Die **Vorwahlnummer** für Lesotho von Südafrika aus ist 09266. Die Telefonleitungen funktionieren nicht immer reibungslos.

Lesothos **Währungseinheit** ist der Loti (Mehrzahl Maloti). Möglichkeiten zum Geldwechsel gibt es bei verschiedenen Banken in Maseru. Man kann jedoch überall 1:1 mit südafrikanischem Rand bezahlen.

Hotel

Lesotho Sun, Maseru, ☎ 09266-31 3111, 🖷 31 0104. Bestes Hotel auf einem Hügel oberhalb der Stadt mit ausgezeichnetem Restaurant. ○○○

Restaurants

◆ **Mimo's,** Maseru Club, JN-Road, ☎ 09266-32 4979, ☾ Mo–Sa 12–22.30, So 12–21 Uhr. Nettes Pizzalokal. Die beste Pizza gibt es im **Victoria Hotel,** Kingsway. Das **Maseru Sun Hotel** ist bekannt für seine üppigen Buffets.

Traditionelles Afrika: Lesotho

Einkaufen

◆ Auf dem **Markt** am Kreisverkehr am Ende des Kingsway haben Handwerker ihre kleinen Stände aufgebaut, Frauen verkaufen Gebackenes und allerhand mehr. Nehmen Sie keine Wertsachen mit!

◆ **Basotho Hat** am Ortseingang, gegenüber dem Victoria Hotel, ☎ 09266-32 2523, ☾ Mo–Sa 8–16.30 Uhr. Verkauf von traditionellen Handarbeiten.

Seithati

Weavers, Main South Road, 5 km außerhalb von Maseru, ☎ 09266-32 2138, 🖷 31 0326. Schöne geknüpfte Teppiche, Matten und Wandbehänge.

Im Südwesten

 Die dreitägige **Roof of Africa Rallye** beginnt und endet jedes Jahr Ende November in Maseru: Ein Riesenspektakel auf Lesothos halsbrecherischen Pisten. Zuschauen ist alles. Infos unter www.roofofafrica.org.ls.

Ende September findet das **Morija Arts and Cultural Festival** mit Reiterspielen, Tanz, Theater und toller Musikshow statt; Infos unter www.morijafest.com.

Von Maseru aus schlängelt sich die Hauptstraße Richtung Süden durch eine von Erosion zerfurchte Landschaft und weite Ebenen, auf denen sich Maisfelder ausdehnen. Viehherden grasen am Wegesrand, Bewohner der kleinen Rundhüttendörfer winken freundlich und grüßen die vorbeifahrenden Besucher mit dem traditionellen Friedensgruß »Khotso«. In **Matsieng** lohnt ein Abstecher zum Landsitz des amtierenden Königs Letsie III.

Das älteste Dorf Lesothos, **Morija,** aus dem Jahre 1833, ist nach dem gleichnamigen Berg in der Bibel benannt. Missionare der Pariser Evangelischen Missionsgemeinschaft sammelten Gegenstände der Basotho-Kultur, die heute zusammen mit vielen archäologischen Funden in einem Museum ausgestellt sind. ◷ Mo–Fr 8–16.30, Sa 8–13 Uhr.

Nehmen Sie die Abzweigung nach Motsekuoa. Bei Morunyaneng windet sich die Straße über den **Gate of Paradise Pass** zum einsam gelegenen Ort **Malealea** . Von hier aus führen Wanderungen über Hochebenen und tiefe Täler zu zauberhaften Wasserfällen und Höhlenmalereien der San. Die Basotho sind eine Reiternation, jahrzehntelang war das Pony das einzige Transportmittel in den Bergen. Auch Touristen können zu Pferd abgelegene Täler und Berge erkunden, Reiterfahrung ist nicht notwendig. Die **Malealea Lodge,** ✆ 🖶 0027 51-447 3200, www.malealea. co.ls, bietet z. B. Ausritte zu den Wasserfällen Ribaneng und Ketane oder die Tour nach **Semonkong** an, wo der Maletsunyane-Fluss vor der einmaligen Kulisse der grünen Maluti-Berge 192 m in die Tiefe stürzt.

ZELTEN
Möchten Sie in der schönen Natur einfach Ihr Zelt aufschlagen, informieren Sie vorher den Chief (Häuptling) des Gebietes – er wird Sie willkommen heißen.

 Hotels

◆ **Hotel Mount Maluti,** Mohale's Hoek, ✆ 09266-78 5224. Beliebtes Hotel ca. 125 km von Maseru. Pool, Tennis. Ausflüge. ◐◯

◆ **Semonkong Lodge,** ☎ 🖷 051-933 3106 (in SA).
120 km von Maseru, die letzten 80 km sind unge-
teert. Gemütliches Restaurant und Bar. Nahe zum
Maletsunyane-Wasserfall. Wandern, Ponyreiten,
Forellenfischen. ○–○○

Ausflug in die Blauen Berge

Eine halbe Autostunde von Maseru entfernt in Richtung Südosten liegt auf einem Felsplateau die Fes-
tung ***Thaba Bosiu** ⓲, das
Heiligtum des Landes.

Während Sie gemein-
sam mit einem Führer den
Berg erklimmen (15 Min.),
hören Sie abenteuerliche
Geschichten über Mosh-
oeshoe I., jenen legen-
dären König und Gründer
der Basotho-Nation, der
sich hier 1824 auf dem
»Berg der Nacht« mit
seinem Volk und Flüchtlin-
gen verschiedener Stäm-
me zum Schutz vor den

*Beliebtes Fort-
bewegungsmittel
bei Einheimischen
wie Touristen:
das Basotho-Pony*

Kriegszügen der Zulu unter König Shaka verschanzte.
Die Ruinen der Residenz und der Friedhof jener Hel-
den sind noch zu sehen, die Aussicht über die Weite
des Landes ist grandios.

In dem kleinen Ort Ha Ntsi zweigt ein Weg ab nach
*Ha Baroana. Dort finden Sie einige der besterhalte-
nen Höhlenzeichnungen der San. Zum **Bushmen's
Pass** geht es steil hinauf und weiter zur Molimo
Nthuse Lodge kurz vor dem **God help me Pass.** Ganz
in der Nähe liegt das ***Basotho Pony Trekking Centre**
(☎ 09266-31 7284, 🖷 31 1500). Satteln Sie Ihr Pony,
und genießen Sie die Ruhe auf einem mehrstündigen
Ritt zu den Quiloane-Wasserfällen.

Wasser – ein knappes Gut

Wasser bestimmte in Südafrika selten die Schlagzeilen, entweder floss es reichlich oder gar nicht. Das relativ trockene Land benötigt viel Wasser, etwa für Bewässerungsmaßnahmen in der Landwirtschaft sowie für die Industrie. Gauteng, die am dichtesten besiedelte Provinz, schöpfte bislang das nasse Gut aus dem Vaal River. Extreme Dürrezeiten und ausgetrocknete Flüsse zwangen Südafrika gegen Ende der 1980er Jahre aber dazu, zügig Alternativen zur bestehenden Wasserversorgung zu suchen. Die Idee, das reichlich vorhandene »weiße Gold« aus Lesothos Bergen anzuzapfen, führte zum Lesotho Highlands Water Project – der Vertrag wurde 1986 von beiden Ländern unterzeichnet. Inzwischen fließen täglich bereits 1,6 Mio. Liter Wasser durch den Free State in den Vaal River nach Gauteng.

Zu dem gigantischen Projekt gehört auch die höchste Staudamm-Mauer Afrikas, der 185 m hohe Katse-Staudamm. Die Kosten bewegen sich bei insg. 10 Mrd. Rand. Die Vorteile liegen auf der Hand: Das arme Königreich Lesotho erhält durch den Auftrag tausende von Arbeitsplätzen sowie eine verbesserte Infrastruktur, zudem 55 Mio. US $ pro Jahr von Südafrika als Gebühren für die Wasserrechte.

Mit der Eröffnung des Katse-Staudammes Anfang 1998, die lediglich eine Teillösung für Südafrikas Wasserknappheit bedeutet, ist Phase 1 abgeschlossen. Der Mohale Dam, Phase 2, ist derzeit im Bau und soll 2004 fertig gestellt sein. Weitere Dämme im Hochland sind geplant.

Vor allem das Bewusstsein der Verbraucher soll geändert werden. Deshalb erklärte man Wasser in Südafrika zu einem nationalen Vermögen: Das einst so selbstverständliche Nass wird in einem neu verabschiedeten Gesetz (National Water Bill) strikt limitiert und kontrolliert. Nicht nur höhere Preise sollen die Verbraucher zu Sparmaßnahmen anregen, auch Eigentümer können Wasser auf ihrem Grundstück nur noch mit einer zeitlich begrenzten Erlaubnis nutzen.

Viele Farmer sind besorgt, da die dringend notwendige Feldbewässerung bisher bezuschusst wurde; auch die Anträge der Forstbesitzer auf Wassernutzung werden nicht mehr automatisch verlängert. Große Papierhersteller wie Sappi und Mondi schauen sich schon mal in Moçambique und Angola um, denn dort gibt es noch keine Beschränkungen für Aufforstungsmaßnahmen mit schnell wachsenden Eukalyptusbäumen, die sehr viel Wasser benötigen.

Gleichzeitig erhielten mehr als eine Million Menschen in abgelegenen Landkommunen erstmals fließendes Wasser und können künftig den Hahn aufdrehen – nur 44,7 % der südafrikanischen Haushalte haben bislang fließend Wasser. Doch Südafrika sieht sowohl einer schnell wachsenden Bevölkerung als auch einer steigenden Nachfrage auf dem industriellen Sektor und der Landwirtschaft entgegen. Während die zweite Projektphase in Lesotho beginnt, prüft Südafrika schon neue Möglichkeiten am Zambesi oder Congo.

Hotel

Molimo Nthuse Lodge, ☎ 09266-31 2922. Einsam in den Bergen gelegen, schönes Panorama und guter Ausgangspunkt für Wanderungen und Ponyritte. ○

In den wilden Norden

Das Zentrum der Teppichweberei, **Teyateyaneng** ⑲, liegt auf dem Weg in den Norden. Eine gute Auswahl an Teppichen und Jacken aus Mohairwolle erwartet Sie bei **Sesotho Design,** ☎ 09266-50 0772, ◔ Mo–Fr 8–17 Uhr, Sa 8–13 Uhr, So 10–14 Uhr, man kann auch beim Weben zusehen.

Legen Sie in **Leribe** eine Pause ein und besuchen Sie das **Leribe Crafts Centre,** ☎ 09266-40 0323. Das Angebot reicht von handgewebten Matten und Läufern, Ponchos und Schals bis zu Taschen und anderem Kunsthandwerk.

Von Leribe aus führt eine gut ausgebaute Passstraße in eine atemberaubende grüne Berglandschaft. Raubvögel, darunter auch Bartgeier, segeln durch die Lüfte. Auf diesem Weg gelangt man zum neuen ***Katse-Staudamm** ⑳, der der Wasserversorgung der südafrikanische Provinz Gauteng dient.

Über **Butha-Buthe** führt eine landschaftlich schöne Strecke weiter Richtung Norden nach **Oxbow** ㉑, einem beliebten Ort zum Angeln, Wandern und Ponyreiten. In den klaren Gebirgsbächen und Seen gehen Regenbogenforelle, Karpfen, Barsch und Yellowfish an die Leine. Schutzeit ist von Juni bis Ende August, gegen eine geringe Gebühr ist eine Lizenz erhältlich. ☎ 09266-31 7284.

 Thaba Tours organisiert Tages-Rundfahrten und Touren durchs Hochland nach Durban und Kapstadt. Der deutschsprachige Bernd Heinrichs kennt Kletter- und Wanderziele. ☎ 09266-34 0678, 🖷 31 0275, www.thabatours.de, E-Mail: tours@thaba-tours.de. Für Anfragen in Deutschland: Helmut Klüver, ☎ 0 47 44-39 41.

Typisch Lesotho

Machen Sie Ferien in einem Basothodorf. In Motsoloane, 7 km von Thaba-Tseka entfernt, haben Dorfbewohner zwei einfache Rundhütten hergerichtet. Morgens holen Sie sich frisches Quellwasser, dann nehmen Sie am Dorfleben teil: Körbe flechten, traditionelle Gerichte kochen, Brot backen oder mit den Frauen Heilkräuter sammeln. Info: **Thaba Tours,** ☎ 09266-34 0678, 🖷 31 0275.

Gold, Gram und Glitzer

Johannesburg und
Pretoria/Tshwane
liegen auf einem
etwa 1700 m hohen,
kargen Plateau. Auf
heiße trockene Sommer folgen kalte
Wintertage. Für die
vorgeschlagenen
Sehenswürdigkeiten
sollte man etwa fünf
Tage einplanen.

In der Provinz Gauteng schlägt das ökonomische Herz Südafrikas. Das Wirtschaftszentrum Johannesburg, eine schillernde Stadt, zieht Menschen aus aller Herren Länder an. Ganz anders präsentiert sich der Regierungssitz Pretoria mit dem neuem Namen Tshwane nur 60 km weit entfernt – geprägt vom burischen Erbe und der Nüchternheit einer Verwaltungshauptstadt. Zu den lohnendsten Ausflügen zählen die Magaliesberge und der Pilanesberg National Park.

Johannesburg – Stadt des Goldes ❶

Nur 100 Jahre hat es gedauert, bis Johannesburg zur Millionenmetropole heranwuchs. 1886 entdeckte der Australier George Harrison am Witwatersrand das größte Goldvorkommen der Welt und löste damit einen gewaltigen Rausch aus. Unzählige Glücksritter von überall her ließen sich in dem zunächst armseligen Zeltcamp nieder, das sich in rasantem Tempo zur bedeutendsten Minenstadt des Landes entwickelte. Im Laufe des Booms hat sich die reiche Stadt auch architektonisch in Szene gesetzt: Altehrwürdige

Geisterstadt Johannesburg?

Egoli – die »Stadt des Goldes« wird Johannesburg von den Zulu genannt. Doch der Reichtum ist ungleich verteilt und so lebt die Stadt mit harten sozialen Kontrasten: Arm und Reich prallen extrem aufeinander. Johannesburg trägt den Stempel »Crime Capital of the World« und dieser zweifelhafte Ruf veranlasste Firmen und Geschäftsleute, in die blitzeblanken nördlichen Vororte Sandton und Rosebank umzuziehen. Die gläsernen Superbauten im Zentrum ragen zwar noch trotzig in die Höhe, doch inzwischen ist auch die Börse nach Sandton (26 Gwen Lane, Sandton) umgezogen. Die Hotels in der Innenstadt sind längst geschlossen und sollen ebenso wie die leer stehenden Büroräume in Wohnhäuser umgewandelt werden. Besucher sollten nicht allein unterwegs sein und am besten nur mit dem Taxi fahren.

viktorianische Fassaden und moderne Wolkenkratzer
nach amerikanischem oder europäischem Vorbild
setzen Akzente.

Eintauchen in das Häusermeer

Steigen Sie im **Carlton Centre** Ⓐ in den Fahrstuhl
und sausen in den 50. Stock des Einkaufszentrums.
Das ***Top of Africa** (☎ 011-331 1438, ◷ tgl. 8–19 Uhr)
bietet eine grandiose Aussicht über das Häusermeer
der Stadt. Im Süden und Westen leuchten die gelben
Abraumhalden der Goldminen, im Norden reicht der
Blick bis zu den gepfleg-
ten Villen der reichen
Vororte. An einem klaren
Tag zeichnen sich sogar
die Magaliesberge am
Horizont ab.

*Moderne Skyline von
Johannesburg*

Die lebhafte **Market
Street** ist eine der Haupt-
achsen der Stadt. Händler
auf den Bürgersteigen
verkaufen Obst, billige
Lederwaren oder bieten
eine Schnellrasur an.

Inmitten dieses afrika-
nischen Alltags steht das
Alte Postamt Ⓑ wie ein
Fels in der Brandung. Das
rote Backsteingebäude,
Ecke Rissik Street, wurde
1897 erbaut und erhielt
sieben Jahre später ein
zusätzliches Stockwerk
mit einem Uhrturm.

Die alte **City Hall** Ⓒ
auf der gegenüberliegen-
den Seite galt zur Zeit der
Entstehung 1910 als
Prunkstück der Stadt.

Kulturmix

In der **Diagonal Street** vermischt sich das traditionelle Afrika mit dem modernen Leben: Die Hochglanzfassaden der Bankpaläste und das **De-Beers-Verwaltungsgebäude ❶** in Diamantform ragen machtvoll in den Himmel. Gleich daneben kann man traditionelle Heilmittel günstig kaufen. Im ***KwaZulu-Muti Shop ❺**, Diagonal Street 14a, baumeln Hühnerkrallen, ausgestopfte Affen, Felle und Fruchtbarkeitssymbole von der Decke. Muti (Heilkräuter) sind sehr

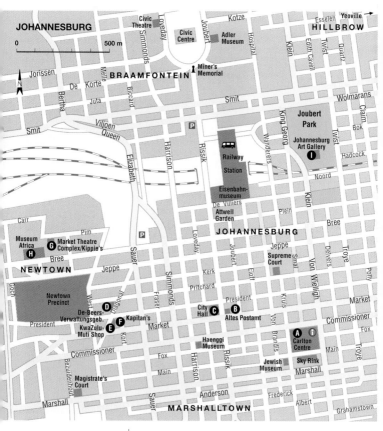

begehrt, der Kramladen dient als Medizin-schrank der Sangomas, der afrikanischen Heiler und Wahrsager. ☎ 836 4470, ◷ Mo–Fr 7.30–17, Sa 7.30–13 Uhr.

Das legendäre Restaurant ***Kapitan's** ❻ liegt gleich um die Ecke in der Kortstreet 11A, ☎ 011-834 8048, ◷ Mo–Sa 12–15 Uhr (Reservierung!). Ausgetretene Stufen führen hinauf in den ersten Stock in das Reich eines humorvollen Inders, dessen Lebensgeschichte oft zum besten Curry der Stadt mitserviert wird. Schon Nelson Mandela traf sich hier mit Gleichgesinnten, als er um 1950 die erste schwarze Anwaltskanzlei in Johannesburg führte.

Kultureller Glanzpunkt der Stadt ist der ***Market Theatre Complex** ❼, Ecke Bree/Wolhuter Street, ☎ 832 1641, 🖷 492 1235, www.market.theatre.co.za, E-Mail: admin@market.theatre.co.za. Auf drei Bühnen werden im ehemaligen Gemüsemarkt seit 1976 Theaterstücke und Shows aufgeführt, darunter echte Klassiker wie das erfolgreiche Musical »Sarafina«, mit dem Autor Mbongeni Ngema den Township-Alltag des geschundenen Südafrika an den Broadway brachte.

Gleich neben dem Market Theatre serviert das Restaurant **Gramadoelas** kapmalaiische Küche mit erlesenen Weinen. In stilvoller Atmosphäre kosten Sie die Spezialitäten des Hauses: Bobotie (gewürztes Curry-Hackfleisch) oder Mopani Worms (gebratene Raupen). ☎ 838-6960, ◷ Di–Sa 12–14.30 Uhr, 18–23 Uhr. ◯◯

Nach einem Theaterbesuch können Sie direkt gegenüber im legendären Jazzclub ***Kippie's** bekannte Live-Bands und Jazzmusiker erleben, ☎ 833-3316. Manager und Musiker Sipho »Hotstix« Mabuse gibt auch jungen Talenten die Chance, auf der Bühne afrikanische Rhythmen erklingen zu lassen.

Ein paar Schritte weiter befindet sich das exzellente ***Museum Africa** ❽ (☎ 833-5624, ◷ Di–So 9–17 Uhr), das sehr anschaulich einen Einblick in die (Ur)-Geschichte Südafrikas vermittelt und neben der

Jeden Samstag findet auf dem Parkplatz vor dem Market Theatre ein **Flohmarkt** mit traditionellem Kunsthandwerk aus ganz Afrika statt. ◷ 9–16 Uhr.

San-Kultur auch das traditionelle Leben der schwarzen Bevölkerung aufzeichnet. Der Alltag der Minenarbeiter unter Tage, die politische Befreiung des Landes und der Weg in die Demokratie sind dort nachzuerleben. In einem nachgebauten Shebeen (früher illegale Townshipkneipe) ertönen Hits der Jazz- und Bluesgrößen Miriam Makeba und Hugh Masekela, die um 1950 in Sophiatown auftraten – einem Vorort, in dem die schwarze Kultur blühte, bis die Einwohner gewaltsam umgesiedelt wurden.

Ein Kunsthaus im klassischen Sinne erreichen Sie vom Stadtzentrum aus am besten mit dem Taxi: Die ***Johannesburg Art Gallery** ❶ im Joubert Park in Hillbrow, 1910 gegründet, zeigt Kunstgegenstände und Werke südafrikanischer und internationaler Künstler, darunter Picasso, Van Gogh, Rodin und Henry Moore. ☏ 725 3130, ◷ Di–So 10–17 Uhr.

Gold

Südafrika besitzt 40 % der Goldreserven der Welt. Die wichtigsten Minen liegen in einem »goldenen Bogen«, der sich 300 km lang von Ost nach West um Johannesburg legt und südlich in den Free State hineinreicht. Ein weit verzweigtes Tunnelnetz zieht sich unter den Erzgürteln entlang, die mit handbetriebenen Maschinen angebohrt und gesprengt werden. Über Tage wird das geförderte Material zu feinem Staub zerkleinert und geschmolzen. Eine Tonne Erz enthält etwa fünf Gramm Gold.

Doch die südafrikanische Goldminenindustrie befindet sich im Umbruch – sie muss wettbewerbsfähiger werden. Durch Fusionen und Umstrukturierungen wurde zwar die Anzahl der Minen auf 20 »gesund geschrumpft«, aber enorme Preisschwankungen, die Finanzkrise in Ostasien und ein harter US-Dollar ließen erst 1997, dann auch 1999 die Preise mit 252 US $ pro Unze auf den tiefsten Stand seit 20 Jahren fallen. Ab etwa 300 US $ pro Unze arbeiten die Goldminen unwirtschaftlich. Kostenintensive Schächte wurden verkauft, Arbeitsmethoden umgestaltet und Arbeitnehmer in den Ruhestand geschickt. Seit 1994 haben 135 000 Bergarbeiter vorzeitig ihren Job verloren. Derzeit sind rund 200 000 Arbeiter in den Minen beschäftigt, etwa 40 % kommen aus den Nachbarländern. So entstand unter Tage eine neue Sprache, Fanakalo, eine Mischung aus Englisch und verschiedenen afrikanischen Stammessprachen. Der Durchschnittsverdienst eines Minenarbeiters liegt bei 3200 ZAR (ca. 320 €) im Monat.

Trendy und Chic

Wer in lockerer Atmosphäre bummeln, Boutiquen besuchen und abends in die Kneipenszene eintauchen möchte, für den ist **Melville** genau das Richtige. Ein Besuch dieses Stadtviertels nordwestlich des Zentrums lohnt sich schon aus einem einzigen Grund: Das
*Bassline (7th Street, ☎ 482 6915, ◷ Di–So 19.30 bis 24 Uhr) bietet täglich ein ausgezeichnetes Programm mit Live-Bands und hochkarätigen Musikern.

Feiner geht es in **Rosebank** weiter nördlich zu. In der modernen Rosebank Shopping Mall sind neben zahlreichen Geschäften auch gute Restaurants, ein Kino und zahlreiche Kneipen und Diskotheken zu finden. In den Betonburgen von **Sandton** steigert sich der Luxus noch. Hier stehen die Top-Hotels, und die teuerste Einkaufspassage mit 300 Läden bietet dem Kunden für viel Geld reichliche Auswahl. Der Sandton Square mit seinen Lokalen gleicht einer importierten Piazza.

Vor Ort in einer Goldmine

*Gold Reef City ❷

Ein **Vergnügungspark** entstand in Gold Reef City, einer nachgebauten Siedlung aus der Goldgräberzeit, die 7 km südlich von Johannesburg über die M1 (Ausfahrt Xavier Street) zu erreichen ist. Rund um die stillgelegte Crown Mine, einst reichste Mine der Welt, sind kleine Läden, Lokale, ein Theater, Druckerei und Hotel originalgetreu im Stil von 1890 errichtet worden. Karussells und Wasserrutschen, Musikgruppen und traditionelle Zulutänzer sorgen für viel Spektakel. Fahren Sie hinab in den alten Minenschacht, lassen Sie sich die Förderung des wertvollen Edelmetalles erklären und sehen Sie, wie das gewonnene Material

> **!**
>
> **W**er den echten Minenalltag kennen lernen möchte, besucht eine Tour bei der **Chamber of Mines** und fährt mit den Arbeitern hinab in die Schächte.
> ☎ 011-674 2769 oder 083-26 3776.

zu einem Goldbarren geschmolzen wird. ☎ 011-248 6800, 🖷 248 6863, ◷ Di–So 9–17 Uhr.

In Gold Reef City gibt es nun auch ein **Casino** (☎ 011-248 5000) und mit einem Theater: **The Globe** ist bekannt für seine Musicals (☎ 011-248 5168).

ⓘ Information

Gauteng Tourism Office, Upper Level-Rosebank Mall, Rosebank, ☎ 011-327 2000, www.gauteng.net, ◷ tgl. 8–17 Uhr.

Computicket, ☎ 011-340 8000, Informationen und Karten zu Veranstaltungen in der Stadt.

! Keine Taschen sichtbar im Leihwagen verstauen. Wertsachen sollten immer im Hotelsafe bleiben. Die Autotüren grundsätzlich verriegeln, Fenster geschlossen halten. Die Polizei bietet auch Touristen Schutz an. Notruf: ☎ 10111.

Verkehr

Der öffentliche Nahverkehr ist miserabel, Fußmärsche in der Innenstadt sind aus Sicherheitsgründen nicht ratsam. So bleiben nur der Mietwagen oder ein Taxi (Taxi-Rose, ☎ 403 9625).

🏠🏠 Hotels

◆ **Michelangelo,** West Street, Sandton, ☎ 011-784 7022, 🖷 282 7171, www.michelangelo. co.za. »Die« Nobelunterkunft im italienischen Renaissance-Stil mit viel Prunk. Liegt oberhalb des eleganten Sandton Square. ○○○○

◆ **Rosebank Hotel,** 13 Tyrwhitt Avenue, Rosebank, ☎ 011-447 2700, 🖷 447 3276, www.rosebank.co.za. Komfortables Hotel in Fußnähe zum Einkaufszentrum von Rosebank, nahe zu Kinos und Restaurants. ○○○

◆ **The Melville House,** 59 Fourth Avenue, Melville, ☎ 011-726 3503, 🖷 726 5990, www.themelville-house.com. Autorin Heidi Holland ist Besitzerin dieses schönen Gästehauses inmitten des Künstlerviertels Melville. Hier können Sie abends zu Fuß zu den Restaurants und Kneipen bummeln. ○

Restaurants

◆ **Linger Longer,** 58 Wierda Road East, Wierda Valley, Sandton, ☏ 011-884 0126, ◷ Mo–Fr 12–15 Uhr, 19–22 Uhr, Sa 19–22 Uhr. Preisgekröntes Traditionshaus mit feiner südafrikanischer Küche. Ausgezeichnete Weinkarte. ◐◐◐

◆ **Carnivore,** 69 Drift Boulevard, Muldersdrift, ☏ 011-957 2099, ◷ tgl. 12–14 Uhr, 18–21 Uhr. Rustikales Ambiente, traditionelle südafrikanische Küche, hervorragende Wildgerichte von Antilope bis Zebra, auch Huhn, Lamm und anderes frisch vom Grill. ◐◐

◆ **Café MezzaLuna,** 7th Street, Melville, ☏ 011-482 2477, ◷ tgl. 9–23.30 Uhr. Gemütliches, rustikales Restaurant mit kleinem Garten in Melvilles beliebter Ausgehmeile. Fisch-, Fleisch- und Nudelgerichte. ◐

Nightlife

◆ **Bassline,** 7th Street, Melville, ☏ 011-482 6915, www.basslinejazzclub.co.za; ◷ tgl. abends Live-Musik, am Sonntag Jam-Session.

◆ **Blues Room,** Village Walk, Maude/Rivonia Street, Sandton, ☏ 784 5527, ◷ Di–Sa ab 20 Uhr. In diesem Club spielen Live-Bands Rhythm and Blues, afrikanischen Jazz, Rock and Roll. À la carte Abendessen.

Einkaufen

◆ **Rosebank Roof Top Market,** Cradock Avenue, ☏ 011-442 4488, ◷ So 9.30–17 Uhr. Größter kommerzieller Flohmarkt mit Kunsthandwerk aus fast allen Teilen Afrikas, Gewürzen, Imbissen, Live-Musik.

◆ **African Craft Market,** am Eingang zur Rosebank Mall, ☏ 011-880 2903, ◷ tgl. 9–17 Uhr. Kunsthandwerk aus ganz Afrika, auch zu bestellen online unter www.craft.co.za.

> **!**
>
> In der Jewel City kann man Goldschmieden und Diamantenschleifern bei der Arbeit zusehen und hochwertige Export-Diamanten und Goldartikel kaufen. **SA Diamond Centre,** 240 Commissioner Street, Johannesburg, ☏ 011-334 8881 (Anmeldung erbeten), ◷ Mo–Fr 9–16 Uhr.

Soweto ❸

Die South Western Township ist die größte Township Südafrikas. Aus rund 50 kleineren Wohnsiedlungen entstand eine riesige Vorstadt für Schwarze. Heute leben hier etwa vier Millionen Menschen, die meisten von ihnen sind Zulu und Sotho. Neben langen Reihen kleiner Steinhäuser stehen immer mehr Wellblechhütten (shacks). Doch es gibt auch mittelständische Wohn- und reiche Villenviertel wie **Orlando West,** wo der Nobelpreisträger Erzbischof Desmond Tutu und Winnie Mandela ihre Häuser haben.

! Nach Soweto sollte man nur im Rahmen einer geführten Tour fahren.

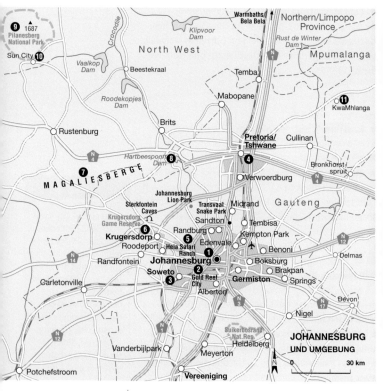

Rund 1000 Gäste werden täglich durch Soweto gefahren, die Touren verlaufen ähnlich: Die **Hector Peterson Gedenkstätte** erinnert an den 13jährigen Jungen, der 1976 bei einer Schülerdemonstration gegen die Einführung von Afrikaans als Unterrichtssprache von der Polizei erschossen wurde. Das **Mandela Museum** im alten Haus des einstigen Ehepaares Nelson und Winnie Mandela liegt nur ein paar Straßen weiter. Im **Chris Hani Baragwanath Hospital** arbeiten 6700 Menschen – es zählt zu den größten der südlichen Hemisphäre. Die **Regina Mundi Church,** einst Zentrum des Widerstands, stellt Werke einheimischer Künstler aus. Soweto besitzt rund 400 Schulen und 300 Kindergärten, vier Kinos und unzählige Shebeens (Kneipen).

Alltag in Soweto

Information

Das Touristenbüro im Besucherzentrum **Ubuntu Kraal,** Orlando West, Soweto, ☎ 📠 011-982 1050, www.ubuntukraal.co.za, hilft bei der Organisation von Aufenthalten.

Jimmy's Face to Face Touren, ☎ 011-331 6109, www.face2face.co.za, beginnen täglich ab Carlton Centre, auch Abholung vom Hotel möglich.

Restaurants

◆ **Wandie's Place,** 618 Dube, Soweto, ☎ 011-982 2796, 🕐 tgl. ab 11 Uhr. Shebeen der Edelsorte mit afrikanischen Speisen wie Maisbrei (Pap), Hühnchen und Innereien (Mogodu). ○
◆ **Ubuntu Kraal** (s. o.), 🕐 Mo–Fr 7–17 Uhr. Afrikanische Küche. Vorbestellung notwendig. ○

🏠🏠 **Lolo's Guesthouse,** Diepkloof Extension, Phase 3, No.1320, Soweto, ☎ 011-985 9183 oder 082-332 2460. Preisgekrönte B&B-Unterkunft, wo man viel über das Townshipleben erfährt; Gäste werden am Flughafen abgeholt. ○

Hauptstadt Pretoria/Tshwane ❹

Die ***Union Buildings,** der Regierungssitz Südafrikas, thront auf der Meintjieskop-Anhöhe im Nordosten der 1,6 Mio. Stadt. Das imposante Sandsteingebäude mit den beiden Kuppeltürmen, Kolonaden und rotem Ziegeldach wurde 1913 fertig gestellt und gilt als architektonisches Meisterwerk des Briten Herbert Baker. Steintreppen führen hinab zu einem Säulenbau, wo am denkwürdigen 10. Mai 1994 Nelson Mandela seine Rede zur Amtseinführung als Staatspräsident hielt.

Burische Geschichte

Die Hauptstadt Südafrikas steckt voller weißer Geschichte. Im Herzen der Stadt liegt der ***Church Square,** der alte Kirchplatz. 1855 gründete hier der Burengeneral Marthinus Wessel Pretorius eine erste Siedlung, die er nach seinem Vater Andries Pretorius, der den Großen Treck in den Norden geführt hatte, benannte. Die historische Stätte mit dem Paul-Krüger-Denkmal bildet eine kleine Insel im Straßenverkehr, umgeben von den alten Fassaden des Justizpalastes, des Postamtes, der Nationalbank und des Ratssaals.

Im ***Cafe Riché,** Church Square, einem Kaffeehaus mit original Jugendstileinrichtung, tranken Besucher schon vor hundert Jahren ihren Kaffee und warfen einen Blick in die Zeitung, während gegenüber die Postkutschen zur Abfahrt bereit standen (☎ 012-328 3173, 🕐 tgl. 6–24 Uhr).

Vom Church Square erstreckt sich in östlicher und westlicher Richtung die 43 km lange Church Street. Im ***Paul Kruger Museum** (☎ 012-326 9172, 🕐 Mo–Fr 8.30–16.30 Uhr, Sa–So 9–16.30 Uhr) wird das Leben des gleichnamigen früheren Präsidenten der Burenrepublik Transvaal sehr anschaulich dargestellt. Unter Krugers Kommando hatten sich die souveränen Burenrepubliken Transvaal und Oranje-Freistaat gegen die britische Oberherrschaft siegreich erhoben. 1883 wurde Kruger Staatspräsident der Zuid-Afrikaansche Republik und wohnte sieben Jahre in seiner viktorianisch eingerichteten Privatresidenz, übrigens das erste Haus Pretorias mit Elektrizität und Telefon.

Noble Adresse: *Melrose House

Das Haus im viktorianischen Stil (☎ 012-322 2805, ◷ Di–So 10–17 Uhr) an der Jacob Mare Street zählt zu den schönsten Gebäuden der Stadt. Der wohlhabende Geschäftsmann George Jesse Heys setzte sich mit dem Bau 1886 selbst ein Denkmal. Er ließ alle verarbeiteten Materialien, Ziegelsteine und eiserne Ballustraden aus England einführen. Die bemerkenswerte Inneneinrichtung gibt einen guten Einblick in das Leben der gehobenen Gesellschaft Pretorias im 19. Jh. Mit der Unterzeichnung des Friedensvertrages von Vereeniging 1902, der den Krieg zwischen Buren und Briten beendete, ging das Melrose House in die Annalen ein.

Nationalheiligtum der Buren

10 km südlich der Stadt erhebt sich das *Voortrekker Monument wie eine Trutzburg auf einem Hügel. Das 1949 erbaute

Viktorianische Architektur in Vollendung: Das Melrose House

Granitdenkmal erinnert an den 16. Dezember 1838, als die Weißen unter der Führung von Andries Pretorius siegreich aus dem Gemetzel gegen die Zulu am Blood River hervorgingen. Mit dem Großen Treck hatten viele Buren die Kapregion verlassen, um der britischen Herrschaft zu entfliehen und weiter nördlich neues Land zu erobern. Als »Sendboten Gottes« kämpften sie gegen die schwarze Bevölkerung und besiegelten ihre Vormachtstellung. Die Aussendung der Buren von Gott wird noch einmal hervorgehoben: Genau am 16. Dezember strahlt die Mittagssonne durch eine Öffnung in der Kuppel auf den Ehrenschrein des Treck-Anführers Piet Retief und beleuchtet die Inschrift: »Ons vir jou, Suid-Afrika« (Wir für Dich, Südafrika) (☎ 012-326 6770, ◷ tgl. 9–16.45 Uhr).

Parkbesuche

Der ***Burgers Park** (🕐 6–18 Uhr, Sommer 6–22 Uhr), angelegt 1892, ist Pretorias älteste Parkanlage. Mit seinen imposanten Palmen, Teichen und dem urigen Café Wien (☎ 012-320 0229, 🕐 tgl. 10–17 Uhr) bildet er eine reizvolle Oase.

Die ***National Zoological Gardens** mit 140 Säugetier- und 120 Vogelarten genießen weltweit einen besonders guten Ruf. Verschiedene Wege führen in dem 60 ha großen Gelände zu Käfigen und Wasserbecken, zum Reptilienhaus und Aquarium. Eine Seilbahn schwebt über dösenden Nilpferden und kauenden Büffeln hinweg zum höchsten Punkt des Zoos, von dem man einen guten Blick über die Stadt hat.(☎ 012-328 3265, 🕐 tgl. 8–18 Uhr.)

Jacaranda in voller Blüte

🛈 **Information**

Tourist Information, Church Square, Old Netherlands Bank Building, Pretoria, ☎ 012-337 4337, 📠 326 2325, www.visitpretoria.co.za; 🕐 Mo–Fr 8–16.30 Uhr.

 Verkehr

Die Innenstadt ist gut zu Fuß zu erkunden. Für die weiteren Ziele sollten Sie ein Taxi nehmen.

 Hotels

◆ **Victoria Hotel,** Ecke Scheiding/Paul Kruger Street, ☎ 012-323 6053, 📠 323 2426. Altes Haus aus dem Jahre 1892, renoviert und geschmackvoll im viktorianischen Stil eingerichtet. ⭘⭘⭘⭘

! Rund 70 000 Jacaranda-Bäume tauchen Pretoria im Oktober und November in ein lilafarbenes Blütenmeer, ein Ereignis, das mit dem **Jacaranda-Karneval** gefeiert wird.

◆ **Colosseum,** 14 Schoeman/Du Toi Street,
☎ 🖶 012-320 5120. Neues Hotel im Muslim-Stil
errichtet, zentral gelegen, komfortabel. ○○○

◆ **Meintjieskop Guest House,** 145 Eastwood Street,
Arcadia, ☎ 012-430 3711, 🖶 430 4037. Schönes
altes Haus aus dem Jahre 1920, renoviert und stilvolle Atmosphäre, direkt unterhalb der Union
Buildings. ○○

Restaurants

◆ **Mostapha's,** 478 Duncan Street, Hatfield,
☎ 012-342 3855, 🕙 tgl. 10–23.30 Uhr. Verschiedene
marokkanische Gerichte. Fr/Sa Bauchtanz, gute
Stimmung. ○○

◆ **News Café,** Burnett/Hilda Street, Hatfield,
☎ 012-362 7190, 🕙 Mo–Fr 7–24 Uhr, Sa/So
8–24 Uhr. Beliebte Bar am Hatfield Square. Spezialität: Kebab und Hühnchen. ○

FLANIERMEILE HATFIELD
Die **Burnett Street** in Hatfield im Osten Pretoria ist der Tipp für alle, die gerne gemütlich einkaufen und hinterher eine nette Kneipe oder ein gutes Restaurant besuchen wollen.

Ausflüge ins Grüne

Auf der **Heia Safari Ranch ❺**, etwa 20 km in nord-
westlicher Richtung in Muldersdrift gelegen, bewegen
sich Giraffen, Zebras und Springböcke frei im Gelände, das der deutsche Besitzer Franz Xaver Richter
schon vor fast 30 Jahren eingerichtet hat. Im nachgebauten Kraal Phumangena Umuzi leben Angehörige des Zulu-Volkes. Sonntags zeigen die Mzumba
Dancers ihre traditionellen Tänze, zum Beispiel den
Schlangentanz aus Venda. Sie können in einem der
45 Rondavels übernachten oder im Aloeridge Hotel
wohnen, das mit einer stimmungsvollen Besonderheit aufwartet: Während im Restaurant »The Gorge«
das Abendessen aufgetragen wird, können Gäste
durch ein riesiges Teleskop die Sterne beobachten.
☎ 011-659 0605, 🖶 659 0709, Reservierung notwendig.

Eine Safari-Tour zum ***Krugersdorp Game Reserve** ❻ (45 km von Johannesburg auf der R24 Richtung Rustenburg) lohnt sich allemal. Der Wildpark beheimatet neben vielen Antilopen auch Büffel, Breitmaulnashörner, Geparden und Löwen. Übernachtung in komfortablen Chalets oder auf dem Zeltplatz, Buchung und Information ☎ 011-665 1735.

In den nahen ***Sterkfontein Caves** wurden Hunderte von Fossilien gefunden, darunter ein komplettes Skelett eines 3,2 Mio. Jahre alten Affenmenschen. ☎ 011-956 6342, ☼ Di–So 9–16 Uhr.

 Wassersport

River Tours and Safari (19 Rembrandt Street, Petervale, ☎ 011-803 9775, 📠 803 9603) organisieren auf dem **Vaal River** ein- und mehrtägige Schlauchboottouren zum Hadeda Creek Camp bei Parys. Abends entspannen Sie sich am Lagerfeuer, übernachten im Zelt und werden frühmorgens vom Schrei des Fischadlers geweckt. Auch Touren nach Wunsch.

> **!**
>
> **E**isenbahnnostalgiker werden für die Anfahrt von Johannesburg zu den Magaliesbergen gerne auf den **Magaliesberg Express** umsteigen,
> ☎ 011-888 1154.

Kunst der Ndebele

Die farbenfrohe Malkunst der Ndebele-Frauen ist nur noch an wenigen Orten zu bewundern, so im Museumsdorf **Kgodwana** in der Umgebung von **Kwa Mhlanga** ⓫, einer Kleinstadt etwa 40 km nördlich von Bronkhorstspruit. Hier erfahren Sie alles über die kunstvollen Motive und erhalten Auskunft über die Bauweise afrikanischer Hütten. Eine telefonische Anmeldung bei Petrus Mahlangu ist notwendig, (☎ 013-930 7046).

Im kleinen Nachbardorf ***Weltevrede** (oder Mabhoko) lebt die Künstlerin Franzina Ndimande. Die über 60 Jahre alte Frau hat viele Häuschen in ihrer Heimat bemalt, darunter die Dorfkirche. Noch heute werden zu Hochzeiten, bei Erntebeginn oder Beschneidungszeremonien die Hauswände mit den bunten geometrischen Mustern verziert.

Die **Magaliesberge** ❼, eine wild zerklüftete Bergkette nordwestlich von Johannesburg, sind ein beliebtes Wanderparadies. Da weite Teile des Naturschutzgebietes Privatgelände sind, sollte man sich bei den Eigentümern um eine Erlaubnis bemühen (Sikele Game Lodge, ☎ 014-577 1154 oder Mount Grace Park, ☎ 014-577 1350). Infocentre, ☎ 014-577 1733.

In den östlichen Ausläufern der faszinierenden Bergwelt liegt der **Hartbeespoort Dam ❽**, viel besuchtes Ziel am Wochenende. Noch bevor die Hauptstraße durch einen Tunnel zum Damm führt, weisen Schilder den Weg zur Seilbahnstation in Hartbeespoort. Schweben Sie hinauf auf die Berggipfel und genießen Sie bei einem Picknick die herrliche Sicht (☏ 012-253 1706, ⏱ tgl. 9–15.30 Uhr, Sa/So bis 17.30 Uhr).

Paradiese aller Art

Farbenfohe geometrische Muster zieren die Häuser der Ndebele

Das 50 000 ha große Schutzgebiet des ***Pilanesberg National Park ❾** liegt im Krater eines erloschenen Vulkans. Die weiten Ebenen, dicht bewachsenen Schluchten und steilen Berghänge sind u. a. die Heimat der »Großen Fünf«. Nilpferde liegen in Wasserlöchern, Giraffen recken den langen Hals, Antilopen und Zebras ziehen vorbei und mehr als 300 Vogelarten schwirren durch die Lüfte. Übernachtungen in verschiedenen Camps vom schlichten Zeltlager bis zu komfortablen Hütten. Informationen ☏ 014-555 5351, 🖷 555 7555.

Die Fahrt zum Wildpark lässt sich gut mit einem Besuch des Spielerparadieses ***Sun City ❿** verbinden. Dieses südafrikanische Las Vegas entstand zu Apartheidzeiten im ehemaligen Homeland Bophuthatswana in einem der ärmsten Gebiete des Landes, damit vor allem Weiße ungestört ihrer Vorliebe nach Glücksspielen wie Black Jack und Roulette nachgehen konnten. In der künstlichen Glitterwelt haben aber auch Golfspieler und Drachenflieger ihren Spaß. Zudem lassen Tanzveranstaltungen und Unterhaltungsprogramme mit internationalen Stars in den luxuriösen Hotels bestimmt keine Langeweile aufkommen.

Gleich neben dem Vergnügungsmekka ließ Sol Kerzner, einer der reichsten Unternehmer Afrikas, 1992 eine zweite Kasinostadt, **Lost City,** errichten – eine fast kitschig wirkende Märchenwelt. Bis ins kleinste Detail wird der Mythos von einem versunkenen afrikanischen Reich vorgegaukelt und mit technischen Raffinessen untermalt. Mittelpunkt ist das Luxus-Hotel **The Palace** mit seinen Türmchen, eingebettet in einen künstlichen Regenwald mit Bächen und Wasserfällen und einem Sandstrand, der von Wellen umspült wird.

▲ *The Palace – Prunkstück von Sun City*
▶ *Löwen leben in Rudeln von bis zu 30 Tieren*

Hotels

◆ **The Palace,** ☎ 014-557 3228, 🖷 557 4431, www.suninternational.com. Der Legende nach ist der Palast für einen König aus Nordafrika gebaut worden, der hier mit seinem Volk residierte, bis ein Erdbeben die Residenz zerstörte. Das wieder aufgebaute Königshaus bietet Luxus pur in einer afrikanischen Märchenwelt, Blicke auf das »Valley of Waves« und den Lost City Golf Course. ○○○○

◆ **Sun City Hotel,** ☎ 014-557 5380, 🖷 557 4210. Alle Räume mit Blick auf Swimmingpool und See. 24 Stunden-Zimmer-Service. Im Restaurant Orchid, ◷ Mo–Do 18–23 Uhr, Fr, Sa, So 18–24 Uhr, werden asiatische Speisen serviert. Das Sun City Casino und Sun City Theater sind ebenfalls im Hotel untergebracht. ○○○○

◆ **The Cascades,** ☎ 014-557 5840, 🖷 557 3447. Schön gelegen, mit Blick auf die angelegten Wasser-Kaskaden im tropischen Garten. ○○○○

◆ **The Cabanas,** ☎ 014-557 5330, 🖷 557 1885. Mehr Familienatmosphäre bietet dieses Vier-Sterne-Hotel, nahe zum Vergnügungspark für Kinder und zum See. ○○○

Highlights des Nordens

Im Nordosten des Landes bricht die grandiose Bergwelt der Drakensberge abrupt ab und gibt den Blick über die weite Ebene des Lowveld frei.
Hier liegt der Krüger-Nationalpark, das bekannteste Naturschutzrefugium Afrikas.

Den Norden Südafrikas können Besucher ganzjährig bereisen, regenreich ist die Zeit von Oktober bis März. Teile des Krüger-Nationalparks und der Drakensberge sind Malariagebiete. Empfohlene Aufenthaltsdauer: fünf Tage.

****Der Krüger-Nationalpark ❶**

Das bedeutendste und älteste Naturschutzgebiet Südafrikas ist gerade 100 Jahre alt geworden. Er erstreckt sich über eine gewaltige Fläche von 20 000 km² entlang der Grenze zu Moçambique zwischen dem Crocodile River im Süden und dem Limpopo River im Norden. Seit 2002 bildet er zusammen mit Reservaten in Moçambique und Simbabwe den 36 000 km² großen **Great Limpopo Transfrontier Park**. Jährlich besuchen über eine Million Touristen aus aller Welt diese einzigartige Wildnis.

Der Krüger-Nationalpark liegt im subtropischen Lowveld. Ende des 19. Jhs. war diese Ebene noch unwirtliches Land, befallen von Malaria, Bilharziose und Tsetsefliege. Die Region galt aber bei den Einheimischen und den Europäern als beliebtes Jagdgebiet, bald drohten die Tierherden auszusterben. Paul Krüger, Präsident des damaligen Ost-Transvaal, erklärte daraufhin 1898 ein kleines Gebiet zwischen den Flüssen Sabi und Crocodile River zum Schutzgebiet. Nach mehreren Erweiterungen wurde es 1926 zum Nationalpark deklariert.

Flora und Fauna

In freier Wildbahn können Besucher heute unzählige Tiere beobachten, allein 148 Säugetierarten, darunter die legendären Big Five: Löwen, Elefanten, Nashörner, Leoparden und Büffel. Neben 500 Vogel- und 116 Reptilienarten streifen über 30 000 Zebras, 9000 Elefanten, 100 000 Impalas und 5000 Giraffen durch den Park, den fünf Flüsse mit Wasser versorgen: Crocodile, Sabie, Olifant, Luvuvhu und Letaba.

In der hügeligen Buschsavanne im Süden finden sich an den Flüssen und Wasserlöchern nahe den Camps Lower Sabie, Crocodile Bridge und Skukuza Nilpferde, Krokodile, Büffel, Elefanten und Giraffen ein. Löwen und Geparde sowie Antilopenherden sieht man eher weiter nördlich nahe bei den Camps Satara und Olifants. Im trockenen Norden leben große Elefanten- und Büffelherden, Leoparden und Nyalas.

Die beste Reisezeit ist von April bis August, dann ist es trocken und sonnig und das Gras nicht so hoch, sodass man die Tiere besser entdecken kann. Wasserstellen sind um diese Jahreszeit gute Beobachtungsposten. Ein Besuch im Frühling oder Sommer hat allerdings den Vorteil, die Natur in voller Blüte zu erleben.

Impalas: zahlreich im Krügerpark vertreten

Eingänge und Camps

Acht Eingänge gewähren Zufahrt in den Park, drei davon sind mit einem Camp verbunden. Das Hauptcamp **Skukuza** liegt am Ufer des Sabi River, ☎ 013-735 4000, am besten über das Kruger Gate zu erreichen. Es besitzt ebenso wie **Phalaborwa** im Westen einen kleinen Flughafen. Im offenen Grasland liegt **Satara,** ☎ 013-735 6306, das **Olifants Camp,** ☎ 013-735 6606, gewährt einen herrlichen Blick auf den gleichnamigen Fluss. Einen Pool bieten das **Pretoriuskop Camp** im Südwesten ebenso wie das Camp **Lower Sabie,** ein idealer Standort, um Tiere auf dem Weg zum Sabie River zu beobachten. **Berg-en-Dal** im Süden ist eine größere Anlage mit modernen Unterkünften. **Punda Maria,** eines der komfortabelsten Camps, liegt an der Nordgrenze.

Insgesamt gibt es 23 verschiedene Camps im Park, davon 12 Restcamps, sechs Buschcamps und mehrere private Camps. Die Auswahl der Übernachtungsmöglichkeiten reicht von Zeltplätzen, strohgedeckten Bungalows bis hin zum Luxus-Chalet, zudem sind Restaurants und Souvenirshops, Waschmaschinen, Telefonzellen sowie Tankstellen vorhanden.

Buchungen für Übernachtungen, Nachtpirschfahrten und begleitete Touren nur über **South African National Parks,** ✆ 012-428 9111, ✉ 343 0905. Während der Schulferien sind die Camps oft ausgebucht, langfristige Reservierung wird empfohlen.

! Die Camps öffnen bei Sonnenaufgang (4.30 Uhr im Sommer, 6.30 Uhr im Winter) und schließen bei Sonnenuntergang (18.30 Uhr im Sommer, 17.30 Uhr im Winter).

Zu Fuß auf Pirsch

Eine empfehlenswerte Wanderung für Naturfreunde ist der *****Bushman Trail.** Beziehen Sie Ihr Lager in der Wildnis und lassen Sie sich auf das Abenteuer ein: Frühmorgens um vier weckt die Buschtrommel und in Begleitung von zwei bewaffneten Rangern wandert die kleine Gruppe durch den Park. Lernen Sie Spuren lesen und Tiere aufspüren, genießen Sie in der aufgehenden Morgensonne das Picknick und staunen Sie, wenn plötzlich eine Elefantenherde auf Tuchfühlung in Sicht ist. Nach einem Mittagsschlaf im Camp rüstet man sich erneut, um Löwen und Nilpferde an ihren Wasserstellen zu beobachten.

! Die von Rangern geführten Wanderungen müssen über South African National Parks, Wilderness Trails, rechtzeitig gebucht werden. Das Gepäck wird in Begleitfahrzeugen transportiert.

Luxus im Busch

An der Westseite des Krüger-Nationalparks liegen einige private Wildparks, im Norden z. B. das **Timbavati Game Reserve** mit acht verschiedenen luxuriösen Camps. Von der schönen Tanda Tula Lodge,

☎ 🖨 015–793 3191, können Sie im Jeep auf Safari gehen und sogar die Big Five treffen.

Weiter südlich erstreckt sich das private Schutzgebiet **Mala Mala,** ☎ 013-735 5661, 🖨 735 5686, www.malamala.com, entlang des Sand River, den die Tiere zum Trinken aufsuchen. Weiter südlich am Fluss erstreckt sich die **Sabi Sabi Game Reserve,** ☎ 011-483 3939, 🖨 483–3799. Alle Parks bieten besten Komfort und exzellente persönliche Betreuung – das kostet allerdings auch seinen Preis.

Panorama-Route

Im fruchtbaren Tal des Crocodile River liegt **Nelspruit ❷**, Hauptstadt der Provinz Mpumalanga und bedeutendes Landwirtschaftszentrum. Das günstige Klima bietet ideale Bedingungen für den Anbau von Zitrusfrüchten. An der Hauptstraße haben zahlreiche Händler ihre Stände aufgebaut und frische Früchte zu kleinen Pyramiden gestapelt: Lychees, Mangos, Avocados, Papayas, Bananen, Melonen, Ananas, auch Nüsse. Ab 2003 bildet der neue Kruger Mpumalanga International Airport das Eingangstor zum Krüger-Nationalpark.

Der **Lowveld National Botanical Garden,** ☎ 013-752 5531, ⏰ Oktober bis April 8–18 Uhr, Mai bis September 8–17.15 Uhr, liegt 3 km nördlich an der R40 Richtung White River an den Ufern des Crocodile River. Das Gelände ist von schönen Spazierwegen durchzogen und präsentiert die Pflanzenvielfalt der Region, darunter heimische Farne, 500 Baumarten und seltene Cycaden.

Der **Nelspruit Golf Club,** ☎ 013-752 2187, heißt auch Gäste willkommen. Reittouren bietet **Kaapsehoop Horse Trail** an, ☎ 013-734 4995.

Im Nussknacker-Tal

Gen Norden windet sich die Panorama-Route durch die zerklüfteten Täler und Schluchten der Drakensberge. Das idyllische Örtchen **White River ❸** taucht auf, dessen Straßen mit Dattelpalmen, üppigen

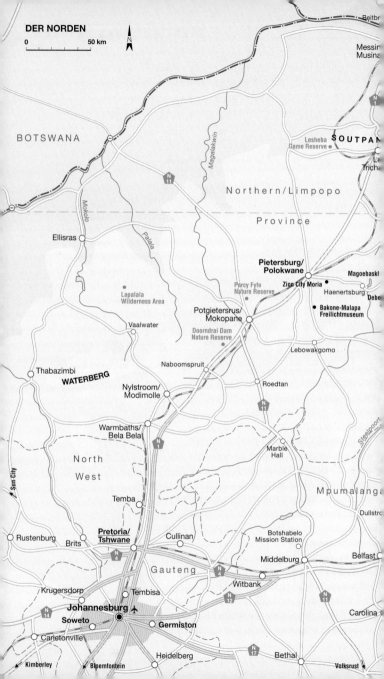

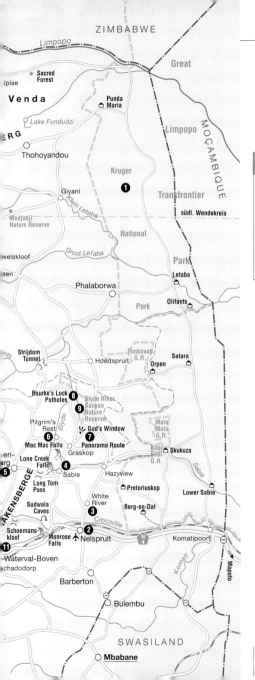

Limpopo

Great

Sacred
Forest

ipise

Venda

Punda
Maria

Limpopo

MOÇAMBIQUE

Lake Fundudzi

ERG

Thohoyandou

Kruger

❶

Giyani

Transfrontier

Klein Letaba

südl. Wendekreis

Modjadji
Nature Reserve

National

Groot Letaba

welskloof

en

Park

Phalaborwa

Letaba

Park

Olifants

Strijdom
Tunnel

Timbavati
G.R.

Satara

Hoedspruit

Orpen

nts

Bourke's Luck
Potholes ❽

Blyde River
Canyon
Nature
Reserve

❾

Mala
Mala
G.R.

Pilgrim's
Rest

Blyde

God's Window

❻

Mac Mac Falls

Panorama Route ❼

Sabi
Sabi
G.R.

Skukuza

Sabie

Lone Creek
Falls

Graskop

❹ Sabie

Hazyview

en-
rg

❺

Long Tom
Pass

Pretoriuskop

Lower Sabie

DRAKENSBERGE

Sudwala
Caves

White
River

Berg-en-Dal

❸

Schoemans-
kloof

Crocodile

Monrose
Falls

✈ Nelspruit

N4

Komatipoort

Maputo

❷

❶❶

Waterval-Boven

achadodorp

Kongati

Barberton

Bulembu

SWASILAND

○ **Mbabane**

> ❗
>
> **B**ester Zeitpunkt für Entdeckungsfahrten in die Nationalparks und Wildreservate sind die frühen Morgenstunden und der späte Nachmittag.

Bougainvilleen und lila blühenden Jacaranda-Bäumen gesäumt sind. Gönnen Sie sich eine Pause und besuchen Sie die ***Rottcher Wineries** am Ortseingang (☎ 0137-51 3884, ⏱ Mo–Fr 8–17 Uhr, Sa 8–15 Uhr, So 9–13 Uhr). Köstlicher Orangenwein und Ingwerlikör wird hier verkostet oder in getöpferten und handbemalten Krügen abgefüllt als schönes Mitbringsel verkauft. Auch eine Besichtigung der angeschlossenen Nussfabrik wird angeboten. Da das Gut einen Reitstall besitzt, können Besucher das herrliche Umland auf dem Pferderücken erkunden.

 Hotel

Gleighnelly Country Lodge, White River, ☎ 013-751 1100, 🖨 751 1200. Neue, moderne Lodge in Stadtmitte mit komfortablen Zimmern und freundlicher Atmosphäre. ○

 Restaurant

Shangana Village, Hazyview, ☎ 013-737 7000, www.shangana.co.za. In einem taditionellen Dorf können Besucher afrikanische Küche probieren, Tanzvorführungen erleben und eine Sangoma (Heiler) kennenlernen. ○○

Probieren Sie die Regenbogenforellen im **Loggerhead Restaurant,** Main Road, Sabie, ☎ 013-764 3341, ⏱ Di–So 11–21 Uhr. Zum Dessert empfiehlt sich eine Amarula-Creme. ○

Rund um Sabie ❹

Das ehemalige Goldgräber-Camp **Sabie** ist das Zentrum des größten Forstgebietes in Südafrika, aus dem rund die Hälfte des Holzbedarfs des Landes gedeckt werden. Im **Forestry Museum,** Ford Street (☎ 013-764 1058, ⏱ tgl. 8–16.30 Uhr), können sich Besucher über Forstwirtschaft, Anbaumethoden, Pflanzen- und Baumarten informieren.

Beeindruckend sind die großartigen Wasserfälle rund um Sabie, wie die **Bridal Veil Falls** und die ***Lone Creek Falls,** die etwa 10 km westlich der Hauptstraße in die Tiefe stürzen.

Sport

Der 62 km lange **Fanie Botha Trail** führt zu den ***Mac Mac Falls.** Die Zwillingswasserfälle stürzen 56 m tief in eine bewaldete Schlucht. Das kristallklare Wasser sammelt sich in natürlichen Becken, die zu einem erfrischenden Bad einladen. Der fünftägige Wanderweg beginnt an der Ceylon Forest Station nahe Sabie, Anmeldung bei SAFCOL, ☎ 012-481 3615.

Für Mountainbiker eignet sich die hügelige Gegend um Sabie wunderbar für Ausflüge. Ein 20 km langer Rundweg beginnt ebenfalls an der Ceylon Forest Station. Für Informationen, Chaletbuchungen und Radverleih ist **Panorama Info,** Market Square, eine gute Kontaktadresse, ☎ 013-764 1125, 🖶 764 1134, www. saftour.co.za, ◷ Mo–Fr 8–16.30 Uhr, Sa 8–13 Uhr, So 9–13 Uhr.

Pilgrim's Rest – Geschichte pur

Die Straße von Sabie nach Lydenburg passiert eine wunderschöne Landschaft und windet sich über den ***Long Tom Pass** (2150 m), der zu den schönsten Panoramastraßen des Landes zählt. Kehren Sie auf der Passhöhe ins **Misty Mountain** ein, sei es zum Essen oder zum Übernachten (☎ 013-764 3377, 🖶 013-764 1482, ◯). Benannt wurde der Pass nach einer 8 m langen Kanone, die im zweiten Burenkrieg gegen die Engländer (»Tommies«) eingesetzt wurde.

Die Voortrekker ließen sich nach langer Suche in dem tiefen Tal jenseits des Passes nieder. Die Siedlung erhielt den Namen **Lydenburg ❺**, »Ort des Leidens«, in Erinnerung an die qualvolle Fahrt mit den Ochsenkarren über steinige Passhöhen und die Menschen, die der Malaria zum Opfer fielen.

Goldgräber-Romantik

**Pilgrim's Rest 6 wurde als historisches Dorf komplett unter Denkmalschutz gestellt. Die beiden Glücksritter William Trafford und Alec Patterson fanden 1873 die ersten Goldklümpchen in einem kleinen Wildbach und voller Freude soll Trafford ausgerufen haben: »The pilgrim is at a rest – der Pilger hat seine Ruhe gefunden«. Ein siebenjähriger Goldrausch begann, dann musste das begehrte Edelmetall unter Tage abgebaut werden. Aus der goldenen Zeit sind noch ein Krämerladen und das Haus der »Pilgrim's Rest & Sabie News«, wo einst die glorreiche Vergangenheit dokumentiert wurde, erhalten geblieben.

Das **Royal Hotel,** erbaut 1884, ist das Prunkstück des Ortes. 1993 erfolgte die letzte Renovierung, es erstrahlt nun im viktorianischen Stil – eine einladende Übernachtungsmöglichkeit. ☎ 013-768 1100. ○○

Sport

Der 69 km lange ***Prospector's Trail** verläuft von Graskop (Start: Morgenzon Plantation Office) durch wunderschöne Landschaften über Pilgrim's Rest nach Bourke's Luck. Der Weg führt auf den Spuren alter Goldgräber zu verlassenen Minen, sensationell sind die Ausblicke auf die Drakensberge. Infos bei SAFCOL, ☎ 012-481 3615, 📠 013-764 2071.

Atemberaubende Ausblicke

Der Aussichtspunkt ***God's Window 7** gibt den Blick auf eine phantastische Schlucht des Blyde River Canyon frei, die etwa 1000 m tiefer im Lowveld liegt. Die nächsten Kilometer laden immer wieder zum Anhalten ein: Die 92 m hohen **Lisbon Falls** und die 80 m hohen **Berlin Falls** liegen nur einige Fahrminuten abseits der Hauptstraße.

Die ***Bourke's Luck Potholes 8** sind durch Flusserosion entstanden. In Millionen von Jahren haben Sand und Geröll beim Zusammenfluss von Blyde und

🛈 **Pilgrim's Rest Tourist Information,** Main Street, ☎ 013-768 1060. Hier erhält man die Eintrittskarten für die Museen (◷ 9–13 Uhr, 13.30–16.30 Uhr) und Infos über Führungen.

!

Angellizenzen, Kartenmaterial und Tipps für die besten Plätze erhalten Sie in Angelläden oder im **Dullstrom Information,** Dullstroom, ☎ 013-254 0254, 📠 254 0255, www.dullstroomreservations.co.za, ◷ Mo–Fr 8.30–17, Sa/So 9–17 Uhr.

Treur River zylinderförmige Auswaschungen in den Fels geschliffen. Die bizarren Aushöhlungen sind von kleinen Brücken aus gut zu sehen. Der Name geht auf den Goldgräber Tom Bourke zurück, der um 1870 hier Gold suchte und Glück hatte (luck = Glück, potholes = Strudellöcher).

Der grandiose ****Blyde River Canyon** ❾ zählt zu den bedeutensten Naturwundern Südafrikas: Der Blyde River schuf diese 26 km lange und 800 m tiefe Schlucht in die Drakensberge. Die grünen Hänge und das rötliche Gestein bilden einen schönen Kontrast zum blauen Himmel in der Abendsonne. Die Three Rondavels genannten Felsen mit ihren bewaldeten Spitzen bewachen den Canyon.

 Sport

Der 30 km lange ***Blyderiverspoort Hiking Trail** beginnt im Paradise Camp bei God's Window und führt hinab in den Blyde River Canyon zu einer alten Mine. Drei Tage mit Hüttenübernachtungen sollte man einplanen. Information ☎ 013-759 5432.

Ob die Bourke's Luck Potholes heute noch Glück bringen?

Anglerparadiese

In der hügeligen Landschaft des Highvelds rund um **Dullstroom** ❿ finden Angler ihr Paradies. Dank des feuchten Klimas ist die Vegetation besonders üppig. Die zahlreichen Flüsse und Bäche bergen einen reichen Schatz an Fischen, allen voran Forellen von beachtlicher Größe. Namen wie »Trout Valley« oder »Ratelspruit River« sind unter südafrikanischen Petrijüngern Synonyme für Anglerglück.

Hotel

Critchley Hackle Lodge, Teding van Berkhout Street, Dullstroom, ☎ 013-254 0145, 🖷 254 0262. Luxus-Unterkunft in schönen Steinhäusern mit Terrasse zum See. Das Restaurant bietet eine erlesene Weinkarte und Abendessen bei Kerzenschein. ○○○○

Auch **Waterval-Boven ⑪** besitzt gute Angelmöglichkeiten. Eine andere Besonderheit ist ein alter Eisenbahntunnel, der 1892 von der Eisenbahngesellschaft der Zuid-Afrikaansche Republiek gebaut wurde. Er war als Teil einer Linie geplant, die Pretoria mit Moçambiques Hauptstadt Maputo verbinden sollte. Ein Spaziergang durch den Tunnel lohnt sich, denn er führt zum Elands River, der tosend in die Tiefe stürzt. Taschenlampe nicht vergessen!

!

Spannen Sie aus bei einer Tasse Tee auf der **Middelkop Tea Estate** bei Tzaneen,
☎ 015-305 4241,
🕙 tgl. 10–17 Uhr.
Führungen durch die Teeplantage um 11, 13 und um 15 Uhr.

Tzaneen ⑫

Tief im Tal des Letaba River inmitten fruchtbarer Felder liegt das Städtchen Tzaneen. In der reizvollen Umgebung mit üppiger subtropischer Vegetation gedeihen Kaffee, Tee, Früchte, Gemüse und auch Nüsse.

Im Land der Regengöttin

Nördlich von Tzaneen liegt das **Modjadji Nature Reserve**, Heimat des Lobedu-Volkes, das sich bereits im 16. Jh. hier angesiedelt hat. Ihr Oberhaupt ist die »Regenkönigin«, eine Nachfahrin der Göttin Modjadji. Sie residiert in ihrem Kraal nahe des malerischen Dorfes Duiwelskloof. Bis in die heutige Zeit haben sich Feste und Rituale erhalten, bei denen die Bevölkerung den Regen herbeibeschwört. Doch Zuschauer sind bei den Zeremonien nicht erwünscht.

Das 305 ha große Gebiet schützt die weltweit größte Ansammlung einer Baumfarnart, die nach der Regengöttin »Modjadji-Palme« benannt wurde. Touren durch die reizvolle Landschaft organisiert Paul Meyer, ☎ 083-441 7617, E-Mail: ltourism@mweb.co.za.

 Hotel

Coach House Hotel, Old Coach Road, Tzaneen, ☎ 015-307 3641. Wunderschön auf einem Berg gelegenes Hotel, das mehrfach ausgezeichnet wurde. Einzigartig ist der Blick von der Terrasse. Englische Küche. ○○○

Unterkunft

Die Auswahl an Unterkünften in Südafrika reicht von einfachen Gästehäusern bis zu luxuriösen Fünf-Sterne-Hotels. Reservierungen sind meist notwendig, besonders in den Wildschutzgebieten und während der Weihnachts- und Osterferien in Südafrika.

Aktuelle Hotelverzeichnisse erhält man über **Info africa**, ☎ 012 660 0880, E-Mail: info@infoafrica.co.za, Internet: www.infoafrica.co.za , oder **South African Tourism**, 60313 Frankfurt/M., An der Hauptwache 11, ☎ 01805 72 22 55, 🖷 069-28 09 50, www.southafricantourism.de. Dort bekommen Sie auch Verzeichnisse von Gästehäusern, Bed & Breakfast-Unterkünften sowie Campingplätzen.

❗ Die Preiskategorien bei den Unterkunftsempfehlungen in diesem Reiseführer gelten für eine Übernachtung pro Person im Doppelzimmer.
○○○○ über 500 Rand
○○○ 300–500 Rand
○○ 150–300 Rand
○ unter 150 Rand

Hotels

Die wichtigsten Hotelketten sind:
Holiday Inn & Southern Sun, ☎ 011-780 0200, 🖷 780 0262, www.southernsun.com, in Deutschland ☎ 0800-181 51 31, 🖷 069-60 90 03 02; zu dieser Kette gehören auch die verbreiteten, günstigeren Garden-Court-Häuser.

Protea Hotels, ☎ 021-419 5320, 🖷 425 2956, www.protea-hotels.co.za, in Deutschland ☎ 089-7 93 26 15, 🖷 7 93 42 25 bietet in ganz Südafrika Häuser der mittleren bis sehr guten Kategorie an.
City Lodge, ☎ 011-445 5300, 🖷 444 5315, www.citylodge.co.za, ist hauptsächlich in den großen Städten vertreten, die Zimmerpreise sind ausgesprochen günstig.

Gästehäuser und Pensionen

Gästehäuser und **Pensionen** gehören zu den beliebtesten und preiswerteren Unterkünften. **Portfolio** hat eine gute Auswahl in drei Broschüren aufgelistet: Bed & Breakfast Collection, Guest House & Small Game Lodge Collection, The Country Places Collection; erhältlich über Satour in Frankfurt/M. (s. o.) oder Portfolio Reservierungsbüro, Johannesburg, ☎ 011-880 3414, 🖷 788 4802; E-Mail: collection@iafrica.com.

Unterkünfte in den Reservaten

Chalets und **Rundhütten** in den staatlichen Wildparks sind unterschiedlich ausgestattet. Die günstigsten Hütten für zwei Personen kosten etwa 90 Rand, Chalets von 350 bis 700 Rand. Während der südafrikanischen Schulferien (Ostern, Juni, Juli, September/Oktober, Weihnachten) sind die Unterkünfte sehr gefragt, deshalb sollte man frühzeitig buchen. Alle Reservierungen, auch für die Campingplätze, übernimmt

South African National Parks, Pretoria,
☏ 012-428 9111, 🖷 343 0905,
Kapstadt ☏ 021–422 2810, E-Mail:
reservations@parks-sa.co.za.
Die meist luxuriös eingerichteten,
teuren Unterkünfte in den privaten
Wildparks sind direkt zu buchen.

Campingplätze und Jugendherbergen

Viele gut ausgestattete, preisgünstige
Caravan- und Zeltplätze sind im
ganzen Land verteilt. SATOUR (s. o.)
verschickt eine Liste, Info africa (s. o.)
hat ein sehr umfangreiches Verzeichnis
zu Caravanparks herausgegeben.
Jugendherbergen (Backpackers) gibt
es ebenfalls fast überall im Land.
Hostelling International South Africa,
Kapstadt, ☏ 021-424 2511, E-Mail:
info@hisa.org.za.

Anreise

South African Airways (SAA) fliegt täglich von Frankfurt und mehrmals
wöchentlich von Zürich nach Johannesburg (Dauer ca. 10 Std.), von London
aus direkt nach Kapstadt. Lufthansa
bietet mehrmals wöchentlich Verbin-
dungen von Frankfurt nach Johannesburg an, LTU fliegt ab Düsseldorf und
München nach Kapstadt. Austrian Airlines und Swiss Air Lines bieten Flüge
ab Wien bzw. Zürich nach Johannesburg. Ab Anfang 2003 wird auch der
Krüger Mpumalanga International Airport bei Nelspruit angeflogen.

Reisen in Südafrika

Flugzeug

Etwa 20 Flughäfen werden in Südafrika
angeflogen, die wichtigsten sind
Johannesburg, Kapstadt, Bloemfontein, Durban, East London, George,
Kimberley, Port Elizabeth und Upington. Neben SAA, ☏ 011-978 1111, verkehren verschiedene private Airlines
zu unterschiedlichen Preisen, zum
Beispiel Comair, ☏ 011-441 8600.
SAA bedient die Hauptverbindungen
von Johannesburg nach Kapstadt, Durban und Port Elizabeth (tgl. jede Stunde). Rechtzeitig vorbuchen bedeutet in
der Regel billiger fliegen.

Mietwagen

Da Busse und Bahnen nicht alle Teile
des riesigen Landes erschließen, bietet sich ein Leihwagen für die Reise an.
Die Auswahl an Verleihfirmen ist groß;
an jedem Flughafen und in den größeren Städten sind problemlos Mietautos
erhältlich. **Budget**, ☏ 011-392 3929,
besitzt ebenso wie **Hertz**,
☏ 0800-60 0136, und **Avis**, ☏ 086-
202 1111, Filialen im ganzen Land,
gegen Aufpreis kann man den Wagen
auch anderswo abgeben. Fahrten in
Nachbarländer müssen mit dem Ver-
mieter abgesprochen werden. Die
Kosten bewegen sich je nach Wagen-
klasse, Saison und Mietdauer ab etwa
40 €/Tag incl. unbegrenzter Kilometer-
zahl. Bei Bezahlung mit einer Kreditkarte entfällt in der Regel die Hinterle-

gung einer Kaution. Ein günstiger lokaler Anbieter ist **Rent-a-wreck,** ☎ 011-402 7043.

Verschiedene Firmen, z. B. **Britz Africa,** ☎ 011-396 18 60, 🖷 396 1937 oder **Campers Corner,** ☎ 011-787 9105, 🖷 787 6900, vermitteln auch Allradfahrzeuge und Wohnmobile, hier liegen die Mietpreise je nach Größe des Fahrzeuges um die 100–150 €/Tag in der Hauptsaison. Oft ist es günstiger, bereits im Heimatland einen Mietwagen zu reservieren.

Der Fahrer des Mietwagens muss 23 Jahre alt sein und einen internationalen Führerschein besitzen. Die Dienste der südafrikanischen **Automobile Association** (AA ☎ 011-799 1000) können von Mitgliedern anderer Automobilclubs kostenlos in Anspruch genommen werden, z. B. die Pannenhilfe, ☎ 0800 01 0101. Die AA vermittelt auch Leihwagen und gibt gutes Kartenmaterial, Straßenzustands- sowie Wetterberichte heraus.

In Südafrika herrscht Linksverkehr; die Geschwindigkeitsbegrenzungen betragen 60 km/h in Ortschaften, 100 km/h auf Landstraßen, 120 km/h auf Autobahnen. Kreisverkehr hat Vorfahrt. Es besteht Anschnallpflicht für alle Insassen. Die Straßen sind gut ausgebaut, die wichtigsten Strecken asphaltiert und außerhalb der Ballungszentren wenig befahren. Die Alkoholgrenze liegt bei 0,8 Promille.

Tankstellen haben in großen Orten rund um die Uhr geöffnet, auf dem Land sonntags geschlossen. Die Benzinpreise sind niedriger als in Europa (ca. 4 ZAR = 0,40 €/l Normalbenzin).

! An Tankstellen kann nicht mit Kreditkarte bezahlt werden.

Bus

Überlandbusse auf den Hauptverbindungsstraßen sind schnell und recht komfortabel, sie fahren meistens über Nacht. Es gibt zahlreiche Unternehmen, empfehlenswert sind **Greyhound,** ☎ 011-333 2078 und **Translux,** ☎ 011-774 3333, Reservierung und Zahlung sind telefonisch mit Kreditkarte möglich. Manche Gesellschaften bieten günstige Netztickets für einen bestimmten Zeitraum an.

Bahn

Zwischen den größeren Städten verkehren zahlreiche, jedoch relativ langsame Personenzüge, z. B. verbindet der **Trans-Karoo Express** die Städte Johannesburg-Kapstadt, der **Diamond Express** fährt von Johannesburg nach Kimberley. Die Preise sind günstig.

Luxuszüge wie der **Blue Train,** ☎ 012-334 8459, 🖷 334-8464 oder **Rovos Rail,** ☎ 012-323 6052, 🖷 323 0843 müssen sehr frühzeitig gebucht werden (s. S. 92 f.).

Verschiedene Nostalgiezüge verkehren auf einigen kurzen Strecken: Der **Magaliesberg Express** bringt Besucher von Johannesburg in die Magaliesberge, ☎ 011-888 1154. Durch Zuckerrohrfelder schnauft der **Banana Express** von Port Shepstone nach Paddock, ☎ 039-682 4821. Der alte **Apple Express** startet in Port Elizabeth und fährt durch Obstanbaugebiete nach Thornhill, ☎ 041-507 2333. Auf der Garden Route pendelt der Dampfzug **Quteniqua Choo-Tjoe** zwischen George

und Knysna, Buchungen in George
☎ 044-801 8202, in Knysna
☎ 044-382 1361. Mehrere Nostalgiezüge der **Union Limited Steam Tours,**
☎ 021-449 4391, 🖷 449 4395
verkehren entlang der Gartenroute.

Infos von A–Z

Behinderte

Behindertengerechtes Reisen ist in
Südafrika gut möglich, für weitere
Infos: Disabled People of South Africa,
☎ 011-333 4505/6; Independent
Living Centre, ☎ 011-482 5474;
SA National Council for the Blind,
☎ 012-346 1190.

Devisenbestimmungen

Pro Person dürfen maximal 500 R in
bar ein- oder ausgeführt werden,
Reiseschecks in Rand in unbegrenzter
Höhe. Fremdwährungen unterliegen
keinen Begrenzungen.

Diplomatische Vertretungen

◆ **Deutsche Botschaft,** 180 Black-
wood Street, Arcadia, Pretoria,
☎ 012-427 8900, 🖷 343 9401.
◆ **Österreichische Botschaft,**
1109 Duncan Street, Pretoria,
☎ 012-452 9155, 🖷 460 1151.
◆ **Schweizer Botschaft,**
818 George Avenue, Pretoria,
☎ 012-430 6707, 🖷 430 6771.

Einkaufen

Die Einkaufszentren (Shopping Malls)
in den Städten bieten viel Auswahl; in
Johannesburg und Kapstadt sind die
Angebote vielfältiger als anderswo.
Kunsthandwerk aus vielen Ländern
Afrikas wird auf den zahlreichen Märkten verkauft, anspruchsvollere Käufer
oder Kunstliebhaber können sich in
Galerien umschauen. Vor dem Kauf
von Gold und Diamanten sollte man
sich im Heimatland nach den Preisen
erkundigen. Die Mehrwertsteuer wird
zurückerstattet (s. S. 231).

Einreise

Besucher aus Deutschland, Österreich
und der Schweiz benötigen für einen
Aufenthalt bis zu drei Monaten kein
Visum, jedoch einen Reisepass oder
Kinderausweis, der noch mindestens
weitere sechs Monate gültig ist. Für
eine Reise in die Nachbarländer Lesotho, Swaziland oder Namibia empfiehlt
es sich, die aktuellen Bestimmungen
bei den jeweiligen Botschaften oder
Konsulaten zu erfragen – in der Regel
ist kein Visum notwendig.

Elektrizität

220/230 Volt Wechselstrom ist üblich,
Ausnahmen bilden Pretoria (250 Volt)
und Port Elizabeth (200/250 Volt).
Es werden dreipolige Steckdosen verwendet, die oft mit zweipoligen Auf-
steckern versehen sind. Adapter erhält
man in Haushaltswarengeschäften
oder Supermärkten.

Feiertage

Neben einigen Festtagen der Juden und Asiaten gelten in Südafrika folgende gesetzliche Feiertage: Neujahr, 21. März (Tag der Menschenrechte), Karfreitag, Ostermontag, 27. April (Freiheitstag), 1. Mai (Tag der Arbeit), 16. Juni (Tag der Jugend), 9. August (Nationaler Frauentag), 24. September (Heritage Day, Tag des Kulturerbes), 16. Dezember (Tag der Versöhnung), 25., 26. Dezember.

Ferien

Die Termine variieren von Provinz zu Provinz: Sommerferien von Anfang Dezember bis Mitte Januar, Osterferien März/April, Winterferien Juni/Juli, Frühjahrsferien September/Oktober. Für diese Zeiten sollten Unterkünfte rechtzeitig vorgebucht werden.

Fernsehen und Radio

Die SABC (South African Broadcasting Corporation) strahlt drei Fernsehprogramme in verschiedenen Sprachen aus. Der Sender etv bietet reine Unterhaltung, der Privatsender M-Net strahlt hauptsächlich Spielfilme aus. SABC hat 19 Radiostationen, ein Sender wendet sich neuerdings an die Khoi-Bevölkerung der San.

Fotografieren

Filme können in größeren Orten innerhalb weniger Stunden entwickelt werden. Sie sind überall erhältlich, kosten jedoch mehr als in Deutschland; das gilt auch für Fotoausrüstungen. Für Tieraufnahmen sollte man ein Teleobjektiv, für Landschaftsaufnahmen ein Weitwinkelobjektiv mitnehmen.

Geld

Währung
Die Landeswährung ist der Rand (ZAR), unterteilt in 100 Cent. Im Umlauf sind Banknoten zu 10, 20, 50, 100 und 200 ZAR. In den Nachbarstaaten Lesotho und Swaziland kann mit Rand 1:1 bezahlt werden.

Reisezahlungsmittel
Empfehlenswert ist die Mitnahme von Reiseschecks (Traveller Cheques) in Euro oder US $. American-Express- und Thomas-Cook-Vertretungen haben günstigere Wechselkurse als die Banken, Rennies Travel erhebt keine Wechselgebühr. Bezahlen können Sie fast überall mit Kreditkarten, auch im Supermarkt: Visa, Mastercard, Diners Club, American Express sind weit verbreitet.

Wechselkurs
Der Wechselkurs des Rand fällt; 1 ZAR entspricht derzeit ca. 0,10 Euro bzw. 0,14 CHF.

Mehrwertsteuer
Die südafrikanische Mehrwertsteuer (VAT – Value Added Tax) beträgt 14 %. Bei einer Gesamteinkaufssumme von mehr als 250 ZAR wird sie am Flughafen zurückerstattet, allerdings nur gegen Vorlage der Kaufquittung und

eines Zusatzformulars, das vom Verkäufer ausgefüllt werden muss. Rechnen Sie für die Abwicklung genügend Zeit am Flughafen ein.

Gesundheit

Ärztliche Versorgung

Die ärztliche Versorgung hat in weiten Landesteilen europäischen Standard. Apotheken (Pharmacy, afrikaans: Apteek) sind auch gleichzeitig Drogerien und wie Ärzte und Krankenhäuser bzw. Krankenstationen in allen größeren Orten zu finden. Wichtige Medikamente sollte man von zu Hause mitnehmen. Adressen von Ärzten finden Sie in jedem lokalen Telefonbuch unter Medical Practitioners.

Gesundheitsvorsorge

Malariaprophylaxe ist in bestimmten Gebieten ratsam, dazu zählen die Provinz Mpumalanga (Krüger-Nationalpark), die Northern Province und der Norden von KwaZulu-Natal. Wegen geeigneten Medikamenten informieren Sie sich bei Ihrem Arzt, einem Tropeninstitut oder der Travel Clinic in Johannesburg, ☎ 011-807 5534. Medikamente sind in südafrikanischen Apotheken ohne Verschreibungspflicht erhältlich. Schützen Sie sich auf jeden Fall mit langen Hosen und langärmligen Blusen, Insektenschutzmittel und Moskitonetz.

Baden Sie wegen möglicher Billharziosegefahr nicht in stehenden Gewässern. Ein Sonnenschutz (Hut, Creme, Brille) ist unbedingt notwendig. Leitungswasser kann bedenkenlos getrunken werden.

Die Aids-Zahlen in Südafrika sind dramatisch: 4,7 Mio. Menschen sind bereits infiziert, die Anzahl der Neuinfizierten ging 2001 erstmals zurück.

Krankenversicherung

Für die Reisedauer sollte eine Auslandskrankenversicherung incl. Rückholtransport abgeschlossen werden, sie ist meistens sehr günstig in einem Reisepaket enthalten, oftmals auch im Kreditkarten-Service miteingeschlossen. Behandlungs- und Krankenhauskosten sind vor Ort zu bezahlen.

Information

South African Tourism (Satour)
◆ An der Hauptwache 11,
60313 Frankfurt/M.,
☎ 01805 72 22 55 (Information),
🖷 0 69-28 09 50,
Mo–Fr 9–17 Uhr;
www.southafricantourism.de, E-Mail: info@southafricantourism.de.

Kriminalität

Generell gilt: In Städten Türen und Fenster im Mietwagen stets geschlossen halten. Handtaschen, Kameras und andere Wertsachen gehören während einer Fahrt in den Kofferraum. Von abendlichen Spaziergängen in Städten ist abzuraten. Nehmen Sie stets nur geringe Bargeldmengen mit und lassen Sie Schmuck, Wertsachen und Dokumente sicher im Hotel zurück. Gehen Sie nicht allein in die Townships, sondern nur im Rahmen einer geführten Tour.

Notruf

Polizei-Notruf: ☎ 1 0111.

Öffnungszeiten

Banken sind in der Regel Mo–Fr von 9–15.30 Uhr geöffnet, samstags von 9–11 Uhr; **Geschäfte** von Mo bis Fr 9–17 Uhr, Sa 8–15 Uhr. In den großen Einkaufszentren kann man teilweise länger und auch sonntags bis 13 Uhr einkaufen. **Postämter** haben Mo–Fr 8–16.30 Uhr, Sa 8–12 Uhr geöffnet. Große **Tankstellen** bieten 24-Stunden-Service.

Post

Die Briefzustellung nach Übersee dauert mindestens eine Woche. Das Porto kostet für Postkarten per Luftpost 3 ZAR, für Briefe 3,20 ZAR. Pakete müssen am Postschalter aufgegeben werden. Wer ganz sicher gehen möchte, kann private Dienste, zum Beispiel Post-Net, in Anspruch nehmen.

Reisegepäck

Warme Pullover, Wanderschuhe und Regenzeug gehören immer ins Gepäck; im Winter (Juni, Juli, August) können die Temperaturen nachts auf unter 0 °C absinken. Leichte Baumwollkleidung ist ideal für den Sommer, Badezeug und Sonnenhut nicht vergessen. In guten Hotels und Restaurants wird abends häufig formelle Kleidung erwartet.

Telefon

Südafrika hat die Vorwahl 0027. Im Land wählen Sie nach Deutschland die Vorwahl 09 49, nach Österreich 09 43, in die Schweiz 09 41; nach Lesotho 09266. Telefonkarten für öffentliche Telefonzellen sind in Postämtern und Geschäften erhältlich. Auslandsgespräche nach Europa kosten etwa 25 ZAR pro Minute, am Abend sind die Tarife niedriger, Hotels berechnen in der Regel mehr. Mit einem D1- oder D2-Handy (Cell) können Sie problemlos telefonieren.

Trinkgeld

Ein »Tip« von 10 % ist üblich. Ein Parkwächter erhält etwa 3 ZAR, Zimmermädchen und Kofferträger ca. 5 ZAR.

Zeit

Zur mitteleuropäischen Sommerzeit gibt es keine Verschiebung, im europäischen Winter ist Südafrika eine Stunde voraus.

Zoll

Bei Wiedereinreise ins Heimatland sind pro Person über 17 Jahre Geschenke bis zu einem Wert von 175 € oder 200 CHF zollfrei. Die Einfuhr von gefährdeten Pflanzen, Tieren und Elfenbein sowie daraus gefertigten Produkten ins Heimatland ist gemäß Washingtoner Artenschutzabkommen untersagt.

Mini-Dolmetscher Englisch

Allgemeines

Guten Morgen	Good morning [gud **moh**ning]
Guten Tag (nachmittags)	Good afternoon [gud after**nuhn**]
Hallo!	Hello! [**häl**loh]
Wie geht's?	How are you? [hau ah‿ju]
Danke, gut.	Fine, thank you. [fain, θänk‿ju]
Ich heiße ...	My name is ... [mai **nehm**‿is]
Auf Wiedersehen.	Goodbye. [**gud**bai]
Morgen	morning [**moh**ning]
Nachmittag	afternoon [after**nuhn**]
Abend	evening [**ihw**ning]
Nacht	night [nait]
morgen	tomorrow [tu**morr**oh]
heute	today [tu**deh**]
gestern	yesterday [**jes**terdeh]
Sprechen Sie Deutsch?	Do you speak German? [du‿ju spihk **dsehöh**mən]
Wie bitte?	Pardon? [**pahdn**]
Ich verstehe nicht.	I don't understand. [ai **dohnt** ander**ständ**]
Sagen Sie es bitte nochmals.	Would you repeat that please? [wud‿ju ri**piht** ðät, **plihs**]
..., bitte.	please [plihs]
danke	thank you [θänk‿ju]
Keine Ursache.	You're welcome. [joh **wäll**kamm]
was / wer / welcher	what / who / which [wott / huh / witsch]
wo / wohin	where [wäə]
wie / wie viel	how / how much [hau / hau **matsch**]
wann / wie lange	when / how long [wänn / hau **long**]
warum	why [wai]
Wie heißt das?	What is this called? [**wott**‿is ðis **kohld**]
Wo ist ...?	Where is ...? [**wäər**‿is ...]
Können Sie mir helfen?	Can you help me? [kän‿ju **hälp**‿mi]
ja / nein	yes [jäss] / no [noh]
Entschuldigen Sie	Excuse me. [iks**kjuhs** miðə]

Sightseeing

Gibt es hier eine Touristeninformation?	Is there a tourist information? [is‿ðər‿ə **tua**rist infəmehschn]
Haben Sie einen Stadtplan / ein Hotelverzeichnis?	Do you have a city map / a hotel guide? [du‿ju häw‿ə **ß**iti mäpp / hoh**täll** gaid]
Wann ist ... geöffnet?	When are the opening hours of ...? [**wänn**‿ah ði **oh**pning auers əw ...]
geschlossen	closed [klohsd]
das Museum	the museum [ðə mjusi**həm**]
die Kirche	the church [ðə **tschöh**tsch]
die Ausstellung	the exhibition [ði egsi**bisch**n]
Wegen Restaurierung geschlossen.	Closed for restoration. [**klohsd** fə rästə**rehsch**n]

Shopping

Wo gibt es ...?	Where can I find ...? [wäə kən‿ai **faind** ...]
Wie viel kostet das?	How much is this? [hau‿matsch is‿ðis]
Das ist zu teuer.	This is too expensive. [ðis‿is **tuh** iks**pänn**ßiw]
Das gefällt mir (nicht).	I like it. / I don't like it. [ai **laik**‿it / ai **dohnt** laik‿it]
Gibt es das in einer anderen Farbe / Größe?	Do you have this in a different colour / size? [du‿ju **häw**‿ðis in‿ə **diffr**ənt **kall**er / ßais]
Ich nehme es.	I'll take it. [ail **tehk**‿it]
Wo ist eine Bank?	Where is a bank? [**wäər**‿is ə‿**bänk**]
Ich suche einen Supermarkt.	I am looking for a supermarket. [aim **luck**ing fər‿ə **ß**uhpəmahkit]
Haben Sie deutsche Zeitungen?	Do you have German newspapers? [du‿ju häw **dsehöh**mən **njuhs**pehpers]
Wo kann ich telefonieren / eine Telefonkarte kaufen?	Where can I make a phone call / buy a phone card? [wäə kən‿ai mehk‿ə **fohn**‿kohl / bai‿ə **fohn**‿kahd]

Notfälle

Ich brauche einen Arzt / Zahnarzt.	I need a doctor / a dentist. [ai **nihd**‿ə **dock**ter / ə **dänn**tist]
Rufen Sie bitte einen Krankenwagen / die Polizei.	Please call an ambulance / the police. [**plihs** kohl ən‿**ämm**bjuləns / ðə pə**lihs**]

Wir hatten einen Unfall.	We've had an accident. [wihw häd ən_äckßidənt]	Es war sehr gut / nicht so gut.	It was very good / not so good. [it_was wärri gud / nott_ßoh gud]
Wo ist das nächste Polizeirevier?	Where is the nearest police station? [wäər_is ðə niarəst palihs stehschn]		

		Ich suche ein gutes / nicht zu teures Hotel.	I am looking for a good / not too expensive hotel. [aim lucking far_ə gud / nott tu ickspännßiw hohtälI]
Ich bin bestohlen worden.	I have been robbed. [ai həw bihn robbd]		
Mein Auto ist aufgebrochen worden.	My car has been broken into. [mai kah həs bihn brohkən inntu]	Ich habe ein Zimmer reserviert.	I have booked a room. [ai həw buckt ə ruhm]
		Ich suche ein Zimmer für ... Personen.	I am looking for a room for ... persons. [aim lucking far_ə ruhm fə ... pöhßns]

Essen und Trinken

Die Speisekarte, bitte.	The menu please. [ðə männju plihs]	Mit Dusche und Toilette.	With shower and toilet. [wið schauər_ənd toilət]
Brot	bread [bräd]	Mit Fernseher / Telefon.	With a television / telephone. [wið teləvischn / teləfoun]
Kaffee	coffee [koffi]		
Tee	tea [tih]		
mit Milch / Zucker	with milk / sugar [wið_milk / schugger]	Mit Balkon / Blick aufs Meer.	With a balcony / overlooking the sea. [wið_ə bälkəni / ohwerlucking ðə ßih]
Orangensaft	orange juice [orrəndseh_dsehuhs]		
Mehr Kaffee, bitte.	Some more coffee please. [ßəm_moh koffi plihs]	Wie viel kostet das Zimmer pro Nacht?	How much is the room per night? [hau_matsch is ðə ruhm pə_nait]
Suppe	soup [ßuhp]		
Fisch / Meeresfrüchte	fish [fisch / seafood [ßihfud]	Mit Frühstück?	Including breakfast? [inkluhding bräckfəst]
Fleisch	meat [miht]	Kann ich das Zimmer sehen?	Can I see the room? [kən_ai ßih ðə ruhm]
Geflügel	poultry [pohltri]		
Beilage	sidedish [ßaiddisch]	Haben Sie ein anderes Zimmer?	Do you have another room? [du_ju häw ənaðer ruhm]
Nudeln	noodles [nuhdls] pasta [pahßtə]		
vegetarische Gerichte	vegetarian food [wädsehətäriən fud]	Das Zimmer gefällt mir (nicht).	I like the room. / I don't like the room. [ai laick ðə ruhm / ai dohnt laick ðə ruhm]
Ei / Eier	egg / eggs [äg / ägs]		
Salat	salad [ßäləd]		
Dessert	dessert [disöht]		
Obst	fruit [fruht]	Kann ich mit Kreditkarte bezahlen?	Do you accept credit cards? [du_ju əckßäppt krädit_kahds]
Eis	ice cream [ais krihm]		
Wein	wine [wain]	Wo kann ich parken?	Where can I park the car? [wäə kən_ai pahk ðə kah]
weiß / rot / rosé	white / red / rosé [wait / räd / rohseh]		
Bier	beer [biə]	Können Sie das Gepäck in mein Zimmer bringen?	Could you bring the luggage to my room? [kud_ju bring ðə laggidsch tə_mai ruhm]
Aperitif	aperitif [əpärrətihf]		
Wasser	water [wohter]		
Mineralwasser	mineral water [minnrəl wohter]	Haben Sie einen Platz für ein Zelt / einen Wohnwagen / ein Wohnmobil?	Is there room for a tent / a caravan / a camper? [is_ðə ruhm fər_ə tänt / ə kärəwən / ə kämper]
mit / ohne Kohlensäure	sparkling / still [spahkling / still]		
Limonade	lemonade [lämmənehd]		
Frühstück	breakfast [bräckfəst]		
Mittagessen	lunch [lanntsch]	Wir brauchen Strom / Wasser.	We need electricity / water. [wi nihd iläcktrissəti / wohter]
Abendessen	dinner [dinner]		
eine Kleinigkeit	a snack [ə_ßnäck]		
Ich möchte bezahlen.	I would like to pay. [ai_wud laik_tə peh]		

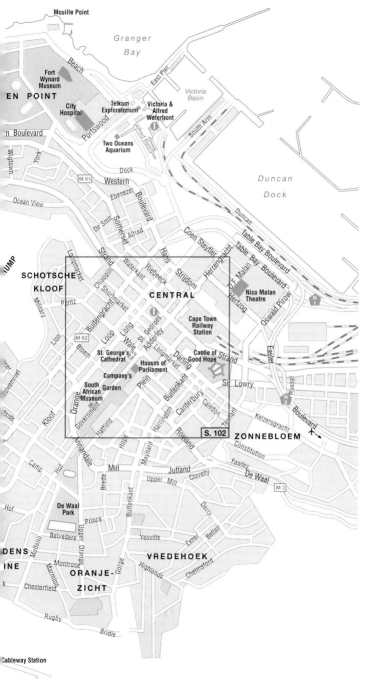

Mouille Point

Granger
Bay

Beach

Fort
Wynard
Museum

EN POINT

City
Hospital

Telkom
Exploratorium

Victoria &
Alfred
Waterfront

East Pier

Victoria
Basin

South Arm

n Boulevard

Portswood

Alfred Basin

Two Oceans
Aquarium

Dock

**Duncan
Dock**

M 61

Western

Ocean View

Ebenezer

De Smit

Somerset

Boulevard

Alfred

Coen Steytler

Duncan

Table Bay Boulevard

Table Bay Boulevard

UMP

Strand

Chiappini

Waterkant

Riebeeck

Struidom

Herrengracht

F. Malan

Hertzog

Oswald Pirow

**SCHOTSCHE
KLOOF**

Longmarket

Pentz

Buitengracht

Shortmarket

CENTRAL

Nico Malan
Theatre

N

Lion

Military

M 62

LOOP

Long

St. Georges

Adderley

Longmarket

Cape Town
Railway Station

Bloem

Wale

Castle of
Good Hope

Strand

St. George's
Cathedral

Darling

Orange

Company's

Houses of
Parliament

Sir Lowry

ner

Kloof

Government

Plein

Buitenkant

Russel

N 2

Boulevard

side

**South
African
Museum**

Garden

Canterbury

Caledon

Keizersgracht

Hatfield

Harrington

Roeland

Tennant

Easter

S. 102

ZONNEBLOEM

Camp

Hof

Annandale

Mill

Maynard

Jutland

Clovelly

Fawley

Constitution

De Waal

M 3

Breda

Upper Mill

Hof

De Waal
Park

Prince

Buitenkant

Yeoville

Derby

Belrair

**DENS
INE**

Molteno

Belvedere

Upper Orange

Exner

Highlands

Chelmsford

VREDEHOEK

k

Chesterfield

Marmin

Montrose

George

**ORANJE-
ZICHT**

Rugby

Bridle

Cableway Station

Register

Bildnachweis

Zeichenerklärung und Impressum

Das Polyglott-Sternchensystem erleichtert Ihnen die
Auswahl der Sehenswürdigkeiten und die
Zusammenstellung Ihrer Reiseroute:
*** eine eigene Reise wert   ⊙ Öffnungszeiten
 ** einen Umweg wert   ☏ Telefonnummer
  * sehr sehenswert   🖷 Faxnummer

Preiskategorien:

Hotel (DZ mit Frühstück):

○	bis 300 Rand
○○	300–600 Rand
○○○	600–1000 Rand
○○○○	ab 1000 Rand

Restaurant (Menü):

○	bis 75 Rand
○○	75–125 Rand
○○○	ab 125 Rand

Alle Informationen stammen aus zuverlässigen Quellen
und wurden sorgfältig geprüft. Für ihre Vollständigkeit
und Richtigkeit können wir jedoch keine Haftung
übernehmen.

Ergänzende Anregungen bitten wir zu richten an:
Polyglott Verlag, Redaktion,
Postfach 40 11 20, 80711 München.
E-Mail: redaktion@polyglott.de

Polyglott im Internet:
www.polyglott.de,
im Shell GeoStar unter www.ShellGeoStar.com,
im Travel Channel unter www.travelchannel.de

Herausgeber: Polyglott-Redaktion
Autorin: Martina Schwikowski
Lektorat: Christine Philipp, Dorothee Kern
Bildredaktion: Christiane Reiß
Layout: Ute Weber, Geretsried
Karten und Pläne: Annette Buchhaupt
Umschlag: Klink, Liedig Werbeagentur GmbH, München
Satz: Tim Schulz, Dagebüll

Einmalige Sonderausgabe 2002

© 1999 by Polyglott Verlag GmbH, München
Printed in Germany
Gedruckt auf chlorfrei gebleichtem Papier

ISBN 3-493-60395-9